LES P'TITS PIEDS D'HELENE
SONT BIEN MAL CHAUSSES

Valentine et Henri GAUMÉ

Préface de l'Abbé PIERRE

ISBN 2-9508519-6-7

C'est le témoignage de parents qui avec d'autres ont construit un centre d'accueil de vie " l'ARC-EN-CIEL ", pour des adultes handicapés mentaux et physiques.
Hélène a 28 ans. Ses parents ont lutté longuement et continuent pour qu'existent des centres de vie pour ces blessés de la vie.
Avec quel courage, avec quelle puissance d'amour ces parents ont tout essayé pour que le malheur ne soit pas le plus fort. Lisez ces pages et devenez ou plutôt devenons contagieux pour en parler et mobiliser autour de nous.
Je vous confie ce que j'écrivais déjà il y a quarante ans pour le service des plus souffrants. C'est aussi vrai aujourd'hui.
Pour que les plus souffrants soient les premiers servis, toute la société des hommes, de la commune à l'univers, a besoin constamment d'être harcelée, non pas d'abord du dehors par quelque contrainte d'autorité, mais d'abord au-dedans d'elle-même par la contagion, le défi, de quelques-uns venus, les uns de la lassitude de trop avoir, les autres de la lassitude de trop manquer de tout, unis dans un travail communautaire assurant leur vie, mettant leur gain au service des souffrants et pouvant ainsi, debout, libres et forts, à tout instant, redire à quiconque : -" Et toi, pour ceux qui souffrent, dans ta vie privée, dans ta vie civique, que fais-tu ? "-
Les sociétés ne sont jamais malades de rien d'autre que du dédain des souffrants. Toute anarchie, comme toute tyrannie, toute corruption et tout abandon, toute agression aussi, de quoi tout cela naît-il sinon, soit de l'idolâtrie que les forts ont d'eux-mêmes, soit du désespoir dans le mépris ou l'exploitation qui les accablent, soulèvent les faibles ?
Et, devenus les maîtres, les faibles d'hier, comment ne deviendraient-ils pas à leur tour bourreaux si ne leur est pas, aussitôt la puissance venue entre leurs mains, redite la loi :-" Sers premier le plus souffrant ", ce qui n'est rien d'autre que " aimer comme soi-même son prochain " ?
Dans les paroxysmes d'incohérence par lesquels, de temps à autre, passe l'histoire humaine à force de dérobade devant cette loi, sa loi, des moments viennent où ce n'est plus ni de réformes, ni de révolutions qu'il est besoin, mais de renaissance.

Pour que les plus souffrants soient les premiers servis.

PARIS, 8 septembre 1972

Avenue des Champs Elysées.
Nous sommes bloqués … Feu rouge …

Hélène, notre troisième enfant, vient d'atteindre ses quatre mois, non sans difficultés.
Jouer est au-dessus de ses forces ; sourire, elle ne sait pas, avaler son biberon se conjugue comme faire fausse route et s'étouffer.
Que faire ? Comment évoluer ? Quelle solution peut se dessiner à l'horizon ?
Notre détresse est aussi grande que bouché apparaît l'avenir, désespérément vide et immense devant nous.
-" Je connais, à Paris, un médecin qui transplante des cellules, à partir d'embryons extraits de brebis … "-, nous a dit une dame amie.
-" Vraiment ? ! … "
Notre naïveté n'a d'égale que notre détermination.
Riches de nos trois enfants, riches de la différence d'Hélène et de l'envie de nous battre, riche des moyens financiers propres à un jeune couple, autant résumer riches de rien, nous sommes prêts à partir au bout du monde. Si les spécialistes ne courent pas la France, nous allons bien les trouver sur un autre continent !
Au feu rouge, donc, à côté de notre petit break qui abrite et véhicule une bonne partie du patrimoine familial réuni, s'arrête une puissante voiture, comme on n'en voit pas en Touraine, mais seulement dans la capitale. Le chauffeur et unique occupant nous regarde. Echange de bons procédés, nous le regardons.
-" J'ai déjà vu ce gars-là quelque part ", s'exclame Henri,
-" Moi aussi, mais où ? ", répond illico Valentine.
Manifestement, nos investigations stagnent encore au point mort, que déjà il faut embrayer, car le feu a viré au vert et derrière ça klaxonne. Déjà loin, la jolie berline nous montre son train arrière.
-" Mais qui est ce type ? "-
-" ? ? ? "-
Chacun repart vers sa destination et son destin. Non sans peine, nous trouvons un emplacement pour le véhicule –un exploit en plein Paris– et la plaque du toubib. Divine surprise : docteur " X ", gérontologue ! … Un uppercut dans un combat de boxe doit produire le même effet. Nous sommes K.O, debout, bel et bien sonnés. Pour son quatrième mois, Hélène vient de virer dans le quatrième âge ! Que les puristes de notre belle langue française nous pardonnent, nous venons de prendre " une tape dans la gueule ".

Nous nous regardons, devons-nous rebrousser chemin ? Allons, sonnons et entrons. D'âge mur, comme il se doit, le médecin nous explique et commente ses pratiques.
-" Je ne garantis pas le succès ..., la sécu ne rembourse pas et l'usage veut de payer en liquide "-
Bref, la totale ou presque. Le médecin-ponctionneur empoche quelques billets, en conclusion de la consultation. Notre portefeuille devient aussi plat que notre folle espérance était grande le matin.
De retour à la voiture, que voyons-nous, cette fois ? Un joli papillon-souvenir (nous confessons n'avoir jamais payé l'amende) laissé sur le pare-brise par une respectable " aubergine " à la solde et à la traîne du maire de Paris. C'en est trop, notre moral tombe au plus bas, à quand la prochaine épreuve ? Avons-nous atteint le creux de la vague ?

Pour ne pas connaître le pire et tenter de connaître le meilleur, nous appliquons une vieille thérapeutique, fort simple et pas chère : nous nous embrassons et couvrons de mille baisers notre petite Hélène.
A la tempête succèdent assez vite une éclaircie, puis un rayon de soleil.
-" Tu sais, j'ai trouvé le nom du type du feu rouge, de tout à l'heure "-
-" Moi aussi ! "-
Et en chœur, nous crions : -"Mais c'est Lino Ventura ! "-
Quel parallèle, ce jour-là !

D'un côté, Lino Ventura, ancien catcheur devenu artiste et comédien, parvenu au sommet de la gloire à force d'un travail acharné, grand monsieur dans la vie et père d'une fille handicapée.
De l'autre côté, un jeune couple archi-inconnu, frappé de plein fouet dans son troisième bonheur, avec l'arrivée d'une fillette différente et accidentée de la vie, elle aussi.

Chacun connaît la volumineuse débauche d'énergie déployée par cet homme de contraste, au visage buriné et au cœur énorme de générosité et de dévouement. Implanter, à Sèvres, un foyer de vie pour des polyhandicapés profonds, personnages peu attirants, notamment sur le plan électoral, relève de l'exploit et révèle une force de caractère hors du commun. Pensez ! Des propriétaires bien-pensants, peu gênés aux entournures, craignaient sans doute de voir chuter à vitesse grand V le prix du mètre carré, dans cette bonne ville où les pauvres ne tiennent pas le haut du pavé. Réveillez-vous et ne craignez rien, braves gens pris de frilosité ! Bravo et salut l'artiste. Merci de nous avoir donné le courage qui menaçait de nous fuir. Notre reconnaissance de parents d'êtres différents s'adresse

aussi à Madame Odette Ventura, qui a poursuivi l'œuvre entreprise, à ses proches, à son petit-fils qui pérennise la noble mission de " Perce-Neige ", initiée par son grand-père.
Et si Monsieur le Maire de Paris, ou son successeur d'aujourd'hui, juge non prescrite la dette de l'amende, nous remplirons notre obligation de citoyens pris en flagrant délit de stationnement illicite. Dans ce cas, nous sollicitons publiquement la remise gracieuse des intérêts de retard, susceptibles de dépasser largement le principal.
Dix ans avant l'épisode Lino Ventura, le général De Gaulle, président de la République, lui aussi père d'une fille handicapée mentale, Anne (alors décédée) provoque la rencontre, sans le savoir, de Valentine et d'Henri, futurs auteurs d'Hélène, dans la boutique d'une épicière limousine, maman d'une jeune fille, Monique, infirme mentale (décédée depuis).
-" Bizarre ! Bizarre ! Vous avez dit bizarre ! "-, aurait clamé le grand Jouvet.
D'où l'idée d'écrire ce livre, non seulement né de l'enchaînement curieux et surprenant des évènements vécus en Limousin et en Ile de France, mais aussi destiné à témoigner d'un parcours. Dépassant l'aspect, classique ou atypique, de biographie familiale autour d'un petit groupe, il se veut avant tout un signe fort en direction des accidentés de la vie, de leurs parents, amis et proches. Et aux autres personnes, pas ou potentiellement concernées, nous proclamons la richesse de la différence. Pour que les valides ne se sentent pas exclus au milieu de leurs frères handicapés.
Qu'il résulte d'un accident génétique, de naissance ou post-natal, le handicap porte en lui une richesse liée à la différence. Fruit d'une saine contagion, le courage surprenant déployé par les personnes handicapées les amène parfois à faire bouger des montagnes d'indifférence. On ne peut, dans ces conditions, rester spectateurs sur le bord du chemin, à moins de sombrer dans un égocentrisme de classe, de caste, ou de situation.
D'accord, la société a fait des progrès, on accepte mieux la différence. Mais a-t-on vraiment tordu le cou à l'eugénisme, au rejet des handicapés ? Non seulement, une personne " sous-douée " n'est pas porteuse de la peste, mais mieux encore, devient-elle, du fait de sa condition, un acteur économique. Son infortune mentale ou physique, ou les deux associées, génère de l'emploi, des postes à créer autour d'elle, directement ou par induction. Oui, le handicap peut apporter son concours, certes modeste, pour aider à gagner la bataille de l'emploi. Peut-on lui tourner le dos ?
Il est un noble combat qui ne prendra jamais fin. Nous invitons les lecteurs à feuilleter les pages, à retrousser les manches, à nous aider à mieux chausser les p'tits pieds d'Hélène, notre fille depuis toujours, notre " passionnaria " depuis longtemps et pour longtemps …

CHAPITRE 1

DE GAULLE, AGENT MATRIMONIAL

Prise de contact

18 mars 1962
Après douze jours d'âpres discussions et de négociations serrées, entre les émissaires français et algériens, les accords d'Evian mettent fin à huit années de combats sanglants. L'Algérie obtient son indépendance.
Approuvé largement par le peuple français, le referendum du 8 avril 1962 ratifie ces mêmes accords. Pour autant, largement ne signifie pas totalement.
Depuis le putsch manqué d'un " quarteron de généraux ", le 22 avril 1961, à Alger, la France souffre de divisions et de déchirures. Selon les origines, les intérêts et les convictions, les uns applaudissent à l'indépendance, pendant que d'autres pleurent, crient au scandale et à l'abandon. Faute de sérénité, la passion domine débats et discussions ; seul, le temps, à défaut d'oubli, cicatrisera les plaies des cœurs.
Main armée et maquis des pieds-noirs (Français d'Algérie) et de la population d'Algérie, l'O.A.S. (organisation armée secrète) fait parler la poudre, non plus tant en Algérie, mais à l'intérieur de l'hexagone. Alors, comment diable arrive-t-on à craindre pour cette calme et paisible province du Limousin ?
La suite mérite une attention toute particulière.
Poursuivant une tradition instaurée depuis son retour au pouvoir en 1958, le général de Gaulle, premier président de la Vè République, désireux de prendre le pouls de ses compatriotes, sillonne la France.
Pourquoi s'annonce-t-il en Limousin ? Voilà bien un mystère que le " grand Charles " aura emporté avec lui. Reconquête d'un électorat plutôt défavorable localement ? Faiblesse à l'égard d'un ministre ou d'un parlementaire du " secteur ", désireux de redorer son blason républicain devant leur chef, ou tout simplement pour chauffer leurs électeurs ? Qu'importe, mais on imagine facilement le vent de panique qui s'empare des responsables des voyages officiels et de la sécurité.
Gendarmerie et police nationale n'y suffisant plus, les organisateurs font appel à une section (environ vingt-cinq hommes) du 16è R.I.M.A. (régiment d'infanterie de marine), basé à Angoulême, pour compléter et renforcer l'effectif. La mission confiée à cette unité, sans doute d'élite aux yeux de l'autorité militaire, consiste en la garde d'un émetteur de télévision, implanté sur le territoire de la petite commune des Cars, à environ vingt-cinq kilomètres au sud-ouest de Limoges.

C'est l'époque où la télévision naissante dans sa vulgarisation, commence à devenir un média de poids. Le pouvoir gaulliste ne s'y trompe pas, qui sent déjà l'importance de cet incontournable outil de communication. Imagine-t-on un seul instant la conséquence d'une privation, ou d'une altération, de l'information officielle, si cet émetteur, qui " arrose " plusieurs départements, se trouvait pris d'assaut et plastiqué ? La contestation ne peut ni ne doit s'exprimer, par main armée interposée. Que veut le peuple ? Du pain, oui, – mais pas de pain de plastic –, et des jeux.
Dès potron-minet, ce jeudi 17 mai 1962, les " marsouins " (soldats et gradés de l'infanterie de marine), dont Henri, débarquent sur un piton de la forêt des Cars, culminant à 544 mètres et veillée jalousement par l'émetteur, du haut de ses 207 mètres. Douze piles de béton et une multitude de haubans (16) confortent ce pylône métallique, sorte d'arbre au tronc géant, sans bras, les filins d'acier lui donnant l'illusion de branches privées de sève. Toute l'importance stratégique réside dans ces câbles, et les opposants aux régimes politiques le savent parfaitement, qui ont de tout temps cherché à sectionner les renforts de pareils édifices.
L'officier commandant le détachement dispose une sentinelle auprès de chaque pilier, avec pour consigne de veiller, jour et nuit, sur le proche environnement. Auxiliaire de première nécessité à la disposition de chacun des guetteurs : un vieux fusil chargé ... à blanc. La fumée de la cartouche doit suffire à éloigner tout intrus, et, à la vérité, c'est sans doute plus sage ainsi.
Près de huit siècles après Richard Cœur de Lion, Charles de Gaulle est annoncé, le samedi suivant, à Châlus, chef-lieu de canton limousin, jouxtant le département de la Dordogne.
Entre deux tours de garde, les soldats s'adonnent à l'emploi du temps du repos du guerrier : promenade, lecture, télévision servie à domicile, ravitaillement dans l'unique épicerie du village. Venant de Châlus, le Président de la République fait halte quelques instants à Bussière-Galant, salué par le conseil municipal, le samedi 19 mai 1962, dans l'après-midi. Il se voit offrir un bouquet de muguet par l'héroïne du jour, la jeune Martine Boucheron, avant de gagner Saint-Yrieix-la-Perche.
Ce même jour, Henri, jeune caporal, descend dans le bourg des Cars avec quelques camarades, pour effectuer des emplettes dans la petite " supérette " et s'enquérir des horaires de la messe du dimanche. L'épicière tient conversation avec une jeune cliente, à l'arrivée du militaire, vêtu d'un treillis.
Stratégie bien orchestrée ou simple fruit du hasard, la patronne prend l'initiative d'aller quérir le renseignement auprès d'une voisine. Messes certainement aussi rares que les fidèles, comment, dans ces conditions,

attirer les ouailles ? Merci cependant, Monsieur le curé, pour votre carence en communication, à moins qu'il ne s'agisse tout simplement d'une … grâce du Ciel, à destination du jeune soldat. La jeune fille, au regard timide et aux joues roses vite rougissantes, fait effort sur elle-même en vue de répondre aux questions que ne va pas manquer de lui poser l'inquisiteur - séducteur de service.
De quoi parler pour entrer dans le vif de la conversation ? De la pluie et du beau temps ? C'est bien naturel, mais un peu fripé. Du sexe des anges ? Si l'on s'en réfère à la méconnaissance de l'horaire des messes, on est mal parti et on s'oriente vers une voie de garage !
Il faut meubler, car l'attente devient insupportable et Henri doit occuper le terrain, c'est le propre du soldat, avant le retour de l'épicière ! Et de prendre son élan :
-" N'y-a-t-il pas une usine, ici ? "-
-" Oui "-
-" Et vous-même, que faites-vous ? "-
-" Je travaille dans la manufacture de bonneterie " (la jeune fille répond au nom de … Bonnet, ça ne s'invente pas).
Pressons la suite de la conversation, car l'épicière, heureusement attardée, va revenir …
-" Votre emploi du temps, cet après-midi ? "-
-" Je vais à la rencontre du général de Gaulle (concurrent de taille pour Henri) et j'attends une amie qui va me conduire, au volant de sa 2 cv, à Bussière-Galant (si les habitants sont aussi entreprenants que laisse supposer le nom …, c'est mal engagé pour le soldat).
La commerçante qui déserte toujours son magasin, Colette l'amie - " taxi " pas pressée, quel pays, mais en l'occurrence, quelle aubaine pour le caporal marsouin !
Fin de la récréation, la pièce est jouée, hélas, et l'épicière de retour, avec l'horaire de la messe. Désormais le plan de bataille s'écroule. A peine élaborée, la stratégie tombe à l'eau. La rentrée au cantonnement, avec retour sur l'image nébuleuse d'un après-midi, déjà évaporée, bien que récente, prend l'allure d'une triste retraite.
Ce livre n'aurait jamais vu le jour, si …
… le lendemain, dimanche 20 mai 1962, on replante le décor avec les mêmes acteurs et figurants. Fidèle à son engagement, le caporal, flanqué de plusieurs soldats, débarque peu avant le début de l'office dominical. Avant de pénétrer dans l'église, qui voit-il ? La jeune autochtone rencontrée la veille, attendant, cette fois, un couple d'amis avec lesquels elle doit passer la journée, en leur domicile de Nexon, tout près.
Echange de banalités, on se salue et on en reste là.

Mais une page ne s'écrit et ne se tourne qu'avec la complicité du destin. A la sortie de la messe, la gracieuse demoiselle attend toujours ses proches. Retardés ou retardataires, soyez bénis à tout jamais !
Du coup, Henri flaire sa dernière chance et va la saisir. A tout prix, il lui faut en savoir plus. Formé professionnellement au contact avec la clientèle, il attaque, car le temps presse.
-" Il me serait agréable de connaître vos nom, prénom, adresse "-
La réponse fuse, sans difficulté aucune.
-" Je m'appelle Valentine Bonnet et j'habite ici "-
-" Acceptez-vous que je vous écrive ? "-
-" Oui, bien sûr "-
La spontanéité de la réplique surprend Henri et le ravit dans le même instant.
Ouf, il était temps ! Les paroles à peine échangées, surviennent les chauffeurs du jour, passablement attardés. Jamais retard ne fut à ce point le bienvenu !

Départ des marsouins

De Gaulle rentré à l ' Elysée, la mission confiée aux militaires du 16è R.I.M.A. prend fin en terre limousine. Les gens du pays viennent faire les adieux à leurs " protecteurs " de quelques jours. D'autres, plus voyeuristes, observent avec curiosité les soldats parqués derrière les grillages, comme on regarde les chimpanzés dans un parc animalier. Profitez-en, la visite est gratuite et ne va pas durer ...
Mais qu'importent les motivations ! C'est le début d'une longue correspondance et d'un riche parcours commun entre Valentine et Henri.

Ils se plurent ...

-" Je lui plus, elle me plut, nous nous plûmes (et non pas nous nous plumâmes, comme se plait à le dire, avec humour et malice un chansonnier, dans un sketch). Désormais, les échanges épistolaires ne se comptent plus, conservés par Valentine, qui veille jalousement sur ce mini-musée.
La suite s'inscrit dans la banale chronologie des évènements familiaux : fiançailles en Limousin, le 18 avril 1965.
-" La femme suivra le mari ... "-. Officier d'état civil, Robert Guignard, maire-adjoint de Sainte-Maure de Touraine et futur premier vice-président

du Conseil général, unit les deux jeunes tourtereaux, le 11 septembre 1965. Deux " OUI francs et massifs " sont à nouveau prononcés, à l'église cette fois, devant notre cousin affectionné et chanoine, Georges Guilbert.
-" La mariée est belle, et le marié aussi ", dixit Valentine.

Belle journée que ce 11 septembre 1965. Même en l'absence du soleil, la joie inonde les cœurs. Messe en musique, dirigée par le père d'Henri, chef de la fanfare, repas avec chansons, animation assurée par Gérard et Jean, les frères d'Henri, qui se dépensent sans compter pour embellir les épousailles.
Ce mariage entre jeunes très roturiers – Valentine et Henri ne sont pas nés avec une cuiller d'argent dans la bouche –, ne mérite-t-il pas, cependant, toutes les attentions, pour démarrer sous les meilleurs auspices.

De Gaulle, agent matrimonial ! Il ne l'a jamais su.
Au fait, mon Général, n'aviez-vous pas, parmi vos trois enfants, une fille, baptisée Anne, différente, à laquelle vous avez accordé votre immense affection, sans compter ?
Et vous, chère Yvette Beyrand, l'épicière complice des premiers regards amoureux de Valentine et d'Henri, l'une de vos filles, Monique, trop tôt et trop brutalement disparue, ne souffrait-elle pas de retard mental ?

Et nos jeunes mariés du 11 septembre 1965 n'allaient-ils pas eux-mêmes connaître, sept ans plus tard, une fille " extraordinaire ", Hélène ? …

CHAPITRE 2

ANNE-MARIE ET FRANÇOIS : LE CIEL EST BLEU !

Valentine découvre un monde nouveau pour elle, car aussi surprenant que cela puisse paraître, la timide limousine et le hardi tourangeau, les jeunes époux, se connaissent aussi peu que des négociateurs lors d'un premier contact ou à peine plus. Quelque trente rencontres en quarante mois figurent au tableau d'affichage des fréquentations, c'est tout.
Qui osera dire, après ce bref recensement, que le mariage n'est pas une loterie ? Oui, mais à coup sûr une loterie dont les numéros sont ici sortis gagnants. Heureuse époque, au cours paisible de la vie familiale, qui déroule son cours dans cette riante et belle province de Touraine, où rois et reines défilèrent entre Loire, Indre, Cher et châteaux.
Pour l'heure, le bonheur est à son comble, au sein d'une famille simple.
Benjamine d'une fratrie de six, Valentine quitte très jeune la ferme familiale, peu de temps après le décès brutal de son père.
-" Si les fermiers et métayers limousins ont connu progressivement un sort meilleur ", précise très justement Valentine, " c'est en partie grâce à mon père, vice-président départemental de la fédération et assesseur titulaire au tribunal des baux ruraux "-
Henri, qui n'a pas connu son beau-père, ajoute, sûr de ses sources : -" Jean Bonnet a beaucoup donné à ses congénères, y compris sa vie "-

Du Limousin à la Touraine, en passant par l'Ile-de-France

Dès la sortie de l'école communale, certificat d'études primaires en poche (deuxième du canton), sorte de bac moins quatre, dirait-on aujourd'hui, elle frappe à la porte de l'usine. C'est la faste, ô combien, période des trente glorieuses. Le travail surabonde, il suffit de lever le doigt pour en trouver. Déjà les campagnes se vident au profit des bourgs, puis les bourgs au bénéfice des villes, et bientôt Valentine va gagner la région parisienne, comme un français sur cinq.
Pas fâchée de quitter l'Ile-de-France pour la Touraine, la jeune épousée rejoint son mari.
L'époux a connu lui aussi l'école primaire et des maîtres admirables, puis, grâce au travail acharné de ses parents, il a pu bénéficier d'une solide instruction, doublée d'une rigoureuse éducation, reçues au collège Saint-Grégoire de Tours. Bac en poche, admis ensuite à l'ESSCA (école supérieure des sciences commerciales d'Angers), il renonce à intégrer cette école, au profit de la faculté de droit.

Peu passionné par cette discipline, ennuyeuse à ses yeux, il quitte la fac' au bout d'un an, avec deux certificats de licence. Insouciante jeunesse ! Dans la foulée, le jeune homme annonce à son père, le jour du conseil de révision (joyeuse séance de folklore où les élus, un peu voyeurs sur les bords, s'en mettaient plein les yeux), son désir de l'épauler pour reprendre, le jour venu, l'entreprise artisanale créée en 1947.
Les flonflons de la noce envolés, le parcours commun prend son envol.
Valentine rappelle volontiers ses débuts :
-" J'ai épousé le mari, la profession et … la belle-famille "-
Les jeunes époux vivent avec les beaux-parents sous le même toit.
Imagine-t-on, aujourd'hui, pareille cohabitation, passées trois décennies seulement ? Jeunes femmes du troisième millénaire, qu'en pensez-vous ? Iriez-vous jusqu'à pareille abnégation ? Votre avis sera toujours le bienvenu. Plus fréquemment remarquée dans le milieu rural en général et agricole en particulier, une telle situation se rencontre souvent à cette époque.
Tradition plus que nécessité sans doute, la succession à venir emprunte ce passage obligé, rassemblant deux générations appelées à cohabiter. Sociologues, chercheurs et autres penseurs, réjouissez-vous, de semblables thèmes de réflexion et d'écriture alimenteront longtemps votre quotidien.

Aux côtés de belle-maman, Valentine devient progressivement une " athlète complète ", selon l'expression chère aux sportifs. A un journaliste, l'appelant au téléphone, quelques années plus tard, pour solliciter une interview auprès d'Henri, devenu président national des électriciens ruraux Agrifor (spécialistes du monde rural), elle balance cette réplique :
-" Vous me demandez si je suis sa secrétaire. Non seulement je suis en effet sa secrétaire, mais aussi sa cuisinière, sa femme de ménage, sa lingère, sa confidente et son … épouse "- Et vlan ! Au dire de Valentine, l'homme de presse encaissa sans dommage apparent, à cent lieues du scoop attendu. Dans sa naturelle bonté, elle le rassura, l'aidant à se remettre, prête à jouer les soigneurs à l'autre bout du fil. D'autres anecdotes, frappées du sceau de l'humour et du bon sens, émaillent ce témoignage.

Solidement et affectueusement entouré, Henri apprend les rudiments du métier, découvrant pratique et théorie sur le tas, et les techniques de vente auprès d'un père extraordinaire.
Ce père n'a que le bac moins 6, puisqu'il a quitté l'école primaire à douze ans, avec la fierté, quand même, de décrocher la première place de son canton, lors de l'épreuve du certif' : mis à part l'apprentissage de langues étrangères notamment, le contenu du certificat d'alors, que tous les

candidats n'obtenaient pas, n'était guère éloigné du bac d'aujourd'hui, distribué à plus de 80 % de nos concitoyens. En veux-tu, en voilà, ou quand la démagogie le dispute à la cécité, à la surdité, à l'irresponsabilité.
-" Pourquoi n'a-t-il pas poursuivi ses études, avec de telles dispositions ?
-" Ce n'était pas dans l'air du temps, ni dans les us et coutumes de notre famille de souche paysanne. Malgré l'insistante pression conjointe du maire et du curé, bel exemple d'unité rassembleuse, le grand-père paternel ne cède pas et place " au cul de la charrue " son fils, lui dont la charpente osseuse n'a pas encore terminé son travail de croissance "-
Lointaine époque, où l'on disserte plus sur les devoirs que sur les droits. Obéissance filiale, quand tu nous tiens !

Comme beaucoup de ses camarades, Henri s'adonne à la pratique du football avec l'équipe locale. Les sorties et les réceptions en famille, les retours fréquents de ses frères, étudiants, agrémentent et ponctuent la vie simple de gens simples et heureux.

Graine de salade ...

Quand Valentine annonce sa première grossesse, l'allégresse bat son plein. Dès qu'Anne-Marie, joli bébé potelé de plus de quatre kilos, pointe le nez et pousse son premier cri, à la suite d'une perfusion, le 13 septembre 1966, parler d'explosion de joie n'a rien d'excessif. Pensez donc ! Trois générations se sont succédé depuis la dernière venue au monde d'une fille, dans la famille Gaumé. A croire que les couples ne savent pas s'y prendre !
-" Les grands-parents et parents d'Henri sont des spécialistes de la graine de ... carotte ! ", nous dit un vieux médecin.
-" ? ? "-
-" Oui, ils ont toujours fabriqué des garçons "-
-" Alors, comment appelle-t-on ceux qui conçoivent des filles ? "-
-" Des spécialistes de la graine de ... salade ! "-
Il fallait y penser.
Quand génétique et potager s'allient, tous les espoirs d'améliorer le taux de fécondité de nos concitoyens sont autorisés ! !

Heureusement, soit dit plus sérieusement, que Dame Nature ou Monsieur Destin, ou tout simplement le Ciel conservent le choix du sexe du futur bébé. Si d'aventure, la folie, l'orgueil et la déraison finissent par déboussoler chercheurs et autres généticiens, à coup sûr les populations se déchireront, plus encore que pour des querelles de frontière ou d'héritage.

Puisse le Ciel nous éviter de jamais connaître ce jour d'égarement, même sous couvert de recherche d'équilibre économique et social. L'histoire contemporaine nous rappelle les méfaits de l'eugénisme quand il refait surface : on sait où il commence, on sait encore mieux où il mène. Ne laissons pas certains aventuriers jouer avec des allumettes, c'est notre devoir d'hommes et de femmes libres d'y veiller. Les savants dits intelligents le sont encore plus s'ils se montrent hommes de cœur et de conscience.

Débordante de vitalité, de dynamisme et d'entrain, Anne-Marie découvre le monde avec des yeux avides de curiosité. Elle nous apporte son tonus, son enthousiasme, sa volonté et son art, déjà consommé, de la communication.
Dans la foulée, elle nous convie, fin octobre 66, à son baptême. Notre vieux cousin et chanoine, toujours ravi d'officier pour un événement familial, asperge notre fille sur les fonts baptismaux. Jean-Charles, jeune frère d'Henri, en plein accord avec Gérard, frère puîné, s'est auto-désigné parrain, cependant que Marie-Claire, dont les parents sont parrain et marraine de Valentine (quelle organisation) accepte avec ravissement la charge de marraine.
A nos yeux, parrainer et " marrainer " revêt une importance qui nous a toujours amenés à confier ce type de mission à des jeunes titulaires, appelés à suppléer les parents, en cas de défaillance ou de disparition.
Deux ans et deux jours après sa naissance, Anne-Marie, ravie et rayonnante, débarque à l'école maternelle. C'est le début d'un classique parcours scolaire et universitaire, et le prélude à une longue épopée musicale, dont on chantera les louanges plus loin.

Graine de carotte ...

Selon nous, un enfant c'est trop peu. Nous appelons puissamment, de tous de nos vœux de jeunes parents déjà heureux, l'agrandissement du cercle familial et, si possible et humblement, la naissance d'un garçon. Appel entendu, avec l'arrivée, le 21 janvier 1969, d'une " graine de carotte ". François, puisqu'il s'agit de lui, déjà désireux de marquer son territoire, arrose le mur de la salle d'accouchement, dès son arrivée !
Nous sommes doublement comblés : nous voyons le nom de famille paternelle s'inscrire à nouveau et nous obtenons le " choix du roi ". Voilà une réflexion entendue bien des fois, quand une famille s'enrichit d'enfants des deux sexes, dès les deux premières naissances.

Anne-Marie découvre avec ravissement un joli petit frère de 3,700 kilos, aussi souriant que discret. Au contraire de sa sœur aînée, qui se conduit déjà telle une petite maman, doublée d'une éducatrice, François est un personnage réservé. Il affiche une grande détermination, alliée, nous le constaterons vite, à une profonde rigueur.

Pour assister François, deux proches acceptent les fonctions de parrain et marraine : Gérard (qui attend impatiemment), frère d'Henri, et une autre Marie-Claire, amie proche de Valentine.

Le bonheur inonde notre foyer. Anne-Marie ne cache pas sa fierté quand elle accompagne et présente son petit frère " Panfois ", à l'école maternelle. Le travail nous tend les bras, agrémenté d'un taux de chômage à faire rêver les demandeurs d'emploi et faire pâlir les statisticiens d'aujourd'hui. Bon nombre de clients se doublent d'amis. Bonheur tout simple et d'autant plus épanouissant que le grand-père Gaumé, chef de musique à Sainte-Maure depuis 1945, apprend les premiers rudiments de l'art musical à ses deux premiers petits enfants. Cette décision découle d'une promesse faite par le père d'Henri, le jour du mariage de son fils aîné avec Valentine, devant ses collègues musiciens. Ce jour-là, le futur papy, qui, faute de temps, n'avait pu initier ses trois fils à la musique, avait promis de combler cette lacune, si le Ciel lui donnait des petits enfants. Promesse tenue.

Tout va bien. Pourquoi s'inquiéter quand une troisième grossesse, même entourée de surprise, est annoncée ? ...

CHAPITRE 3

AVIS DE TEMPETE

Hélène, notre petite messagère

1971-1972 : troisième grossesse, pas spécialement désirée, mais point du tout refusée. Nous nous sommes épousés, non seulement parce que nous nous aimons, mais aussi pour s'engager à croire en l'autre, quoiqu'il arrive. De l'amour, il nous en faut bientôt à revendre, car un gros grain, annoncé à l'horizon, va fondre sur notre jeune couple.
La veille de l'accouchement, soit le 1er mai 1972, Valentine a cuisiné, jardiné et perdu … les eaux. Pourquoi déranger son docteur le jour de la fête du travail ? Ce n'est pas dans les habitudes de la famille. Grosse erreur, en l'occurrence.

Appelé dès le lendemain matin, le médecin de famille gronde, et dans la crainte d'un accouchement sec, ordonne de gagner d'urgence la clinique, à Tours. Au volant d'un fourgon utilitaire à la suspension souffreteuse –il s'agit de rapporter du matériel au retour–, Henri véhicule épouse et futur bébé.
Troisième de la fratrie, bousculant le choix du roi, Hélène frappe à la porte le 2 mai 1972, en début d'après-midi. Première surprise, elle pousse un premier cri plus que faible.
Valentine :
-" Tout l'après-midi, Hélène connaît de grosses difficultés et nous donne des inquiétudes "-

Des complications circulatoires et digestives accompagnent sa venue au monde et provoquent une cyanose (*). D'où la nécessité d'une hospitalisation immédiate dans un hôpital pédiatrique, pour subir divers examens, dont un cariotype (**).

Sa maman poursuit :
-" Si son papa ne s'était pas trouvé là, au bon moment, et si la sage-femme n'était pas intervenue rapidement, notre bébé serait parti au Ciel "-

(*) Cyanose : coloration bleuâtre de la peau, qui, chez Hélène, a franchement viré au violet, presque au noir.
(**) Cariotype : examen chromosomique, à partir de prélèvement de cellules de la muqueuse buccale.

A notre demande, la même sage-femme, religieuse qui a participé à la naissance de nos deux aînés, baptise Hélène par ondoiement, sorte de rite inspiré du baptême et de l'extrême-onction, à l'intention principalement des nourrissons.

Nous nous retrouvons de longs instants, mêlons alternativement tristesse et sourire. Nous échangeons quelques baisers, c'est toujours ça d'engrangé.
-" Henri reparti, je reste à la maternité, seule et triste comme une maman à qui on a enlevé son enfant nouveau-né, me posant des questions sans réponses " se souvient Valentine.
Le papa, de retour au foyer, embrasse longuement sa fille aînée le soir même, lui annonçant la naissance de sa petite sœur, dont les débuts sont bien compliqués. Et d'expliquer ses craintes à ses propres parents. François, quant à lui, hébergé chez son parrain et sa tante en Ile-de-France, apprend l'arrivée d'Hélène.
Une semaine durant, Henri, le père, navigue entre Hélène, sa fille, en réanimation à l'hôpital, avec des pronostics très réservés, et Valentine, son épouse, esseulée, affligée et si courageuse, à la clinique.

Déjà les questions fusent, innocentes, répétitives, agaçantes. Bien que soucieux d'établir un dialogue avec notre entourage, nous ne savons pas répondre, et pour cause. Si nous connaissons le passé immédiat, déjà fugace, nous découvrons le présent, tentaculaire et asphyxiant, nous imaginons le lendemain, bien incertain. Quant à l'avenir plus lointain, il appartient au royaume des nébuleuses.
Seule, la religieuse, Sœur Marie Saint-Georges, avec tact et retenue, nous a annoncé une anomalie frappant Hélène.
Quelle anomalie ? Et avec … quelles conséquences ?

Au quotidien, le cercle familial, maintenant agrandi, se reforme progressivement. Valentine s'installe à nouveau dans ses pénates, redevient la reine d'un foyer qui souffre de son absence. Rendue à ses parents, Hélène est accueillie peu de temps après. Une joie muette l'entoure, teintée de curiosité. Pour boucler la boucle, François, qui deviendra son grand complice dans le silence, découvre bientôt sa petite sœur.

La Cour a délibéré, le verdict est rendu

Hélène souffre d'une délétion (sorte d'atrophie, de rupture) des bras courts du chromosome 5 (5 p-), dite maladie du " cri du chat ", parce que le bébé

qui en est affecté, pousse des gémissements plaintifs, apparentés, c'est vrai, aux cris d'un chaton.
Etabli par un médecin généticien renommé et rigoureux –pensons aux conséquences engendrées par une erreur d'annonce– le diagnostic nous est bientôt connu.
Vlan !
Les jurés ont longuement délibéré, quatre mois durant. La Cour vient de rendre son arrêt, à l'unanimité. Le couperet tombe : Hélène et ses parents sont jugés responsables, et surtout coupables, d'incompétence et de malfaçon génétiques. Le père et la mère sont condamnés à l'indignité, à la mise à l'écart, à la mise au placard, pis, au bannissement, et la fille, future incapable majeure, à la privation de ses droits civiques.
A la différence d'une fin de procès en Cour d'assises, le président n'annonce pas le délai imparti pour se pourvoir en cassation. Et pour cause ...
-" Gardes, emmenez les condamnés ! "-

Le procès est terminé, l'exécution de la sentence commence, à perpétuité. On a frôlé la peine de mort, encore en vigueur en 1972.
Commence alors pour nous, parents, l'apprentissage de l'hébreu médical et social, langue dont le vocabulaire, parfois parsemé de termes grotesques et pervers, nous deviendra vite familier.
Pour l'heure, le scénario se déroule à l'opposé de nos espérances.
Nous débordions de joie, c'est la peine qui nous frappe.
Nous attendions un événement auréolé d'un bonheur tout simple, c'est un drame qui survient, à l'allure de tragédie. L'euphorie entourant habituellement une naissance se voit reléguée, jetée aux orties, par la venue d'une drôle de fillette, annoncée gravement déficiente.
Valentine, unie au petit être qu'elle porte au plus profond de ses entrailles depuis le début de sa grossesse, voit s'éloigner brutalement trois trimestres de forte complicité. Tout au long de cette cohabitation, elle a imaginé son bébé, aussi sain, aussi beau, aussi prometteur, aussi " copie conforme " que ses deux aînés, avec, bien sûr, son patrimoine génétique personnalisé. Face à un tel écart, elle finit par culpabiliser.

" Hélène accusera un gros retard scolaire ... "

Bien qu'annoncé avec une infinie délicatesse par un ami pédiatre, le pronostic provoque chez nous angoisse et interrogation. Une plaie béante vient de s'ouvrir dans notre jeune foyer.

Pratiqué quelques semaines après la naissance, l'examen des chromosomes d'Hélène révèle une difformité importante. Par pudeur et par politesse, les médecins évoquent en un premier temps " la crainte d'un développement intellectuel et scolaire difficiles ". Très vite, hélas, la certitude prend la place du doute.

Il nous faut balayer une autre inquiétude rapidement, eu égard à nos autres descendants, venus et à venir. En clair, il convient de préciser si ces lésions chromosomiques existent seulement chez Hélène ou si elles lui ont été transmises lors de la fécondation, par l'un ou l'autre de ses parents, voire les deux. Dans cette hypothèse où le vecteur serait d'origine parentale, et non accidentelle, un risque majeur apparaîtrait, de transmission cachée ou non, à d'autres enfants ou membres de nos familles respectives. Toujours dans ce cas de figure, les investigations devraient remonter en direction de nos ascendants, et, au besoin, nos collatéraux. A la frontière de l'avis de recherche ! !
Les prises de sang et prélèvements pratiqués sur nous-mêmes, nécessaires à cette recherche, nous lavent " de tout soupçon ". Point n'est besoin de chercher plus loin. Nous endossons uniquement la responsabilité d'avoir " raté " Hélène, ensemble.

Un froid dans le dos

Et si l'un d'entre nous, le papa ou la maman, avait apporté, dans sa valise génétique, la mauvaise graine ? ! Nous nous étions préparés à cette éventualité qui, à coup sûr, aurait alourdi la difficulté de la situation. Le dialogue et l'amour, au sens noble et non paillard et galvaudé du terme, apparaissent alors les meilleurs remèdes, pour éviter l'éclatement du couple et la fissure du noyau familial.
Le frisson s'éloigne, qui vient de nous passer dans le dos. Toutefois, quand le généticien annonce à Henri le risque nul de ce loupé chromosomique pour d'autres enfants à venir, le papa d'Hélène répond : " risque faible, oui - risque nul, non ". C'est vrai, seuls une dizaine de cas identiques ont été recensés en France, depuis un demi-siècle. C'est peu, c'est encore trop pour parler de risque zéro. Le médecin acquiesce et s'excuse.

Heureusement, la vie quotidienne reprend ses droits et nous amène à rencontrer, dans l'entreprise artisanale familiale, des fournisseurs et des clients. Il n'est pas jusqu'à ces derniers qui se livrent, au cours de nos échanges, aux prévisions relatives à l'avenir d'Hélène.

" Ces enfants-là, il vaudrait mieux les supprimer " ! ! ...

En chaque français sommeille un devin. Chacun, animé à coup sûr des meilleures intentions, y va de son couplet.
-" La médecine est si grande ... "- clament les uns.
D'autres, sur un ton péremptoire, nous balancent des " gentillesses " :
-" Ces enfants-là, il vaudrait mieux les supprimer !! "-
Oui, authentique, message jeté par la voie la plus directe à la face d'Henri, qui découvre un nouveau théâtre sur le front des opérations. Non seulement, il faudra se battre contre le vilain chromosome qui empoisonne Hélène, mais aussi contre un deuxième virus, celui, plus pernicieux, de la bêtise humaine. L'eugénisme a toujours droit de cité dans notre douce France. Quand on ne peut pas déplacer les frontières, on déplace ou on élimine les gens. Pourquoi faire compliqué quand on peut faire simple ? Mais au fait, où commence le nettoyage ethnique ?
Passons sur la pas si lointaine proposition de loi du sénateur Caillavet, qui provoque quelque froideur dans le dos ...

Bon nombre de personnes, fort braves au demeurant, pensent encore aujourd'hui que les parents demeurent responsables de l'état de leur enfant handicapé. Autrement dit, enfants tarés de parents tarés. Leur silence est si expressif ! ...
Qu'elles s'excusent ensuite, au hasard d'une conversation, et vous prient de ne surtout pas prendre en compte, pour vous-mêmes, leur déclaration antérieure, ne modifie en rien notre jugement.
Certes, les consommateurs constituent alors notre raison de vivre et notre fonds de clientèle. Pour autant, le consumérisme a ses limites, la dignité doit rester de mise. Nous ne versons pas, et jamais ne verserons dans le genre clientéliste. A coup sûr, nos convictions profondes et bien ancrées, liées au respect de la personne humaine, ont pu éloigner de notre comptoir certains acheteurs. Désolés de les avoir déçus, mais nous ne saurions transiger, sauf à perdre notre âme, sur des valeurs auxquelles nous croyons profondément. Hélène, dans son for intérieur, ne rougira jamais de ses parents ni de ses proches, eu égard à sa différence. Choix difficile parfois, mais combien enrichissant, le bénéfice du recul aidant.

Fortune, santé ++, courage +++

Prononcées par des tiers et assénées tels des uppercuts, les paroles qui précèdent, sans doute plus innocentes que méchantes, produisent un double effet : elles nous laissent parfois K.O. debout, et nous galvanisent l'instant d'après. Pour Hélène et ses aînés, nous ne pouvons baisser les bras, nos devoirs parentaux nous imposent de retrousser les manches et de poursuivre le combat engagé.

S'agissant bien, à nos yeux, d'un combat, nous revient en mémoire cette admirable citation de François Mauriac :
-" Celui qui a perdu la fortune n'a rien perdu,
-" Celui qui a perdu la santé a perdu quelque chose,
-" Celui qui a perdu le courage a tout perdu ".

Comme nous n'avons jamais connu la fortune matérielle, à travers l'argent, son valet de pied, nous n'avons pu la perdre. Grâce au Ciel, la santé nous accompagne et contribue à notre bonheur moral. Quant au courage, et sans verser dans la suffisance, le comportement et l'encouragement de notre entourage demeurent pour nous un bienfait tonifiant, avec l'aide et la complicité du Seigneur.

Nous rencontrons parfois des couples déchirés par l'arrivée d'un enfant handicapé, dès la conception, à la naissance ou par accident. Loin de nous l'idée et moins encore la volonté de jeter la pierre. Il convient, au contraire, d'aider puissamment ces ménages touchés de plein fouet par l'angoisse et la détresse. La thérapeutique la plus spontanée dispose de remèdes très simples : accueil, écoute, communication, dialogue. C'est affaire de société, c'est-à-dire de nous tous, car l'arrivée d'un enfant différent peut transcender un couple, comme le cimenter et aussi le casser !...

CHAPITRE 4

HELENE AT HOME, ELECTRON LIBRE

Rude apprentissage

Passent les jours, les semaines, les mois.
Nous souffrons de ne rien savoir de l'avenir à court terme, du devenir immédiat d'Hélène. Même si personne ne sait, ne peut ou ne veut nous le dire, nous devinons vite la différence d'Hélène par rapport à nos deux aînés.
Hélène éprouve les pires difficultés pour avaler le dixième du contenu de son biberon et rejette la moitié de ce qu'elle avale.

Valentine, angoissée :
-"Jamais Hélène ne pourra survivre..."-
Chaque jour, les "repas tétées " ressemblent à autant de séances de parcours d'obstacles, compétitions dont on ne sait jamais si Hélène sortira victorieuse et vivante, Henri rend hommage au comportement maternel des mamans en général et de Valentine en particulier :
-"Mon épouse a déployé des trésors d'ingéniosité, des tonnes de patience et d'amour pour sauver notre fille, plusieurs fois au cours d'une même séance, certains jours difficiles."-
C'est la sinusoïde au quotidien, quand les fausses routes (*) deviennent le lot journalier. Déjà s'instaure une communication, oui le mot n'est pas excessif, extraordinaire, souvent silencieuse, entre Hélène, ses parents, sa sœur, son frère.

Hélène se révèle très vite douée pour échanger. Dans le domaine de l'audio-visuel, elle excelle plus dans l'image que dans le son. Comme bon nombre de sujets débiles mentaux, elle ajoute d'autres cordes à son arc. En matière de toucher et de sourire notamment, elle montre progressivement l'étendue de son talent de séductrice, pour convaincre son entourage.

Privées des atouts qui garnissent abondamment le panier génétique des non handicapés, les personnes différentes affichent des dispositions proprement remarquables, et qui ne manquent pas de surprendre, dans l'art

(*) fausse route : mauvaise direction empruntée par les aliments qui, ingérés au lieu de se diriger vers les voies digestives, partent dans la trachée artère.

de correspondre. Privées de richesses et de dons naturels, les personnes frappées de handicaps, quels qu'en soient la liste et le caractère, donnent souvent une incroyable leçon de courage, ne serait –ce que pour compenser leurs carences. Enseignement du côté des bien– portants, parfois un tantinet gémisseurs sur les bords.

Chaque jour, nous voyons la vie d'Hélène différente. Nous pouvons même envisager des solutions changeantes, l'espace d'un court instant, mais nous souffrons de ne rien savoir.

Commencent bientôt les défilés vers les cabinets médicaux et les bureaux médico- sociaux, avec au menu, des chapelets d'épisodes à géométrie très variable. Certains de nos interlocuteurs, prions pour eux, n'ont manifestement pas bénéficié de leçons de communication, ni seulement d'humanisme le plus élémentaire. Leur mode d'expression s'apparente alors à des sentences lapidaires, propres au corps de la magistrature, pourtant sur la voie de l'amélioration.

D'autres, par contre, mettent à notre service de parents désemparés un professionnalisme, allié à un accueil et à une cordialité exemplaires. Nous reviendrons plus loin sur cette difficulté maintes fois rencontrée, dans un chapitre spécialement consacré au corps médical et para-médical.

"Primaire" est le mot juste...

Les promenades à pied deviennent notre lot dominical. La petite tête d'Hélène dodelinant tel un ballon de baudruche, nous faisons l'acquisition d'une poussette spéciale, munie d'appuie-tête adapté, le tout non pris en charge par "Madame Sécurité Sociale". Cet accessoire indispensable ne figurant pas dans la nomenclature officielle dressée par "Gente Dame C.P.A.M." (Caisse primaire d'assurance maladie), et bien que moins cher, force nous est de payer de nos propres deniers ce petit fauteuil, fabriqué Outre-Atlantique. Grande vertueuse munie d'œillères lui interdisant le moindre strabisme divergent, la caisse primaire et payeuse s'offre, très généreusement, de nous rembourser un appareil ... plus cher et parfaitement obsolète, qui a la bonne idée de figurer dans la liste !

Quand humanisme et logique éprouvent quelques difficultés à cohabiter et font mauvais ménage : de quoi donner des soubresauts à la dépouille de Descartes, né pourtant près de chez nous ! !

La galère des promenades

Au cours de ces balades, les rencontres avec d'autres passants, au regard inquisiteur et silencieux, qui opèrent un demi-tour sur eux-mêmes, après nous avoir croisés, constituent pour nous autant de séquences mal vécues. Hélène est-elle un monstre que l'on exhibe, évadée d'un cirque ? Ses géniteurs ressemblent-ils aux animaux malades de la peste, évoqués par la Fontaine ? ("ils n'en mouraient pas tous, mais tous étaient frappés").
De grâce, amis promeneurs de notre petite commune, ne nous fusillez pas du regard ! De quel droit le feriez-vous ? Adressez-nous plutôt la parole ; bien que meurtris dans notre cœur, nous pouvons encore sourire, parler et dialoguer. Nous prend-on pour des criminels, coupables du ratage de la conception d'Hélène ?
Parler de l'affection cordiale de la société, dont nous sommes tous des composants, envers l'enfant débile mental, procède d'un bucolique euphémisme et d'une douce rêverie. Accorder à l'arriéré mental une microscopique aide financière, comme jetée en pâture à un mendiant, suffit sans doute à confronter le bon peuple dans l'art inégalable d'atteindre les sommets de la bonne conscience. Un grand pas sera franchi quand la collectivité considérera ses fils et filles infirmes comme des enfants de la mère patrie, au même titre que les autres.

Revient en mémoire à Henri le drame de parents de deux adolescents débiles mentaux, qui cachaient l'un d'entre eux sous la cage d'escalier, pour le soustraire au regard des amis (?) de passage et chasser la honte nichée sous leur toit. Au demeurant, le fils locataire de la cage d'escalier n'était certes pas maltraité - Henri en témoigne - , mais il véhiculait le martyre des parents, renouvelé au quotidien. Dans ce cas, les parents s'identifient à leur enfant, copie conforme de leur chagrin.
Les parents sont convaincus d'être heureux, pour peu que leur enfant le soit aussi. Si, au contraire, le sort de leur petit débouche sur un revers, les parents éprouvent le sentiment de voir la vie prendre la forme d'un échec. Nous sommes en présence de l'empathie et de la sympathie réunies. Pour avoir vécu l'enfer sur la terre, ces pères et mères gagneront directement le Ciel, dès leur envol…

Premières vacances extra-muros

Pour apprendre progressivement à ne cacher ni enfermer notre problème au plus profond de notre cœur, décision est prise de partir tous les cinq, pour les vacances d'été, Hélène âgée seulement de trois mois. A dessein, nous optons, non pour une location de villa ou chalet où nous pourrions séjourner heureux et cachés, mais pour un hôtel-restaurant ouvert à tout public, y compris aux êtres dissemblables d'Hélène, fille extraordinaire à la lisière du commun des mortels.

La petite troupe débarque chez les Montmartin, à Saint-Genest Malifaux, qui ont hébergé Henri adolescent, avec ses parents et ses frères. L'accueil le plus chaleureux et le plus spontané nous est réservé, chez des gens de cœur, doublés de vrais professionnels. Aux confins du parc régional du Pilat, tout près du col de la République, la famille passe des journées merveilleuses dans cette région très prisée des Stéphanois, en quête d'air pur et tonifiant. C'est avec plaisir que nous retrouvons les amis Freycon à Planfoy, très attachés à leur terroir et à leurs racines foréziennes. Comme c'est aussi l'époque où les "verts" (tout lien avec les accros de Madame Voynet est fortuit) de Saint-Étienne comptent parmi les grands d'Europe du football, le "chaudron" du stade Geoffroy-Guichard compte aussi des spectateurs tourangeaux.

Si les séances-repas-marathons se déroulent pour Hélène dans la chambre, nous prenons soin de lui faire partager, avec les précautions liées à son jeune âge et à son état, notre univers quotidien au milieu des autres vacanciers.
Nous entendons tordre le cou à cette idée reçue qui tend à faire endosser aux parents la responsabilité de ne pas montrer, hors le cercle familial, leurs enfants débiles mentaux, eu égard à leur réputation et par peur des commentaires et médisances. Oyez, Oyez, braves gens ! Les préjugés mis en avant par des adultes, nous dit-on, relativement à des enfants handicapés mentaux, seraient les suivants :
- les parents portent la responsabilité de l'infirmité.
- la débilité mentale présente un danger certain.
- le risque de contaminer un enfant sain.
- etc....etc....

La coupe est pleine et les surenchères restent ouvertes ; Nous sommes alors en 1972. A l'heure où nous écrivons ce livre, une génération a passé et les mentalités ont évolué vers le haut. En réalité, les adultes transfèrent souvent leur propre appréhension et leur jugement frileux, honteusement vers leurs enfants, bien plus réalistes que leurs aînés. La grande tribu des enfants handicapés et de leurs proches n'a que faire de la pitié et n'affiche que mépris pour ses distributeurs !

Attendrissement et compassion constituent vite les prémices de l'exclusion.

Baptême, pour la vie

La vie familiale, intense, riche et variée, suit son cours. Le 15 octobre 1972, notre cousin affectionné Georges Guilbert, doyen du chapitre de la cathédrale de Tours, baptise Hélène. L'ondoiement pratiqué par l'amie religieuse, dès la naissance difficile, se trouve désormais conforté, s'il plait au Seigneur de rappeler Hélène.
Cérémonie religieuse d'abord, puis, comme il est de tradition en Touraine, un repas amélioré lui succède. Michel, jeune médecin et filleul d'Henri, accepte la fonction de parrain, tout comme Danièle, sportive accomplie, pour exercer le rôle de marraine.
Quand nous présentons Hélène à notre famille du Limousin, quelques jours avant Noël 72, tous les membres demeurent sans voix et leur silence est à la mesure de la peine éprouvée.
Hélène fait sa première grippe début 73, sans conséquence apparente.

Recherches et démarches, écueils et récifs

Pour tenter de sortir de l'isolement et du dénuement dans l'information, Valentine dévore des revues, extrait des informations, découpe des articles. Autour de nous, les mairies, les médecins affichent une grande indigence au niveau des renseignements, censés qu'ils sont de les fournir aux familles concernées. Hélène serait-elle le prototype d'une race en voie d'apparition ?
La palme appartient aux services sociaux, souvent aux abonnés absents.
Loin de nous de leur jeter la pierre. Non préparés, ils ne connaissent rien. Comment pourraient-ils savoir ce qu'ils n'ont pas appris ?
A la suite de la lecture d'un article, Valentine obtient les coordonnées de l'UNAPEI (*) et de son antenne départementale, l'ADAPEI (*). C'est ainsi, tout naturellement, que nous participons à notre première réunion associative pour Hélène, en juin 1973.
En effet, jour après jour, il nous apparaît de plus en plus évident que nous ne pourrons, seuls, assumer l'éducation d'Hélène, malgré notre farouche

(*) UNAPEI : Union nationale des amis et parents d'enfants inadaptés.
ADAPEI : Association départementale des amis et parents d'enfants inadaptés.

volonté de nous battre. Évacuons les thèmes de discussion ondulant sur l'instruction en général et le Q.I. (quotidien intellectuel) en particulier. En dehors de quelques scientifiques-cérébraux-à-la-matière-grise-touchée-par-une-encéphalite-tenace, et privés du bon sens le plus élémentaire, qui cherchent à classer Hélène dans l'échelle de l'intellect, il est clair que le sujet sort et sortira toujours de l'actualité. Laissons ces "fêlés cérébro-spinaux" se fatiguer.
A quoi bon vouloir lui ingurgiter de beaux préceptes hyper sophistiqués, quand on s'aperçoit qu'Hélène est tout simplement assoiffée d'affection et affamée d'amour. Dans ce registre elle sait donner et adore, la coquine, recevoir. Les donateurs de tendresse ne manquent pas, il est vrai, à ses côtés.
Fidèles à notre habitude, nous partons en vacances, en septembre 73, cette fois sur la côte vendéenne. Un couple d'hôteliers-restaurateurs accueille la famille au complet, sans difficulté aucune, avec la différence d'Hélène. La suite de cet ouvrage le montrera à plusieurs reprises, nous avons toujours voulu sortir le plus souvent possible en compagnie de notre fille.

Deux écueils fondamentaux guettent les proches des enfants, plus tard adultes, débiles mentaux.
Le premier, le plus fréquent, résulte d'une attitude parentale visant à soustraire leur fils ou fille aux regards des autres, ou, pis encore, à camper dans une contenance appelant la commisération.

Si l'on peut comprendre pareil comportement, provoqué par la douleur et l'incertitude, il ne saurait se justifier, pouvant à terme déboucher sur l'isolement, qui engendre le rejet, qui lui-même entraîne l'exclusion. Et quand bien même tous les "psy" de la terre s'uniraient, ils n'y pourraient mais ! Notre planète rassemble assez d'exclus façonnés par les régimes, les économies et autres doctrines en tous genres, pour ne pas en fabriquer d'autres…
Le second consiste à tout réclamer et à tout espérer de la société. Erreur, si l'on considère que nous sommes tous citoyens responsables au sein de la collectivité qui nous a donné le jour. Grossière erreur de tout exiger des autres sans même chercher à construire l'édifice commun ; Oui à la démocratie, non à la démagogie qui confine souvent à la "démocrassouillerie". Il est de nobles combats, nous le verrons plus loin, qui valent la peine d'être engagés. Croiser le fer avec l'Administration dévoile parfois de belles et pures vertus guerrières.
Fin 73, ses dix-huit mois bien accomplis, l'inquiétude nous gagne, car Hélène ne marche pas, ne parle pas, ne se tient pas assise, se souille, pèse

à peine plus de huit kilos et n'atteint que soixante dix-sept centimètres sous la toise. Ses repas sont autant de cérémonies longues et difficiles, pour elle et sa maman, les aliments devant être écrasés ou mixés, puisque Hélène ignore avec superbe ses dents pour mastiquer avant d'avaler.
Elle manque s'étrangler bien souvent, mais manifeste aussi un féroce appétit de vie nous donnant, à travers ses rares sourires, une leçon extraordinaire d'encouragement à ne pas renoncer, plus encore un appel à combattre avec elle, par elle, pour elle.
Hélène "crapahute". Si elle ne marche pas, Hélène cependant se déplace dans son style particulier et très peu conventionnel : elle avance, dure au mal, recroquevillée, en position quasi fœtale, s'appuyant sur les mains, sollicitant les coudes, talons collés aux fesses. Dès qu'il s'agit de prendre un objet, peu importent les difficultés, elle atteint son objectif (Hélène pointe chez les "taureaux", dans le zodiaque), s'égratigne parfois sur les graviers, dans la cour, attrape l'objet convoité et le porte souvent à la bouche, pour l'identifier". De l'identification à l'avalement, il n'y a qu'un pas, qui peut mener à la tragédie. Maintes fois, la vigilance maternelle est soumise à rude épreuve. En pareil cas, la technique du retournement immédiat, tête tournée vers le bas, apporte le remède à la situation périlleuse. Valentine a subi et franchi les épreuves de l'examen d'apprentissage pour apporter son savoir-faire de secouriste spécialisée.

1974

Deuxième président de la cinquième République, Georges Pompidou s'éteint le 2 avril 74, deux ans avant la fin de son mandat. Valéry Giscard d'Estaing lui succède le 19 mai, pour un septennat.
Autour d'Hélène, deux événements marquent l'année à l'échelle de notre microcosme. En qualité de simple adhérent, Henri participe à l'assemblée générale annuelle de l'ADAPEI, à laquelle sont conviés les handicapés mentaux, leurs familles et leurs amis. Insuffisamment informé et mal préparé à ce qui l'attend, à travers ce rassemblement important, en présence d'adolescents et d'adultes lourdement chargés pour certains, Henri écrase une larme, en silence. Brutalement, le père imagine et projette sa fille quelques années plus loin, craque et quitte la réunion.
Aux dirigeants qui l'interrogent sur les raisons de son départ anticipé, Henri explique et reproche, amicalement, le manque de communication. Certes, l'habitude, la routine et l'environnement façonneront tout doucement le "blindage". Cependant, devenu, plus tard, responsable d'association à même vocation, le papa d'Hélène ne manquera jamais de prévenir et d'informer les gens non concernés, ou non avertis, sur le choc

que peut provoquer la vision brutale d'une personne différente. Communiquons, communiquons, que diable !
Autre fait, majeur à l'intérieur de notre petit cercle, bien tardif, comparé à la chronologie habituelle dans l'évolution d'un enfant : fin octobre, à près de trente mois, Hélène commence à s'asseoir, seule ! Quelle affaire, pas de quoi fouetter un chat, et encore moins de balancer un scoop dans un média. Et pourtant ! Notre camp se plait à espérer, chacun y allant de son commentaire et de son pronostic quant à l'avenir d'Hélène, devenue le centre de l'univers familial. Et si cette étape préludait à la marche autonome ?...
Musicienne qui aurait pu embrasser une carrière professionnelle. Anne-Marie, sœur aînée, de toutes les complicités et confidences, au pupitre de clarinette depuis l'âge de six ans, entreprend ses débuts officiels à huit ans, pour le concert annuel de la Sainte-Cécile, au sein de l'harmonie dirigée par son grand-père.
Précocité chez la fille aînée, gros retard en vue chez sa petite sœur, et néanmoins les mêmes parents ! L'existence nous confronte déjà à des situations d'amplitudes extrêmes. Et si d'aventure l'orgueil, et sa cousine la suffisance, peuvent nous enfler le tour de tête, la sagesse et la raison nous ramènent vite sur le terrain de la modestie : Hélène, frêle petit roseau, nous appellerait à ne pas "gonfler les pectoraux" et nous apprendrait le pouvoir bienfaisant de l'humilité.

Chez les pharaons.

A l'occasion d'une toxicose, contractée en mars 75, Hélène nous cause une grande frayeur et provoque dans son entourage une peur glaciale, poussant notre petite jusque dans l'antichambre de la "pièce d'à-côté". Peut-être notre canaille de fille veut-elle simplement éprouver la résistance et le courage des siens dans la tempête ?
L'alerte passée, Hélène reprend son tonus habituel et nous rassure suffisamment pour nous permettre d'envisager de partir sur le continent africain. Grâce à l'obligeance spontanée d'un frère et d'une belle-sœur qui acceptent de prendre en charge Hélène, et à la faveur d'un challenge commercial organisé par un grossiste fournisseur, nous passons huit jours en Égypte. Pour nous qui n'avons guère quitté l'hexagone jusqu'alors, il s'agit d'un événement de taille. Rassurés sur le sort des trois enfants (les deux aînés confiés aux grands-parents) en notre absence, nous profitons de cette évasion au pays des pharaons pour faire une cure intense d'histoire, d'archéologie et de civilisation.

A l'initiative de l'organisateur, un concours historico-culturel est proposé aux passagers durant le vol, remporté par le couple Henri-Valentine. Le séjour se présente sous les meilleurs auspices. Pays de contraste, avec le désert qui occupe l'essentiel du territoire, et le Nil qui apporte sa sève nutritive et salvatrice, l'Égypte accueille le groupe avec enthousiasme, spontanéité et convivialité. Dans Le Caire, ville bruyante, grouillante et odorante, Valentine craque devant le visage suppliant des enfants. Naturellement bonne, et au comble de l'instinct et de la générosité maternels réunis, elle veut adopter et rapatrier un ou deux petits Cairotes. Pas moins !

Henri, après avoir félicité son épouse pour sa charitable intention, s'arme d'une douce fermeté, voire d'une ferme douceur, pour la dissuader et la persuader de laisser bien ancrés ces enfants, finalement très heureux dans leur milieu naturel, malgré les apparences plaintives et trompeuses. Henri :

-"Notre maison est grande, la petite fratrie serait sûrement ravie de s'agrandir, mais de là à jouer les déménageurs d'ethnie..."-

Voilà bien Valentine, humaine et bienveillante, ce qui ne déplaît pas, loin de là, à son mari. Mais peut-on décider du choix du bonheur des autres, sans consulter autrui ?

Chez Bernadette Soubirous

Le printemps 76 nous voit débarquer, au complet, à Lourdes, en dehors des périodes annuelles d'invasion et de transhumance des bipèdes humains. Il nous plaît beaucoup de venir régulièrement à Lourdes, pour nous recueillir, nous ressourcer, et prier. Cependant, sans verser dans l'agoraphobie, nous fuyons les grands pèlerinages annuels, où en dehors des abords immédiats de la grotte, les lieux voués au culte n'offrent pas la sérénité espérée. Ne parlons pas du spectacle style "marchands du temple", dès la sortie du sanctuaire : à faire sursauter Bernadette Soubirous dans la quiétude du Ciel !

Nous prions longuement Sainte Bernadette, humble fillette d'une pauvre famille bigourdanne, appelée à la reconnaissance suprême par le Seigneur, pour aider Hélène et ses proches, dans leur parcours au chemin caillouteux.

Au jardin d'enfants

A l'approche de ses quatre ans, nous confions Hélène à l'école maternelle du Couvent, dirigée par une religieuse, dynamique et généreuse, entourée

d'institutrices dévouées et compétentes. C'est vrai, notre comportement se situe aux confins de la bravade, Hélène ne possède toujours pas, et ne possèdera jamais, la marche autonome, et demeure totalement dépendante. Mais Anne-Marie, qui compte alors parmi les "anciennes" de l'école primaire, met une telle insistance, ajoutée à la silencieuse complicité de François, que nous finissons par céder.
Hélène débarque donc à la maternelle, précédée d'une campagne publicitaire orchestrée par sa grande sœur ; et puis, ne vient-elle pas de réaliser un exploit, se relever, seule, pour la première fois !
-"Venez voir, c'est ma petite sœur !"-
Volonté, connivence, dévouement ne font pas défaut, loin de là, mais ne suffisent pas, à faire le printemps. Il faut vite se rendre à l'évidence, au bout de quelques jours. Malgré les précautions prises dans son entourage, Hélène perturbe plus qu'elle n'enrichit. Pourtant, des camarades d'Anne-Marie, garçons et filles aujourd'hui parents à leur tour, nous révéleront plus tard avoir beaucoup appris et observé lors du passage d'Hélène, pauvre parce que démunie, riche parce que pure et innocente. Bref, l'expérience tourne court, l'essai n'est pas transformé.
Oui, la certitude fait place à la crainte, l'enfant Hélène Gaumé, fille des ci-devant citoyens Valentine et Henri Gaumé, échappera à toute scolarité " normale ". Adieu le rêve un peu fou des parents, nos derniers espoirs nous déposent du nuage sur lequel nous volions, immatures. Que notre fille nous pardonne ce fantasme de gamins. Désolés, Monsieur le Ministre de l'éducation nationale, Hélène, bien malgré elle et à son grand regret, ne relèvera jamais de votre autorité. Alors, vers lequel de vos collègues se tourner, sous quelle autorité s'abriter, sur quel banc siégera-t-elle dans l'assemblée des discordants, des disparates, des non conformes ? Sans doute sur celui des divers, des non inscrits…
De grâce, au secours, aidez-nous !
-"… Hélène accusera un gros retard scolaire…" -Oui, Jean-Marc, ami pédiatre, tu avais raison !

Chez les "bougnats"

L'année 77 constitue pour Hélène une période de transition, inscrite entre la routine et la hantise. Pour déconnecter du rythme quotidien, nous aspirons à la coupure estivale. Cette fois, nous délaissons la côte vendéenne, que nous apprécions fort et qui nous pardonnera l'infidélité d'un été. Des amis auvergnats nous reçoivent, avec Hélène bien sûr, pour quelques jours, à Ambert.

"Les clos du nid"

En août de la même année, grâce à notre ami kiné Hubert Santier, dont l'épouse est lozérienne, rendez-vous est pris avec l'abbé Oziol, fondateur des "clos du nid", à Marvejols. Terre de tradition et d'accueil, la Lozère a su rebondir remarquablement sur la précarité de ses ressources, liées à l'aridité de son sol et à la rudesse de son climat. Qu'à cela ne tienne. Gens de bon sens, une vertu souvent mise à mal, les autochtones, sous l'impulsion de quelques "agitateurs" de bonnes et simples idées, dont Jacques Blanc, se retroussent les manches.

De la discussion naît l'imagination, qui elle-même enfante le projet, puis la création des diverses structures du "clos du nid". Bagarreur en diable, le lozérien adresse un pied de nez à l'indifférence et compense admirablement la carence du grand désert hexagonal, en matière d'accueil et de prise en charge des personnes handicapées mentales. Pourquoi là plus qu'ailleurs ?

Faute de rencontrer l'abbé Oziol, qui se trouve en réalité à Paris, nous visitons des structures, posons des questions, comblons notre ignorance, emmagasinons quelques notions qui commencent à enfanter des idées. Arrivés ignorants, nous repartons plus confiants.
Très bien, mais comment faire ? Et que faire ?

CHAPITRE 5

PREMIERE ESCAPADE

Entre ciel et terre

Grande joie dans la famille, fin juillet 78, quand le père d'Hélène, pour satisfaire un vieux rêve et conjurer un sort familial (*) pervers et pernicieux, décroche son brevet de pilote privé d'avion de tourisme. Hélène, sa sœur et son frère ont la joie de goûter ce premier vol aérien. François et son père à l'avant, Hélène et Anne-Marie à l'arrière, et c'est parti pour une balade locale comprenant le survol, à hauteur réglementaire comme il se doit, de la maison et de l'atelier.

Faute de moyens, et surtout de volume, à l'intérieur de l'habitacle, la distribution des rôles s'opère dans la facilité et la précision. Chaque membre de l'équipage du "Robin" F.BPKJ connaît parfaitement sa mission :

- Henri, pilote, guide, commentateur, seul maître à bord, en tout cas responsable des actionnaires de la destinée familiale.
- François, steward improvisé, plus que navigateur.
- Anne-Marie, hôtesse naturelle et distinguée, pleine d'attention pour sa petite sœur de passagère.
- Hélène, qui, à elle seule, mobilise trois membres du personnel navigant !

Comme bien souvent à l'idée d'un voyage aérien, Valentine, timide adepte d'Eole et peu rassurée, préfère savourer l' "ivresse" du plancher des vaches. Bon prétexte et sage précaution, car, en vérité, l'aéronef ne dispose que de quatre places et d'un quota de poids très limité. Le tout est de pouvoir décoller, sinon l'automobile suffit s'il s'agit de seulement rouler sur le plancher des vaches. Vol sans histoire pour les trois "baptisés" d'un jour, au comportement exemplaire.

Au cours de nombreux baptêmes et voyages aériens à l'intérieur de l'hexagone, Henri s'efforcera d'atteindre deux objectifs : donner confiance à ses passagers et démontrer la banalité de la conduite d'un engin à hélice motorisée.

Henri :-"Piloter un avion est aussi simple que conduire une voiture"-

A son tour, Valentine précise : -"Henri apporte plus de rigueur et de prudence en avion qu'en voiture !..."-

(*) Cinq ans auparavant, Bernadette, cousine proche et affectionnée, passagère d'un avion qui s'est brisé sur les flancs du Vercors, a laissé la vie et trois orphelins.

Jugement lapidaire et sans appel.
Le devenir d'Hélène, à court et moyen terme, nous préoccupe de plus en plus. Notre réflexion a singulièrement évolué ; Voici un an ou deux, nous n'envisagions, à aucun prix, une séparation. Impuissants et inaptes à résoudre un problème aux multiples équations, il nous appartenait, selon nous, de gérer l'ingérable. Subitement, nous prenons conscience de notre incapacité à enrichir notre fillette qui, en réalité, nous apporte sans que nous lui apportions, nous charge sans que nous la déchargions.
Çà et là, Valentine confie sa crainte et son inquiétude, face à un horizon bouché, face à la difficulté grandissante d'éduquer Hélène "comme il faudrait". Nous devrions peut-être envisager de l'orienter vers une autre direction. Laquelle ?
Protégée, à coup sûr , Hélène devient surprotégée dans un environnement familial tout acquis, trop sans doute, à sa cause et à ses... caprices. Torturés par une réflexion quasi permanente, nous affichons des comportements très sinusoïdaux. La logique nous prive souvent de ses bienfaits. Ne sommes-nous pas capables, dans une même conversation, d'affirmer notre volonté de confier Hélène à d'autres, et d'imposer, sans concession aucune, nos desiderata en matière de patience, de soins, d'affection et d'amour à prodiguer ! Tout cela sans nous séparer de notre fille. La quadrature du cercle !
Bref, le cordon ombilical qui unit Hélène à ses parents n'est toujours pas coupé. Attitude protectrice plus que salvatrice, nous essayons, bien maladroitement, de la préserver. La protéger du présent nous paraît plus urgent que la préparer pour l'avenir.
En vérité, avons-nous le choix ?

Première séparation

Nos méditations en sont encore à ce stade, quand nous conduisons Hélène en consultation auprès d'une spécialiste en pédopsychiatrie, camarade de promotion du parrain de notre fille. Une étape décisive vient d'être franchie, parsemée de bon nombre d'interrogations et valses-hésitations, qui nous amène, le 21 septembre 1978, à diriger Hélène vers l'annexe du C.H.U. (centre hospitalier universitaire) de Tours, très exactement à Saint-Benoit la Forêt, près de Chinon. Il s'agit d'un établissement, qui accueille en "pédo-psy" des jeunes de moins de dix-huit ans. Ce dernier chiffre, très important, nous le verrons par la suite. Les retours à la maison peuvent s'inscrire chaque soir, chaque semaine, chaque mois, ou pas du tout pour les résidents moins chanceux.

Cette première séparation décidée nous amène à un autre genre de "sortie", apparenté à un cri de colère et basé sur les constatations et réflexions qui vont suivre.

L'honneur de la République... et la honte de notre pays

Nécessaire à la présentation de la situation, une relecture de nos manuels d'histoire de France s'impose.
Les premières années de la troisième République, dans les dernières décennies du dix-neuvième siècle, ont apporté dans leur berceau un cadeau qui constitue l'une des plus belles inventions de la France, à savoir l'Instruction. Membre, à de multiples reprises, de plusieurs gouvernements, trois fois détenteur du portefeuille de l'instruction publique, deux fois président du Conseil, Jules Ferry, disparu en 1893, laisse derrière lui une création en tout point exemplaire, l'instauration de l'enseignement primaire, obligatoire depuis le 28 mars 1882.
Lorgnons dans le rétroviseur. Tout citoyen, bien portant de préférence, se voit offrir, dès son plus jeune âge, l'instruction et l'éducation. A travers un parcours parfois un peu compliqué, "Madame Education Nationale", héritière de feue Instruction Publique, propose un éventail de services qui vont de la maternelle à l'enseignement supérieur, en passant par l'enseignement primaire, secondaire, voire la filière professionnelle. Par nécessité, cette dernière branche, créatrice d'emplois, est à nouveau courtisée, et c'est tant mieux ; les signes de reconnaissance sont si rares, du côté du travail manuel !
Un pareil éventail de richesses finit même par provoquer une sorte de "diplôme-manie hexagonale", qui accorde confiance, crédit et responsabilité aux seuls titulaires du précieux diplôme, précieux laissez-passer atterrissant souvent enroulé, sous forme de cylindre enrubanné, au plus profond d'un tiroir. Un exemple, entre cent, d'excès de surqualification : un récent concours organisé en vue de recrutement de facteurs (on ne dit plus préposés, tant mieux) a attiré une foule de candidats "bac +6". Constat révélateur et triste, à la fois !
Là où l'ancien facteur dialoguait, ce qui suppose un impératif bon sens et une indispensable dose de savoir-faire avec les clients, son collègue contemporain se contente de pousser le volet mobile des vilaines boîtes grises, couleur demi-deuil, qui jalonnent les rues et les routes. Nos ancêtres les gaulois craignaient de voir le ciel leur tomber sur la tête. Deux mille ans plus tard, leurs héritiers marchent parfois sur la tête, avec ou sans casquette.

Ce procès en recherche de bon sens disparu étant achevé, c'est tout à l'honneur de nos républiques successives, troisième, quatrième, cinquième confondues, d'avoir initié, développé, et pérennisé l'instruction. Tout un chacun peut acquérir, depuis plus d'un siècle, le savoir, le savoir-faire, pour affronter le monde du travail et la vie professionnelle. Quant à l'emploi, nous tombons dans le domaine du brevet S.G.D.G. (sans garantie du gouvernement) et piétinons sur les brisées d'un tout autre débat…
En revanche, malheur aux êtres divergents et à leurs proches : le royaume de la différence, de l'ingratitude et du rejet leur est promis. Là, le bât blesse douloureusement et un véritable parcours du combattant attend tous les citoyens "extraordinaires" que sont celles et ceux nés ou devenus "anormaux", c'est-à-dire hors normes, en dehors des moyennes. Dans une sorte de convergence, du genre cour des miracles, les membres de la société hexagonale rassemblent, pêle-mêle et à part, les débiles, les particuliers, les bizarres, les handicapés, les pliés, les courbés, les tordus, les idiots de village. La liste, à compléter, est ouverte et le stylo encore chaud… Qui dit mieux ? A notre connaissance, seul l'univers carcéral fait plus fort, capable d'opérer des rassemblements honteusement incohérents sous un même toit.
Là où les personnes, différentes bien malgré elles, peuvent espérer une reconnaissance à PART ENTIERE de la société environnante et gouvernante, elles sont, en réalité, considérées à DEMI-PART, voire ENTIEREMENT A PART. Misérables, méprisés, souvent écartés de tout groupe social, les handicapés, mentaux, moteurs et sensoriels notamment, sont appelés à connaître progressivement la souffrance de la ségrégation, hall d'attente de l'exclusion.
Que penser d'une société qui propose encore de nos jours aux parents concernés l'abandon pur et simple de leur bambin handicapé ? La honte ! Et que dire d'une catégorie de société qui les laisse seuls face à leur incompétence ? Qui peut accepter un seul instant le côté inévitable de cette attitude ?
Qui plus est, la collectivité-miroir craint-elle le renvoi de l'image du malheur, déclencheur de peur et de pitié envers les autres ? Quand d'autres pays, proches de l'hexagone, accueillent à bras et cœur ouverts les infirmes mentaux, nos gouvernants de tous poils et bords confondus, souffrent encore - et le mal est chronique !-, de léthargie et d'électoralisme. A leur décharge, le sujet n'est pas médiatique. On est, il est vrai, à des années-lumière des frasques et galipettes du tandem Clinton-Lewinsky, aucun débat autour de l'invalidité de l'esprit ne fera sauter de sitôt l'audimat. En outre, les personnes handicapées de l'intellect, baptisées juridiquement et pudiquement "incapables majeurs", dès leur majorité, sont interdites

d'accès aux urnes ! Pourquoi s'intéresser à ces parias, privés à perpétuité de leurs droits civiques ? !
On parle volontiers du refus d'entrée, scandaleux, opposé par des tenanciers de discothèques, à l'encontre de clients dont le seul tort est de présenter un faciès trop foncé (dit "délit de faciès"). On rencontre encore des traînées de racisme, il faut prononcer le mot, chez certains propriétaires de cafés, restaurants, hôtels, magasins, qui affichent "complet" à la vue d'un handicapé mental, alors qu'on est loin de la surcharge. Craindraient-ils de voir fuir une clientèle non préparée ou, au contraire, trop bien conditionnée ? Le fonds verrait-il sa cote baisser à la bourse ? Tous ces braves gens redouteraient-ils d'avoir honte, d'avoir peur, d'avoir mauvaise conscience, ou simplement le "qu'en dira-t-on ?...
Allons, soyons nous-mêmes tolérants et tempérants après une telle énumération, aux allures de réquisitoire en règle. L'honnêteté nous oblige à reconnaître d'incontestables progrès accomplis depuis une décennie, mais il reste tant à faire ! Verser dans une satisfaction un peu hâtive consisterait à tomber dans un nombrilisme prématuré Cependant, une lueur de nette amélioration point à l'horizon et vient à coup sûr de la saine et spontanée réaction des jeunes et des très jeunes, qui vivent en parfaite osmose avec leurs congénères différents. A la décharge de nos concitoyens issus des générations nées jusqu'au milieu du vingtième siècle, accordons-leur de larges circonstances atténuantes, pour avoir été totalement impréparés et démunis face au handicap.

Des progrès

A partir du moment où les parents et autres ascendants des adolescents d'avant 1950 prescrivaient à leur progéniture de fuir la présence des personnages handicapés mentaux, on créait, ipso facto, un climat pestilentiel. On jouxtait alors, et de très près, l'antichambre de ce qui ressemblait fort à un ghetto, à l'intérieur duquel la nation plaçait les infirmes et invalides dans une bulle, sorte d'enfermement centripète. Dans ces conditions, la force centrifuge éloignait tout naturellement de cette sphère les spectateurs-voyeurs .
Sous l'impulsion, notamment, des familles des handicapés, un grand pas a été franchi, depuis trois maigres décennies, dans l'art de communiquer. Les jeunes frères et sœurs d'adolescents handicapés, ceux de la génération d'Anne-Marie et de François, sont passés maîtres dans l'art de l'approche spontanée des êtres différents. Ces mêmes ados, débarrassés de tout préjugé, n'ont pas leur pareil pour non seulement ne pas occulter, mais

évoquer bien volontiers la présence de leur proche, autre parmi d'autres. Plus encore, leurs propos et récits sont empreints d'une telle passion qu'ils se doublent de "promoteurs" de la cause des handicapés. Le sommet de l'excellence est atteint quand les membres de la fratrie "retournent" leurs interlocuteurs, qui deviendront à leur tour des complices et des ambassadeurs itinérants ! On se plaît à espérer, voire à rêver : la boucle est en passe d'être bouclée

Des "pour" et des "contre"

Ainsi, quand le 21 septembre 1978, notre petite – elle le sera toujours, à nos yeux– intègre le service des enfants, à l'hôpital de Saint-Benoit, près de Chinon, l'angoisse nous envahit. Pensez donc : Hélène, depuis son débarquement sur la planète terre, vit au milieu des siens, couvée, bichonnée, affectionnée comme il se doit et au-delà.
Hélène sait de tout son être, ressent de tout son cœur, respire de toute son âme l'immense amour que les siens lui communiquent. Hélène n'a pas son pareil pour le renvoyer, en échange de bons procédés. Comment pourrait-il en être autrement ?
Avant de prendre pareille décision, vitale à nos yeux, nous avons entamé une série de consultations, mené des enquêtes sur la nature et le sérieux de l'établissement, glanant des conseils et avis çà et là.
Dans le camp des "contre", les arguments ne manquent pas, quantitatifs plus qu'objectifs. Intégré, voire immergé dans le même site que la psychiatrie des adultes et des vieillards, le service de pédopsychiatrie côtoie, aux yeux du bon peuple, les unités des "fous". On ne s'embarrasse pas d'un vocabulaire très châtié, en milieu rural, pour évoquer l'univers difficile des malades mentaux.
"Hélène sera tantôt cajolée, tantôt maltraitée. A votre place, je la garderais à la maison..."
Dans le genre registre du message péremptoire, nous entendons aussi : -"Si vous saviez ce qui se passe ici, parfois..."-
Vieux comportement, propre à l'hexagone, donnant libre cours à la rumeur qui s'appuie, comme souvent en pareille circonstance, sur le groupe et non sur la source.
Nous commençons à tergiverser et finissons par culpabiliser, tant notre désarroi grandit. Non seulement nous affichons notre incapacité de prendre en charge Hélène sous notre toit, mais nous sommes pris en flagrant délit d'abandon. En un mot, sommes-nous dignes de nous prévaloir de la qualité de parents ? Anne-Marie et François, au nom de votre petite sœur, aidez-nous !

Notre réflexion ne dépasse guère ce stade, quand Michel, jeune médecin, filleul d'Henri et parrain d'Hélène –on cultive l'art de l'arrangement dans la famille– , vient grossir le clan des "pour". N'a-t-il pas effectué son temps d'internat en totalité dans cet hôpital ? C'est l'argument de Michel, en plus de son témoignage digne de foi et qui n'est pas accroché aux basques de la partialité, qui nous conforte dans notre décision. Si débordante soit notre affection et profond notre dévouement à l'égard de notre fille, nous nous révélons de piètres éducateurs, qui la surprotégeons. Petit à petit, au vu de la perturbation qui envahit notre foyer, cette prise de conscience nous gagne. Et en même temps, nous sommes tentés de culpabiliser à l'idée d'abandonner Hélène. Quelle torture ! Et puis, zut aux qu'en-dira-t-on !...
Hélène est accompagnée pendant douze ans dans cet établissement, dépendant du C.H.U. de Tours, et prise en charge par du personnel doté de faibles moyens logistiques, mais ne ménageant ni sa peine si son cœur. Dans des conditions matérielles parfois très précaires, chacun, depuis les différents chefs de service qui se sont succédé, jusqu'au plus modeste auxiliaire, a toujours donné le meilleur de soi.
Henri :- "Durant le séjour D'Hélène à Saint-Benoit, j'ai souvent profité de mes déplacements en clientèle, pour rendre visite à ma fille, à l'improviste"-
Valentine :-"Non seulement mon mari n'a jamais surpris de situations ténébreuses ou alarmantes, comme celles annoncées ci-dessus, mais il a toujours constaté la propreté des lieux, malgré leur vétusté, et apprécié la chaleur d'accueil et d'accompagnement"-
En écho, Henri ajoute : -"Sous prétexte d'embrasser ma propre fille, je n'ai jamais oublié d'encourager et de féliciter le personnel pour son dévouement et son abnégation"-

Un grand patron

Le service est animé et commandé, depuis le C.H.U. de Tours, par un grand patron, le professeur Gilbert Lelord. Personnage distingué, au visage un peu "british" de l'époque coloniale, il cache en réalité, derrière une courtoisie à toute épreuve, une force de persuasion peu commune. Ce monsieur, fin connaisseur des joutes et négociations avec l'Administration, sait parfaitement les difficultés financières qui l'attendent pour gérer le budget de son équipe.
Qu'à cela ne tienne. Si le passage en force ne peut s'envisager chez cet homme de classe, il adopte de partir à la pêche aux dons et subventions, avec son carnet d'adresses au bout de l'hameçon ! Le dit calepin comporte

peu de pages vides. Et les amis, nombreux, du Lions ou du Rotary, sont invités, avec quelle conviction, à le rejoindre au sein de l'AESPHOR (association d'aide aux enfants des services psychothérapiques de l'hôpital régional de Tours). Quand les autorités et organismes de tutelle, parfois pauvres en esprit et en imagination, et, ipso facto, en moyens matériels et financiers, ne peuvent et (ou) ne veulent apporter leur concours, un club, style loi 1901, comble leur carence.
Pour ne pas être unique, ce constat nous servira de leçon pratique dans la suite de notre parcours.
Tour à tour, l'AESPHOR et son animateur aménagent, pour le plus grand bonheur des enfants, de leurs familles et du personnel, un bassin fonctionnel de balnéothérapie, ainsi que la maison de Champigny-sur-Veude, près de Richelieu. Cette dernière, acquise auprès de l'Archevêché de Tours, permet à de petites unités de quitter, à tour de rôle, l'univers hospitalier de Saint-Benoit, pour gagner un écrin de verdure, de paix et de silence. Située à quelques encablures de Chinon, la maison de campagne a pour but et pour mérite de déconnecter du cadre de vie et du train-train quotidiens. Les encadrants trouvent dans cet endroit d'autres ressources permettant l'épanouissement des adolescents. L'essentiel des travaux de restauration et de mise aux normes –dont les textes changent en permanence, plaçant dans l'embarras les experts–, est financé par les fonds de l'association, issus de manifestations culturelles et d'actions humanitaires.
Des activités ludiques sont créées, dont l'équipement matériel connaît la même origine financière.

Pourquoi faire simple...

Globalement, notre chère Hélène coule des jours heureux, interrompus parfois par d'indispensables séjours en chirurgie. Hélène ayant choisi d'évoluer seulement sur les genoux et l'arrière-train, et de conserver sa position fœtale prénatale, prend des postures qui lui occasionnent d'autres complications.
Les techniciens, pour évoquer ce problème, utilisent alors le terme sublime de "handicaps associés" !
Pour un peu, on pourrait s'inscrire au registre de commerce et rejoindre les sociétés commerciales ou cabinets de conseils, du genre "x" ou "y" consultants associés. L'explication mérite un détour attentif. Ouvrons grands nos yeux et nos oreilles.
Un communiqué de presse évoque un conflit, alors qu'il s'agit bel et bien d'une guerre.

Un engin explosif –pour ne pas dire une bombe ou un obus– tombe par erreur (?) sur un quartier urbain : l'explosion provoque quelques dégâts... "collatéraux", alors qu'en réalité plusieurs dizaines, voire centaines, de victimes sont recensées. Le milieu de l'entreprise fait presque aussi fort, qui sait fabriquer du neuf avec du vieux. Risquons deux exemples qui ne provoqueront pas de méningite à l'issue de notre recherche : les respectables personnages que sont les balayeurs ont tellement usé leurs manches de balais qu'ils se sont transformés en "techniciens de surface". Un dernier modèle dans le genre "ciboulot tordu" : les artisans bouchers, interdits dorénavant d'exercer leur art dans les abattoirs, ont gagné en titre et en prestige, puisque maintenant baptisés "préparateurs en matières carnées". Du grand art littéraire ! !
Amis psychiatres, psychanalystes et "dérivés" –pour rester dans la partition–, le spectre du chômage ne vous gagnera pas de sitôt, soyez bien persuadés. L'inflation devient si galopante dans l'olympisme de la bêtise humaine que le royaume des soins vous appartient, à l'intérieur de la "technopole" de l'anti bon sens.
Revenons sur terre, Hélène et ses petits camarades pourraient nous reprocher cette digression, assortie d'un zéro pointé.
Une scoliose grandissante oblige déjà et obligera souvent notre fille à des visites chez des spécialistes, entrecoupées de séjours hospitaliers.
Quatre années sont vite écoulées quand on est accueillie et bichonnée au quotidien. Tout va bien ; Hélène, avec ses camarades et ses proches, a célébré son premier anniversaire à deux chiffres. Elle dispose du gîte, du couvert, d'un environnement favorable, de la prise en charge. Tout va pour le mieux, ou presque, dans le meilleur des mondes possibles, pensons-nous...

Descente du nuage

... Pas si sûr. Nous allons vite prendre conscience que nous évoluons sur un nuage, avec promesse d'atterrissage difficile, à l'issue d'un vol sans visibilité, pour reprendre le langage des aviateurs.
Ce qui est vrai pour les parents d'enfants "ordinaires", tout à leur bonheur de trouver un collège ou un lycée offrant une filière spécifique, l'est encore plus pour les parents d'enfants "extraordinaires", à qui on annonce un changement de cap imminent.
Plantons bien le décor pour mieux comprendre une nouvelle étape dans notre désarroi.
3 mars 1982 : dans une salle de réunion du C.H.U., le professeur Lelord,

patron de l'unité de soins, réunit ses collaborateurs et quelques parents, dont ceux d'Hélène.
Gilbert Lelord :-"Mes chers amis, dans quelque temps, je ne pourrai plus accueillir vos enfants..."-
Le chœur des parents :-"Que voulez-vous dire, Monsieur le professeur, vous plaisantez ?..."-
-"Les dispositions réglementaires m'interdisent de poursuivre la prise en charge des adolescents, au-delà de dix-huit ans"-
Plusieurs d'entre nous tentent de prolonger l'échange, mais la gorge serrée, les cordes vocales n'émettent plus aucun son. Place à la consternation, à l'angoisse, au silence. Le vol va prendre fin. Mesdames et Messieurs les passagers, attachez vos ceintures, harnachez bien vos cuirs, la descente vertigineuse commence.
Sur le ton empreint de sa grande courtoisie naturelle, qui n'exclut ni fermeté ni ménagement, le chef vient de sonner la fin de la récréation...
Deuxième claque dans le visage des parents, monuments de naïveté que nous étions, qui se plaisaient jusqu'alors à penser, à imaginer, à rêver. Dura lex, sed lex (la loi est dure, mais c'est la loi), disaient les latins.
Après un parcours hérissé d'embûches, agrémenté de tâtonnements et d'hésitations, après avoir émergé de plusieurs listes d'attente, nous venions de trouver une structure qui paraissait convenir à Hélène, quelque quarante-deux mois plus tôt, que déjà il nous fallait reprendre le bâton du pèlerin, parent et militant.
Dans sa brutalité, l'alternative se présente avec une simplicité déchirante.
Ou bien, premier scénario, les adolescents sont "accueillis", pour ne pas dire versés, virés, lourdés, balancés ; en psychiatrie adulte. Cela signifie que nos petits se couchent un beau (?) soir tout auréolés de leur candide jeunesse, et au cours de la nuit, un vilain rêve passe, pour les réveiller le lendemain matin, brutalement adultes, et le surlendemain vieillards. LA HONTE !

L'amendement Creton

Depuis lors, au terme d'un sacré combat, le comédien Michel Creton, concerné à travers son neveu, s'est battu comme un beau diable, pour amener le Parlement, Assemblée Nationale et Sénat réunis, à voter, dans un élan de spontanéité du style bonne conscience, un amendement qui porte le nom de l'acteur et qui interdit la césure de l'exclusion si aucune solution n'est en vue.
Alors, pourquoi gémir et se plaindre ?

Il faut savoir que certains lois, votées avec générosité et dans l'enthousiasme général, n'ont jamais vu le jour. Pour obtenir "force de loi" et trouver pleine efficacité, une loi ordinaire doit être accompagnée d'un décret dit d'application et ce même décret conquérir un… financement. Or, tel n'a jamais été le cas de l'amendement Creton qui demeure un bel exemple de loi orpheline.
Interviewé le 18 mars 1999, lors du journal de vingt heures sur France 2, l'acteur, avec la bienveillante complicité de Claude Sérillon, a poussé un monumental "coup de gueule" durant trois minutes, sans interruption . Une intervention qui restera un morceau d'anthologie dans les annales d'un journal télévisé, à une heure de grande écoute.
Pensez-vous que les membres du gouvernement ou du parlement, majorité et opposition fédérées, aient senti frémir leur derme ou épiderme ? Parmi ceux qui regardaient la télé à cette heure du dîner quotidien, d'aucuns ont piqué le nez un peu plus dans leur assiette, d'autres ont zappé sur une chaîne concurrente. Et c'est reparti pour un tour de plusieurs mois, ou plusieurs années, ou pour les… calendes grecques. Qui osera prendre les paris, chez les bookmakers (*) ?
Malgré l'immense mérite de l'initiateur de l'amendement, qui n'a fait que reculer l'échéance de la date fatidique, l'âge-couperet de dix-huit ans sans rien résoudre, la disposition antérieure demeure.
Qu'on soit clairs : nous éprouvons le plus grand respect pour les malades mentaux, personnes venues au monde sans problème a priori, frappées ensuite par les aléas et les obstacles de la vie. Mais vouloir loger sous un même toit des handicapés mentaux et les assimiler à des malades mentaux relève de l'hérésie la plus turpide, de l'humour le plus noir et du dégagement sans risque hors la ligne de touche. Quand nos décideurs marchent sur la tête, amis thérapeutes sans frontières réjouissez-vous, votre avenir est assuré, pour très longtemps !
Ou bien, la deuxième "possibilité" consiste tout simplement à renvoyer les adolescents, fréquemment polyhandicapés, puisque frappés de plusieurs carences et déficits, à leurs familles. Un logement souvent inadapté, des proches parfois âgés ou tout simplement fatigués, travaillant éventuellement au dehors : comment résoudre pareille équation ?
La honte, toujours la honte, à laquelle s'ajoutent, en ligne de mire, la galère et l'insupportable . Sera-t-on surpris d'apprendre que des parents, devant un tel obstacle, ont préféré s'évader dans l'au-delà avec leur être cher ? Qui se sent le courage d'armer sa main pour jeter la pierre ?

(*) Bookmaker :celui qui, dans les courses de chevaux et les combats de boxe, prend les paris et les inscrit.

Quittons le cadre de l'alternative. Une troisième "solution", qui n'a plus guère cours aujourd'hui, consistait à l'époque à "expédier" les personnes handicapées mentales vers la Belgique qui, elle, savait les accueillir.

Pourquoi, outre-Quiévrain, s'est-on spécialisé dans l'hébergement, à vrai dire plus que les soins, prodigués aux infirmes mentaux ? Certains histoires belges sont véridiques et sans appel. Pour autant, allez donc percer leur secret.
Cette fois, c'en est trop. Il ne nous reste que huit ans pour trouver une solution pour Hélène, très précisément 2.983 jours, en réalité très peu de temps, car l'échéance est pour demain. Depuis quelques années, nous adhérons à une association départementale qui caresse plus ou moins le projet de création d'une M.A.S. (maison d'accueil spécialisée), mais la lourdeur du dispositif administratif de l'organisation plombe et retarde la décision. Désolés, nous ne pouvons plus attendre, nos enfants encore moins, nous porterons ailleurs notre flamme militante.
Programmée le 21 avril 1982, à l'hôtel de ville de Tours, l'assemblée générale annuelle de l'AESPHOR marque un temps fort dans la détermination de créer une maison spécialisée. Aussi ébranlés par la récente annonce que déterminés dans leur volonté d'avancer, les quelques rares parents présents ce jour-là prennent la décision de "faire quelque chose pour ne plus en rester là"

Michel "le dynamiteur"

A l'issue de cette réunion, deux parents, Michel Juvené et Henri, poursuivent longuement la discussion dans la cour glaciale de l'hôtel de ville, balayée par un vilain vent du nord qui cherche à retarder l'arrivée du printemps. Les morsures du froid n'ont pas de prise sur notre volonté d'aboutir, coûte que coûte. La parole et l'action vont bientôt succéder à l'idée, dans le déroulement chronologique des événements. C'est l'annonce d'un premier miracle. Oui, cher ami Lelord, cette fois nous avons reçu votre message cinq sur cinq.
Nous prions fort le Ciel de nous prêter vie et santé. Dans cette période chargée d'incertitude, que deviendraient nos gosses, frêles roseaux pliés, si nous disparaissions prématurément ? Les techniciens sauraient-ils leur prodiguer la chaleur, l'écoute et l'affection que nous leur apportons viscéralement ? Dans la même démarche qui nous pousse à foncer, nous nous heurtons à la peur de ne pas trouver de structure, de ne pas parvenir à créer une maison, de pagayer dans le vide. Bref, l'envie de réussir nous

fait avancer de deux pas, quand l'angoisse de l'échec nous fait reculer d'autant. Dur, dur !
Cependant, il est manifeste que la vertu principale d'un groupe, quand bien même serait-il limité à l'état de groupuscule, est de communiquer la foi et l'ardeur susceptibles de renverser des montagnes. Dans tout rassemblement, quelle qu'en soit la taille, vous remarquerez toujours une personne, même la seule l'espace d'un instant, qui communique le virus de son entrain, quand le moral des autres membres sombre parfois complètement. La distribution des rôles peut s'inverser dès le lendemain, qu'importe, l'élan est impulsé et un homme ou une femme occupe toujours le sommet de la sinusoïde, pour dynamiser l'équipe.
Légende ou réalité, ou les deux à la fois, le franchissement du pont d'Arcole par Bonaparte, drapeau à la main, a manifestement fait un émule dans nos rangs, n'est-ce pas Michel !

Procédure d'urgence

Un événement majeur marque pour Hélène et les siens l'année 1983. La maison que nous occupons, d'origine familiale, pourtant agréable et conviviale dans sa conception, s'avère très vite inadaptée à la condition de notre fille. A la lumière de plusieurs incidents domestiques, encore mineurs mais qui pourraient prendre un tour tragique, nous déclenchons le plan "ORSEC" (organisation des secours) et prenons la décision de construire un pavillon. Grâce soit rendue aux grands-parents d'Hélène qui nous cèdent une parcelle de terrain leur appartenant. "La maison d'Hélène", construite et adaptée aux besoins et exigences de notre petite reine, sera intégrée pour Noël 84.

Casus belli

Sur le plan associatif, une étape décisive et historiquement importante vient apporter un maillon supplémentaire à la chaîne d'entraide entre les parents. Après l'idée, la parole et l'action, c'est au tour de l'exécution de prendre rang. Depuis le 20 mai 1983, un nombre important de réunions, improvisées pour la plupart, se sont déroulées au domicile des familles, qu'on peut compter facilement, à l'époque, sur les doigts d'à peine deux mains ! Devant cet enthousiasme aussi naissant que spontané et un tantinet désordonné, nous revient en mémoire la phrase de Foch, pas encore général et moins encore maréchal de France, à propos des "principes de la

guerre" :-"… c'est une œuvre de foi plutôt que de science"-
Que nos éventuels censeurs nous pardonnent la comparaison avec l'illustre soldat. Telle est pourtant la situation de guerre stratégique qui se présente à notre équipe le 23 novembre 1983, date à marquer d'une pierre blanche dans notre parcours.
Considérant l'indifférence, l'incapacité des pouvoirs publics, passés maîtres dans l'art de ne rien décider, notre groupe prend acte de cette carence à l'allure de provocation et déclenche les hostilités administratives. Ca sent la poudre ! Fini le temps de la tranquillité pour les élus et les rouages bureaucratiques qui les asphyxient, les neutralisent, quand ils ne les trompent pas.

La guerre est déclarée !

Désormais, la Touraine en ébullition perd de sa quiétude, la guerre contre l'apathie est déclarée par deux petites poignées de parents, en lieu et place de leurs enfants infirmes et incapables mentaux. Dans nos maigres cartons, nous accumulons surtout l'incompétence, la naïveté et une foi à toute épreuve. Oui, Foch, ce pyrénéen têtu, obstiné et valeureux disait vrai !
Et c'est tout naturellement, passage réglementaire obligé, que les statuts de l'association ARC-EN-CIEL sont déposés sur les fonts baptismaux de la République Française, en la préfecture de Tours, le 23 novembre 1983.
Au fil des jours, sur une excellente idée de Michel, il est apparu plus dynamique, plus porteur, de baptiser ARC-EN-CIEL notre projet associatif, plutôt que l'union des parents d'enfants malades de telle affection ou handicapés par telle autre. L'exemple de Lino Ventura, avec "Perce-Neige", qui symbolise la volonté et la candeur, n'est-il pas révélateur d'une farouche détermination à vouloir sortir du carcan du fatalisme. Et, après tout, zut à la fatalité ! Toujours dans le registre des A.O.C. (" appellation d'origine chérie "), le terme de "Chrysalide", choisi par nos amis Patrice et Anouk Lagisquet et leurs proches, à Bayonne, évoque une enveloppe en pleine mutation, cherchant à devenir adulte et papillon.
Drôle de guerre d'abord, guerre d'attente ensuite, puis guerre d'immobilisme, guerre de tranchées, enfin guerre d'attaques, le conflit allait durer pas moins de deux mille quatre cent deux jours, soit presque sept années.
Pour des gosses errants et différents, certains combats méritent, à coup sûr, d'être livrés par des parents paumés et désemparés, autant que … déterminés !

Chapitre 6

SUR UN CHEMIN GRIMPANT, ÉPINEUX ET TORTUEUX

" Heureusement, ils ne savent pas ce qui les attend... "

Quelle qu'en soit la finalité déclarée, toute association à but non lucratif, type loi de juillet 1901, se doit d'annoncer le but recherché. Très clair et précis dans sa formulation, notre objectif ne surprend personne : la création d'un foyer de vie pour adultes lourdement handicapés.
Notre fonds de commerce se résume et se limite à des moyens dérisoires, pour ne pas dire inexistants, avec cependant un enthousiasme à revendre. Autant dire toute la panoplie pour effrayer et voir fuir d'éventuels partenaires, absents sur la ligne de départ. De surcroît, nous ignorons alors, heureusement, que 2402 jours nous séparent de l'enfantement du bébé. Dans ce type de projet, d'autres gestations ont duré, durent et dureront plus longtemps. Pour nous, c'est beaucoup mieux de ne pas le savoir.
Au chapitre des pronostics qui sont réservés à notre frêle monture, le monde des turfistes nous accorde peu de chances de succès. L'avis le plus fréquent, exprimé en général par émissaires interposés, jamais de front, tourne souvent autour d'une formule lapidaire du genre " ils vont à coup sûr se casser le nez " (quand ce n'est pas la gueule toute entière). Très rares sont les estimations qui nous accordent quelque chance de succès. La plus optimiste provient d'une amie, élue au conseil général, elle-même maman d'une fille handicapée mentale : " Mon Dieu, heureusement qu'ils ne savent pas ce qui les attend... ". Elle nous aidera de tout son poids relationnel et de son savoir-faire. Son militantisme l'épuisera et l'enlèvera beaucoup trop tôt à l'affection des siens. Nous lui adressons un clin d'œil complice là où elle réside maintenant.
Pour mener à bien ce lourd et difficile pari de créer une M.A.S. (Maison d'Accueil Spécialisée), qui réunisse toutes les conditions propices à un accueil digne et décent, le groupe confie à Michel Juvené le soin de conduire les opérations. Garçon débordant et bouillonnant d'idées, fougueux et généreux, il n'aura de cesse, durant l'exercice de son mandat de président de l'association, de bousculer le landerneau politique tourangeau, tous horizons confondus. La Loire indolente ne traverse-t-elle pas la Touraine d'est en ouest.
Pour notre part, nous comparons sans cesse Hélène à des fillettes de son âge, nous plaisant à l'imaginer comme beaucoup d'autres... Nous n'en finissons pas de rêver d'une fille scolarisée, puis mariée, plus tard mère de famille, comme toutes les filles normales. Ah ! le mot trop commode, et

pourtant. Allons, cessons de rêvasser et de planer !
Forte de sa modestie bien connue, cachant en réalité une grande énergie, Valentine apporte son concours dans le bureau associatif, en compagnie d'autres membres des plus dévoués. Très pris par l'entreprise familiale où il a succédé à son père, et par ailleurs muni de mandats électifs consulaires et professionnels, Henri se tient en seconde ligne, mettant toutefois à disposition son carnet d'adresses. Dans leur quasi totalité, les adhérents de l'ARC-EN-CIEL sont des parents d'enfants handicapés mentaux.
A la différence de bon nombre d'organisation de même condition et à but identique, drivées plus qu'animées par des notables locaux aux nombreux engagements multi-directionnels, l'ARC-EN-CIEL confie sa destinée à un conseil d'administration animé majoritairement par des parents concernés.

1984

Pour l'heure, une double mobilisation stimule les parents. D'une part, continuer d'encourager l'équipe du professeur Lelord, sur le site de Saint Benoit, d'autre part, multiplier les démarches et initiatives nécessaires pour guider les premiers pas de l'association nouvelle-née. Désormais, le temps presse, inexorablement la trotteuse de la montre du destin éprouve une fâcheuse tendance à se mettre au galop. Le temps nous est compté. Sus à l'arrogance et à la suffisance, ennemies rôdeuses en embuscade, seul l'enthousiasme, qui n'a d'égale que notre naïveté, nous contamine de son virus. Dorénavant, nous apprenons le rythme des jours de plus de vingt-quatre heures et le cycle des nuits blanches devient fréquent, laissant apparaître des yeux rougis de fatigue au petit matin. Avec la bénédiction du Ciel, les organismes s'y feront vite.
Mémorable époque appelée à cimenter une amitié déjà mise à l'épreuve en mars 1984, quand nous accompagnons la famille de Céline, pour les derniers pas de leur petite sur notre planète. A notre tour, nous éprouvons de grosses craintes pour Hélène, opérée d'une profonde scoliose, qui nécessite une hospitalisation de dix-sept jours. Durant cet intermède plus longuement évoqué dans un chapitre ultérieur, Valentine installe son " quartier général " au centre hospitalier Gatien de Clocheville, à Tours, et passe chaque nuit allongée sur un lit de camp, près du lit d'Hélène.
Par le bouche à oreille, le projet naissant parvient assez vite aux oreilles des familles touchées, ce qui facilite notre approche dans le recensement des besoins, première étape incontournable de la démarche. La tâche initiale nous amène à visiter les autorités dites de " tutelle ", terme parfaitement évocateur qui ne laisse planer aucun doute sur les nobles

manières, tantôt courtoises, tantôt cassantes et despotiques, des gens de l'administration. A la faveur de fameuses et savoureuses empoignades, qui seront abordées plus loin, nous apprendrons à plier, mais non point à ramper ni rompre. La dignité des enfants handicapés et de leurs proches n'est pas à brader.
Que de fois il nous a fallu asséner cette vérité première.

La balle n'est plus au centre

Nous apprenons vite à connaître nos futurs " partenaires institutionnels " dont les visages et les bureaux nous deviennent bientôt familiers. Nous foulons les allées suzeraines de la Préfecture et du Conseil Général et naviguons sur leurs canaux vassaux, la D.D.A.S.S. (Direction Départementale des Affaires Sanitaires et Sociales) et la D.P.A.S. (Direction de la Prévention et de l'Action Sociale). Depuis la loi de décentralisation votée en 1982, sous le gouvernement Mauroy, l'Etat délègue, notamment dans le domaine de l'aide sociale, un certain nombre de prérogatives au conseil général, dans chaque département. Noble intention ou décision s'apparentant au fait du prince, cette nouvelle donne souffre alors et souffre encore souvent, de l'absence de la remorque financière à l'attelage principal.
Tour à tour, détail amusant et grotesque, au gré de l'alternance, les gouvernements successifs se reprochent, sans n'y rien changer, la faiblesse des dotations budgétaires, qui paralyse fréquemment la prise de décision et ses conséquences. Il n'est jusqu'aux plus petites des collectivités locales de voir d'un œil affecté de strabisme ce transfert de charges. Observer l'Etat botter en touche, sous couvert de délégation de pouvoir, n'a jamais été goûté de nos concitoyens. Est-il besoin de fournir de gros efforts intellectuels pour comprendre la finalité de la manœuvre ?
Devinant la part et l'importance grandissante faite au département, futur partenaire, nos pas nous poussent, à tous seigneurs tout honneur, à la rencontre des conseillers généraux. Pur fruit du hasard et du découpage, l'Indre et Loire compte, comme son numéro minéralogique, trente-sept représentants cantonaux, à majorité rurale. L'assemblée départementale est alors présidée par le populaire sénateur André Georges Voisin homme direct et d'accès facile. L'autre " poids lourd " n'est autre que Jean Royer, député-maire de Tours, ancien ministre dans le cabinet Messmer, sous la présidence de Georges Pompidou. A la suite du décès de ce dernier, en avril 74, le " roi Jean " s'est cru un instant auréolé d'un destin national lorsqu'il a brigué la présidence de la République. Si les électeurs

tourangeaux lui ont apporté leurs suffrages, le corps électoral français n'a pas su ni voulu reconnaître ce candidat trop esseulé et coupable de droiture de caractère.
Pour l'heure, quelques adhérents viennent grossir les rangs du groupe initial, ce qui nous autorise à partir en ordre serré et bien rangé, les tâches parfaitement réparties, à l'assaut des trente-sept conseillers généraux. Selon un rite réglé comme un mécanisme d'horlogerie, les apprentis militants de l'ARC-EN-CIEL prennent leur bâton de pèlerin pour une tournée des cantons et de leurs élus. Premiers pas, premières difficultés. La stratégie bien huilée au cours de nos discussions d'état-major sous nos toits respectifs, est soumise, en guise de stage pratique, à la rude épreuve du terrain. C'est au pied du mur que l'on juge le maçon.

Tournées cantonales

C'est au fur et à mesure de nos rencontres que l'on jaugera à leur juste et réelle valeur nos interlocuteurs. Obtenir un rendez-vous s'apparente à un parcours du combattant et relève parfois de l'exploit. Très vite, nous remarquons trois catégories principales de personnages, avec toutefois des exceptions, au niveau des mandats " collectés ", des plus huppés au moins gradés.
Il y a les champions du cumul toutes catégories, parfaitement légal à l'époque, qui trustent un mandat national (parlementaire), régional (conseiller régional), départemental (conseiller général) et local (maire ou adjoint). Ils vous promettent tout, les jours de comice agricole ou d'assemblée générale, vous tapent sur le ventre ou sur l'épaule, selon votre morphologie, ajoutant : " Téléphonez à ma secrétaire particulière ou à mon attaché parlementaire, pour prendre date ". Le plus dur commence alors, car, grâce ou à cause, c'est selon, d'un staff supérieurement organisé, à la botte du patron, le barrage filtrant se met en place, qu'il s'agit pour nous d'apprendre à franchir. Foin de suffisance ! Patience et longueur de temps font plus que force ni que rage. Merci à monsieur de la Fontaine et à nos maîtres d'école de nous avoir transmis les vertus de cette fable.
La deuxième catégorie, la plus chargée, réunit les conseillers généraux maires de leur commune, le plus souvent au chef-lieu de canton. Beaucoup sont connus d'Henri et les prises de contact avec les secrétaires de mairie simplifiées dans l'ensemble. Seul obstacle, de taille cependant, les carnets de rendez-vous de nos mandatés sont plus que noircis et les espaces disponibles, peu nombreux. Qu'importe, nous avons tout notre temps, voyons !

N'étaient nos enfants…
Troisième et dernière, la moins fournie, puisque ses membres tiennent facilement dans les doigts d'une seule main : les élus détenteurs du seul mandat de conseiller général. Sans conteste, les moins cumulards de l'assemblée départementale sont aussi les plus farouches défenseurs du renouvellement de leur bail, volontiers disposés et disponibles pour recevoir leurs ouailles.
Livré objectivement, un échantillonnage des rencontres nouées, anecdotes à l'appui, donne à peu près le résumé suivant, certificats d'authenticité fournis sur demande.
Au fil de nos contacts, au cours desquels nous expliquons avec force détails, notre projet susceptible de créer un nombre respectable d'emplois, nous entendons :
" Je vous reçois cinq sur cinq " , ou encore :
" Sentimentalement parlant mis à part, vos enfants seront pris en charge par la société "
Ce dernier propos fait bondir Valentine. La maman d'Hélène rétorque que nous ne voulons surtout pas d'un mouroir, même doré, mais bel et bien d'un lieu de vie, de paix, d'affection et d'épanouissement. Et l'élue, parfaitement mise au parfum de nos intentions, de mettre un bémol dans son discours.

Un autre nous reçoit, Hélène nous accompagnant, et nous aide à franchir les multiples marches qui précèdent l'entrée du hall de la mairie. Quinze ans se sont écoulés ; l'accès décent et aménagé pour les handicapés fait toujours défaut. D'autres dépenses, somptueuses autant que justifiées sans doute, ont été entreprises dans ce chef-lieu de canton, qui, apparemment, ne connaît pas de ressortissants handicapés. Tant mieux.
Tel autre élu cantonal, chez qui la table de cuisine fait office - sans jeu de mot ni pléonasme - et fonction de bureau, entre assiettes, couverts et reliefs de repas, nous affirme, superbe et sûr, n'avoir pas reçu notre circulaire… Sans doute l'a-t-il confondue avec la publicité quotidienne qui envahit les boîtes à lettres et remplit les corbeilles à papier ! Il n'est de pire aveugle…
Robert Guignard, maire estimé de notre commune, décédé l'année suivante, alors premier vice-président du conseil général, reçoit Valentine, en sa mairie de Sainte-Maure.
_ " Madame Gaumé, je salue l'initiative courageuse de vos amis et de vous-même, mais l'Etat ne nous accordera jamais les moyens financiers nécessaires à votre projet. De plus, les finances départementales ne le permettent pas "_
Valentine : _" Monsieur le conseiller général, il faudra y parvenir coûte que coûte, si l'on veut éviter des drames "_

Avec détails et conviction, Valentine décrypte le terme, brosse un tableau très précis de la situation, ce qui ne manque pas d'impressionner l'élu. Rongé par une sournoise maladie, abandonné par ses forces qui le fuient au quotidien, Robert Guignard se bat cependant pour soutenir notre programme. Sa disparition, en 1985, survient trop tôt pour lui permettre de voir le début des travaux du foyer en 1989 et l'ouverture en 1990.
Pour le meilleur, nous gardons en mémoire la réflexion d'un conseiller général, parlementaire de surcroît, confiant à son épouse, après avoir rencontré les responsables de l'association : _" Ces gens-là ne sont pas nombreux, mais j'ai vite compris qu'ils iraient jusqu'au bout, prêts à déplacer les montagnes et à bousculer toutes les inerties et autres difficultés. J'ai été littéralement enthousiasmé par leur dynamisme "_
Depuis, l'amitié de cet homme avec la famille de l'ARC-EN-CIEL a résisté sans failles à l'épreuve du temps.
Au total, nous rencontrons une petite moitié des élus de l'assemblée départementale. Bientôt, notre démarche et notre programme sont connus de tous, le président accordant un préjugé très favorable.
Tour à tour, les médias locaux se mobilisent pour relayer l'information. Toute timidité remisée au vestiaire, la maman d'Hélène effectue ses grands débuts sur les ondes de radio France Tours, annonçant notre participation, sur un stand, sous le grand hall du palais des foires, en mai. Sollicitée, la presse écrite locale, notamment le quotidien La Nouvelle République, enfonce le clou à la faveur d'un très bon article de l'un de ses journalistes.

Vive la foire

Grâce à une complicité de bon aloi, mesdames et messieurs les officiels sont canalisés vers le stand de l'ARC-EN-CIEL, le jour de l'inauguration. Côte à côte, en rang serré et sur la même ligne, le préfet, le président du conseil général , le maire de Tours et leur suite s'arrêtent devant notre petite halte-exposition. Nous montrons des photos, des articles, des gadgets, ces derniers destinés à faire " bouillir " la marmite des premiers sous.
Les questions fusent, posées par les personnalités du cortège. Autour de Michel, face à ce feu nourri, nous subissons un premier examen de passage, duquel notre petit quarteron se tire de son mieux. Au représentant de l'Etat qui lui demande les besoins quantitatifs et qualitatifs du futur centre, Henri fournit, détails à l'appui, la liste des postes à pourvoir et, en guise de conclusion, pour bien plomber le message, ajoute :_" ... nous avons aussi besoin de personnes sachant torcher les fesses des résidents, avec amour et affection "_ Le Préfet Blondel, fin littéraire reconnu, passé

maître dans l'art de désamorcer des ambiances parfois hostiles, n'en paraît pas choqué. La courtoisie nous amène aujourd'hui à solliciter son pardon, le langage du père d'Hélène s'étant égaré, ce jour-là, sur le chemin de la trivialité.
A l'occasion de cette grande première à la foire de Tours, en qualité d'exposants, nous ouvrons tous notre portefeuille personnel pour couvrir les frais d'inscription et d'installation. Point de magnat du pétrole, point de riche industriel, ni d'héritier fortuné parmi nous, mieux vaut ainsi. Si le manque d'argent pose problème, c'est hélas vrai, il est aussi source de tracas dès qu'il fait irruption, divisant les hommes, c'est non moins vrai. Nous aurions pu obtenir d'exposer, à moindre tarif, à l'étage du grand hall, aux côtés des associations humanitaires et caritatives. Echec garanti pour notre dessein, la foule des visiteurs circule au rez-de-chaussée et répugne à gravir quelques marches.
Neuf jours durant, nous informons, écoutons, répondons aux questions, confortons, consolons, séchons des larmes, essuyons des grimaces, des moqueries du genre " je ne suis pas concerné(e)... ". Comme si notre participation à la foire-exposition ressemblait à une vente forcée de handicap !
Décidément, la bêtise humaine trouve toujours de solides racines au royaume de l'absurdité. Comment y remédier ?

L'union fait ... les réunions

Encouragés par cette première expérience positive, qui nous a permis de recenser les besoins d'autres familles concernées, nous poursuivons le cycle, bientôt infernal et passionnant, des réunions. Très informelles d'abord, elles se déroulent entre nous, sous le toit de nos domiciles respectifs, à la bonne franquette, sans distinction d'âge, de profession, de condition, de confession. Plus de cinq cents rencontres et entretiens jalonneront notre parcours à tous, pour figurer au compteur, le jour de l'ouverture.
Le bilan positif de la foire nous autorise et nous conforte dans notre volonté de précipiter le mouvement et diriger nos pas vers les responsables de tutelle et les municipalités.
Forte de la double bénédiction du préfet et du président du conseil général, valant feu vert officieux, l'association prend rapidement contact avec les services de la D.D.A.S.S. et de la D.P.A.S. Très vite, il apparaît nécessaire et incontournable d'envisager de créer un foyer à double tarification, faisant appel à la participation de l'Etat et du Département, si l'on veut

aboutir dans des délais humainement acceptables. L'âge - couperet des dix-huit ans guette nos chers petits.
A bord du frêle esquif, la tendance penche naturellement pour orienter les contacts vers les communes dont nous connaissons les maires. Réflexe légitime, insuffisant cependant aux yeux d'Henri, qui convainc le groupe d'adresser une lettre-type de présentation et de motivation en quelque sorte, à toutes les mairies, sans exception. L'Indre-et-Loire compte alors et toujours deux cent soixante dix-sept communes, de très inégale importance, il est vrai. Entre la plus petite, Crissay-sur-Manse - l'un des plus beaux villages de France - qui peine à rassembler cent âmes et autant d'habitants, et Tours, qui pointe allègrement au-dessus de cent mille, le rapport de force est disproportionné. Aucune " commune " mesure entre le petit poucet rural et l'ogre citadin.
N'empêche, pas question de verser dans l'ostracisme et la sélection arbitraire, avant de plonger dans le grand bain de notre épopée. Nos minces recettes nous permettent à peine d'acheter enveloppes, papier, timbres et tampon. Raison de plus pour foncer ! Bien nous en prend, car les retours dépassent nos espérances, nous le constaterons plus loin.

La maison d'Hélène
23 décembre 1984

Bien que les abords immédiats prennent encore l'allure d'un champ de bataille, nous intégrons notre construction neuve, baptisée tout simplement " la maison d'Hélène ", parce qu'adaptée aux besoins et exigences liés à la différence de notre fillette. Sous un toit d'ardoises à deux versants, le pavillon se répartit sur trois niveaux, auxquels s'ajoute un niveau partiel supplémentaire, rendu nécessaire par la difficulté à trouver des bases solides pour les fondations.

L'espace de vie diurne se situe au rez-de-chaussée, accessible de plain-pied, autour d'une grande pièce commune cuisine-séjour-salon, domaine réservé de Valentine, parfaite maîtresse de céans. La salle de bains, équipée notamment d'une baignoire surélevée, pour nous permettre d'y déposer et reprendre Hélène, est suffisamment dimensionnée afin d'autoriser la circulation d'un fauteuil roulant. Quant aux portes, jamais leur largeur n'est inférieure à quatre-vingt dix centimètres. Deux chambres, dont celle d'Hélène avec deux entrées, constituent l'espace de vie nocturne du rez-de-chaussée. Trois autres chambres et des sanitaires peuplent l'étage. Après une " rude " négociation avec Valentine, Henri obtient, sur

le fil, un petit bureau qui demeure, encore aujourd'hui, son quartier général. Dix entreprises locales, dont l'entreprise familiale, participent aux travaux.
Pour entreprendre la construction, une banque rurale à réseau national prête son concours financier, nous accordant sa confiance sur deux décennies. Le moment choisi (avions-nous le choix ?) correspond à l'époque où prend fin l'inflation galopante, période durant laquelle le taux de l'inflation, supérieur au taux du loyer de l'argent, favorise les emprunteurs, heureux de rembourser de la " monnaie de singe " au final. Comme la conjoncture nous l'impose, nous prenons le parti de foncer.
A la faveur de cinq négociations, pas moins, en quinze ans, Henri prendra soin de réaménager le taux de l'emprunt, pour le rendre compatible avec celui de l'inflation comprimée. Quand les circonstances commandent, il nous appartient de nous adapter au cours des événements.

1985

Avec l'arrivée de l'année 1985, nous parviennent les premières réponses aux courriers adressés à tous les maires du département, en 1984. Pour ne pas susciter de jalousie au sein des édiles municipaux –Dieu, que ce microcosme est chargé de susceptibilité–, nous avons pris soin d'envoyer la circulaire à toutes les communes. Quand bien même tout projet autour du handicap se révèlerait-il rassembleur, il faut prendre soin de n'oublier et de ne froisser personne. Les meilleures intentions, si elles ne sont pas bardées de multiples précautions, finissent toujours, l'expérience nous l'apprend au quotidien, par soulever des obstacles hérissés d'épines.
Michel Juvené et les membres du bureau ont bien précisé les contours, encore un peu vagues il est vrai, du projet de construction d'un bâtiment neuf ou d'aménagement d'un bâtiment existant, avec, à la clé, la création attendue d'une cinquantaine d'emplois. Rapidement, l'initiative intéresse les responsables économiques, provoque l'effervescence, suscite çà et là compétition et convoitise.

S'il n'atteint pas le record enregistré à la fin du deuxième millénaire, le chômage, cette lèpre des temps dits modernes, frappe déjà, tel un cancer qui ronge sa victime à petit feu, bon nombre de foyers. Est-il si loin le temps où Georges Pompidou, président qui contribua grandement au bonheur de ses compatriotes, annonçait un cataclysme national le jour où la barre des cinq cent mille chômeurs serait franchie.
Dans l'euphorie générale, la douce France navigue alors au beau milieu de

l'océan des trente glorieuses. Nos concitoyens connaissent-ils véritablement la définition du mot exclusion, action d'exclure une personne d'un endroit où elle avait sa place précédemment. Oui, nous le crions haut et fort, le chômage fabrique des exclus, des laissés pour compte sur le bord du chemin. Et que dire d'une société qui finit par l'admettre au nom de la fatalité ?
Dans ces conditions, le programme du petit groupe ARC-EN-CIEL revêt une importance grandissante, eu égard principalement à la résonance déclenchée dans le domaine de l'activité économique.
Désormais, l'ARC-EN-CIEL porte le fer jusque dans la bataille de l'emploi.
Après bien des échanges épistolaires, quantité de conversations téléphoniques et moult explications, le canevas provoque réaction et intérêt de plusieurs communes. Entre-temps, l'état-major de l'ARC-EN-CIEL a décidé la création d'une commission destinée à sillonner le département. Mission lui est confiée de collecter les renseignements propres à nous éclairer et à nous guider pour notre future implantation. Ainsi est né un fichier-guide appelé à recenser les informations locales, allant de la disponibilité de bâtiments existants, en cas d'aménagement, ou de terrain, en cas de construction neuve, en passant par la situation géographique, les voies d'accès, l'équipement en commerces et services de proximité, entre autres.

Alors que les démarches ne dépassent pas encore le stade des préliminaires, un domaine essentiel, primordial et à venir, ne saurait être éludé. La qualité, la spontanéité et la chaleur de l'accueil ne s'improvisent pas et se décrètent encore moins. Utilisant des accents empreints de conviction, fermeté et sérénité, les membres de la commission préviennent les maires des communes candidates : eux-mêmes et leurs ouailles devront se montrer naturels. Tout comportement électoraliste, clientéliste ou affairiste, subira, au préalable, l'épreuve du détecteur de mensonges ! Avis aux amateurs et sus aux professionnels, familiers de pareille attitude.
A bon entendeur, salut ! L'ARC-EN-CIEL ne se vautrera pas dans la fange pour accepter tout et n'importe quoi. En termes clairs et précis, la commune accueillante et sa population, s'ils veulent décrocher le " gros lot ", devront déployer l'art et la manière, et faire montre de cœur, dans l'accueil des personnes nées ou devenues différentes. Quiconque voudrait se mettre en travers est invité à revoir sa copie, ou, mieux encore, à plier ses bagages. Nous ne saurions transiger.
Un peu regardés comme des bêtes curieuses et marginales, les parents de l'ARC-EN-CIEL commencent à être pris au sérieux, dans leur folle entreprise.

Un peu plus de deux heures de galère...

Au chapitre des opérations de communication, Hélène et son père imaginent et font appel à la course à pied sur route, pour médiatiser, bien à leur façon, l'action initiée par l'ARC-EN-CIEL. Chaque année, le premier samedi de septembre, Sainte-Maure invite les compétiteurs régionaux à se mesurer sur un semi-marathon (soit vingt et un kilomètres, puisque la distance officielle d'un marathon est de 42,195 kilomètres), à travers les routes de la commune. Le 7 septembre 85, le club local organise la septième édition.
L'édition initiale, en 79, avait pour invité d'honneur un concurrent de renommée mondiale, en la personne d'Alain Mimoun, champion olympique en 56, à Melbourne. Pour la petite histoire, précisons que notre Mimoun national était venu de jour-là pour donner le coup de pistolet du départ de l'épreuve. Tradition tourangelle oblige, l'hôte célèbre est convié à partager un repas, aussi chargé qu'arrosé. Fromage de chèvre de Sainte-Maure et vin de Chinon se lient comme par enchantement. Dans ce type de compétition extra-sportive très spécifique, Mimoun, athlète complet, excelle et sort vainqueur de l'épreuve. Dans la foulée, le lauréat de Melbourne convainc, avec la joie que l'on devine chez les organisateurs, de le laisser prendre le départ de la course.
Prévu starter officiel, il s'intronise compétiteur ce jour-là. Après un départ laborieux, le rite de la digestion ne se transgresse pas, le personnage accomplit un parcours...olympien et termine à la sixième place, remontant un nombre important de concurrents en fin de course et effectuant le meilleur temps de la deuxième boucle !
Question subsidiaire : que serait-il advenu si Mimoun n'avait si bien participé aux agapes ? Son classement eût-il connu un meilleur sort ? Questions sans réponses, tous les pronostics d'après course demeurent autorisés, face aux ressources exceptionnelles du presque sexagénaire d'alors...
Autre invité de renom, l'acteur Michel Le Royer, lassé et blasé de la " vie facile et des boîtes ", vient se refaire une santé, grâce à la vertu de la course à pied (41ème à l'arrivée).
Pour en revenir à l'édition du 7 septembre 1985, d'aucuns imaginent Hélène et son père distribuant des prospectus, à seule fin de faire connaître l'ARC-EN-CIEL. Nenni, amis lecteurs, vous n'y êtes point, vous êtes aussi éloignés de la vérité que le nez des doigts de pied. Les deux comparses ont bel et bien décidé de venir courir ensemble, et rien d'autre.
" A quand la vie de château ? ", doit penser Hélène, en son for intérieur.
Dans le plus grand secret, le tandem père et fille s'entraîne depuis plusieurs

semaines sur les petites routes du secteur. Seule, Valentine, franchement hostile, demeure informée plus que consultée. La mère espère, sans trop y croire, voir le duo renoncer à son coup de folie. Peine perdue, nos deux lascars s'alignent sous la banderole de départ le jour " J ", unis par le fauteuil roulant et liés dans la témérité.
A la vérité, le projet rencontre opposition, voire hostilité. A l'exception du président du club, Hubert Santier, camarade d'école d'Henri, et kiné dévoué pour Hélène, qui accorde sans mégoter autorisation et encouragements, le président du comité d'Indre-et-Loire oppose son veto. Allez savoir pourquoi ?
Il en faut plus pour impressionner Hubert et ses amis organisateurs, qui menacent à leur tour d'annuler la compétition devant cette attitude " ségrégationniste " et n'entendent pas s'en laisser conter. Il n'est jusqu'à une commerçante, dame bien pensante au demeurant, qui s'offusque et pousse force glapissements aigus :
" On n'a pas idée de maltraiter ainsi sa propre fille handicapée, c'est une honte "
A notre connaissance, le procureur n'enregistre aucune plainte pour mauvais traitement à enfant, et ce type de commentaire, loin de freiner Henri, le galvanise :
" C'est mal me connaître. Qui peut concevoir qu'on va étouffer ma voix et brider ma détermination ? "
Moins rose est la suite. Le souvenir du soldat grec Philippidès, courant de Marathon jusqu'à Athènes, finissant exténué jusqu'à perdre vie, pour annoncer la victoire des grecs du général Miltiade sur les perses, n'est pas de nature à effrayer Henri. Et puis la distance imposée n'atteint " que " vingt et un kilomètres, soit un semi-marathon.
Prudents, le " coureur-pousseur " et son " équipière " ont annoncé leur participation pour une boucle seulement. Le circuit, plat pour l'essentiel, comporte un long faux-plat, et une terrible côte en secteur urbain. Déjà redoutée des concurrents " normaux ", cette portion du parcours prend l'allure de l'enfer pour l'équipage atypique. Qu'importe, Hélène, la rusée, applaudit spontanément son père arc-bouté sur les poignées du fauteuil et invite les nombreux spectateurs à unir leurs encouragements aux siens. Résultat garanti sur-le-champ !
Tel qu'il se présente, le duo rappelle plutôt le style guignol et on s'éloigne assez de l'apparat du parfait coureur à pied. Grâce à la dextérité de Valentine, enfin consentante, des maillots de corps à manches courtes transformés en tee-shirts, bariolés avec un feutre, aux couleurs de l'ARC-EN-CIEL, donnent un peu plus de sérieux à nos compétiteurs du jour. On peut aussi nous rétorquer que le port de bermuda fait penser à des rêveurs

bucolico-intellectuels, évadés sur un parcours champêtre. Seul point d'accord, l'habit ne fait pas le moine !
Très vite, la folle chevauchée rencontre ses premières difficultés, liées surtout à l'incapacité du fauteuil à rouler au-delà du rythme d'un pousseur-marcheur du dimanche. Or, nous sommes venus pour courir à un peu plus de dix kilomètres/heure (pas de menace pour le record du monde !)et, à cette allure, les roues directrices, situées à l'avant de l'appareil, s'affolent, se cabrent et se bloquent. A maintes reprises, la chute est évitée de justesse. Au cours du premier tour de circuit, le comportement des nombreux concurrents qui nous doublent, nous fait chaud au cœur : tous, sans exception, nous encouragent de la voix, souvent du geste, tape sur l'épaule à l'appui. Ouf, le dépôt de plainte pour non-assistance à fillette en danger s'éloigne. Le père a frisé la correctionnelle.
Après réflexion et conseils auprès de concurrents (on échange dans le milieu solidaire des courses à pied sur route), Henri prend la décision de basculer le fauteuil, y compris sa passagère, sur les seules roues arrières. La descente précédant l'arrivée dans le bourg est ainsi " dégringolée ", seule partie du parcours où les deux " saltimbanques " dépassent des concurrents attardés. Quelle gloire éphémère ! Quelle fatigue aussi, car l'exercice issu de la course, d'abord promenade, se transforme vite, trop vite, en une séance improvisée de musculation, sollicitant des bras et avant-bras pas entraînés du tout.
Quand, à la fin de la première boucle de dix kilomètres, Valentine tend aux membres de l'équipage la serviette et l'éponge salvatrices, elle-même soulagée de voir son inquiétude prendre fin, elle s'entend répondre par la voix de son mari :
" On continue… "
Et, comble de l'insolence, Hélène, irrespectueuse de sa mère, acolyte de son père, d'applaudir !
Valentine en est encore là de sa surprise que déjà l'engin mobile et ses occupants voguent sur le bitume. Vogue la galère, va bientôt pouvoir ajouter Henri, frappé par son péché d'orgueil et son trop-plein d'enthousiasme conjugués. Au paradis (ou presque) du premier tour, succèdent très vite le purgatoire, puis l'enfer, pour le pousseur.
Le vent de face va se lever, des crampes sporadiques se réveiller, des douleurs aux pieds apparaître et des ennuis mécaniques se perpétrer : bref, la totale.
Henri avoue, quinze ans après, avoir pensé à l'abandon et réclamé le concours de la voiture-balai. Comme cette dernière, occupée avec quelques concurrents non handicapés, encore plus attardés, se fait attendre, l'idée est finalement rejetée. Poursuivre dans l'épreuve ne s'avère bientôt

pas plus long que revenir en arrière. (Hélène et son père n'ont jamais abandonné ni ramassé la cuiller de bois en compétition).
Voilà comment, un peu plus de deux heures et des grosses poussières plus tard, nos deux gaillards, pas très vaillants en vérité, franchissent la ligne d'arrivée, sous un tonnerre d'applaudissements. Morts de fatigue, la fille et le père doivent leur salut aux multiples encouragements prodigués par des proches, amis du milieu professionnel et associatif.
Dire que ce coup d'essai est un coup de maître passe certainement pour de la suffisance et de la prétention. Toujours est-il que la mayonnaise commence à prendre, pour une bonne décennie, durant laquelle Hélène, son papa et l'ARC-EN-CIEL vont déborder d'imagination et d'efforts pour marier handicap et course à pied sur route. Un chapitre complet explique plus loin ce comportement pour le moins insolite, chez des parents de personnes handicapées, mais si créateur d'osmose au demeurant.

Connaissez-vous Truyes ?

Au cours de cette même année 85, les membres de la petite association présentent, plans et documents à l'appui, leur projet, lors de la foire de Tours. Les concepteurs-techniciens du bébé, doublés d'humanistes convaincus, s'appellent Evelyne et Jean Péré, architectes D.P.L.G. (diplômé par le gouvernement). Ce jeune couple, mari et femme dans la vie, croit dès le départ en notre étoile, poussant l'abnégation jusqu'à refuser d'accepter la moindre rémunération pendant près de cinq ans, dans l'attente du feu vert officiel.
Pour surprenant que cela puisse paraître aux yeux d'une personne non avertie des arcanes des marchés de construction, nous devrons ferrailler bec et ongles pour imposer les Péré à la maîtrise d'œuvre. On appelle maître d'œuvre la personne qui conçoit un projet architectural, sa conduite d'opération et sa réalisation.
Durant tout le premier semestre, la commission de sélection planche sans relâche sur le choix du site. D'où visites et revisites, d'où de multiples rencontres, entretiens et discussions avec des municipalités, d'où de fréquentes réunions, finissant tard dans la nuit. Tout cet empressement au nom du bénévolat et de l'urgence à trouver une solution.
Finalement, épreuves et examens divers franchis, comportant des critères précis, assortis de coefficients, la commune de Truyes, à quinze kilomètres au sud-est de Tours, emporte le " morceau ". Dans le sprint final, d'autres communes ont avancé des arguments non négligeables. Situation privilégiée en deuxième couronne tourangelle, dynamisme de son conseil

municipal présidé par Hubert Bessé, spontanéité d'accueil de sa population, beauté du site forestier, tels sont les atouts qui ont convaincu les membres du jury. Déterminante aussi l'intervention de l'épouse du maire, future présidente de la M.S.A. (mutualité sociale agricole, la sécu des agriculteurs) d'Indre-et-Loire, dont le concours nous sera précieux par la suite.

Pour la famille Gaumé, c'est la joie d'un retour aux sources. L'arrière-grand-père d'Hélène a exercé plusieurs mandats, conseiller municipal et adjoint au maire, de 1925 à 1945. Le papy d'Hélène a passé son enfance et sa jeunesse. Son père est venu bien des fois aux " hallebardeaux " pour les grandes vacances, repartant souvent avec une extinction de voix, tant l'air est pur et vif. Heureux présage.

Hiver 86

Plusieurs événements, importants à l'échelle familiale et professionnelle, marquent le début de l'année 86.

Pour mieux se consacrer à Hélène et au cas où le projet du foyer ARC-EN-CIEL ne verrait pas le jour –la certitude est loin d'être acquise– Valentine cesse son activité de secrétaire à temps partiel, dans l'entreprise de son mari.

Elle est remplacée par une jeune secrétaire à temps plein, qui donne toute satisfaction dans sa mission. L'activité grandissante de l'entreprise crée un demi-poste supplémentaire, ajouté aux quatre autres, dits arbitrairement de production. N'est-ce pas faire injure, en langage économique d'entreprise, aux secrétaires, comme si la tâche de ces dernières demeurait improductive. Hommage soit rendu aux diverses secrétaires qui ont officié dans notre entreprise familiale : leurs qualités d'accueil, alliées à leur savoir-faire et à leur efficacité, ont toujours satisfait l'attente de nos clients et provoqué notre émerveillement. Titulaires ou remplaçantes, congés de maternité obligent, qu'elles soient assurées de notre reconnaissance, tout comme nos employés masculins, ouvriers et apprentis, qui heureux d'avoir du " boulot ", ont toujours donné le meilleur d'eux-mêmes, pour le bonheur de tous.

L'angoisse de l'incertitude du lendemain le dispute, chez Valentine, à la ferme volonté de tout mettre en œuvre pour aboutir à la construction d'un véritable lieu de vie. Comme bon nombre de mamans, Valentine n'accepterait pas, dût-elle se battre jusqu'à l'extrême limite de ses forces physiques et mentales rassemblées, de voir partir Hélène en psychiatrie adulte. Hélas, malgré leur répugnance viscérale et leur refus affectif, certaines familles n'ont trouvé d'autre ressource que d'accepter une aussi humiliante solution, peu honorable pour les princes qui nous gouvernent. Bonne nouvelle aussi, chez le papy adoré d'Hélène, fait chevalier des Arts et des Lettres, distinction rare dans notre pays, pour sa contribution, depuis toujours, à l'art musical populaire. Le fait des honneurs musicaux ne lui tourne pas la tête, ce n'est pas le genre dans la famille d'autant qu'une récente cabale, montée par un quarteron de spécialistes en manœuvres sous-marines, vient de l'éjecter de la direction de l'union (?) musicale locale, peu de temps auparavant. Le papy d'Hélène a été lourdé comme un malpropre, pour de simples problèmes épidermiques et relationnels, avivés par une différence de générations, après quarante années de conduite d'orchestre. Sa seule et grande erreur ? Sans doute un amour trop passionné de la musique, avec, à la clé (sic) des paniers de satisfaction, mais aussi des tombereaux d'épines.

Toujours est-il que la cérémonie, programmée le 12 janvier 1986, connaît quelque frilosité, malgré la clémence du temps en cette belle journée d'hiver. Le père, déjà titulaire des palmes académiques, remises par Michel Debré en personne, alors Premier Ministre, en avril 1961 (quarante-huit heures avant le putsch d'Alger), est cette fois distingué par Jack Lang, ministre de la Culture. La médaille lui est accrochée sur le revers de son veston par Jean Proveux, député de la quatrième circonscription d'Indre-et-Loire, qui, avec une infinie délicatesse, remet à maman, effacée et discrète, la médaille de l'Assemblée Nationale. De son côté, Jacky Dufour, maire et conseiller général, apporte au père une double reconnaissance : l'attribution de la médaille de la ville de Sainte-Maure et du conseil général d'Indre-et-Loire. Et Hélène, dans ce cérémonial ? Pour consoler son papy de son départ forcé et lui manifester sa joie innocente, elle lui tient fortement la main pendant les traditionnels discours, sans répétition aucune. Hélène, riche d'innocence ? Hélène, innocente de richesse ?

Essai refusé

Un peu plus tard, Henri, le père d'Hélène, pressenti plus que candidat, déjà président départemental et régional des électriciens ruraux Agrifor, est élu président national, au troisième tour de scrutin, par une… minorité de faveur. Pas de fumée blanche de conclave, cette fois, mais tous les symptômes d'une manœuvre fumeuse et foireuse visant à désigner un responsable sans responsabilité, futur otage d'une minorité agissante, appelée à tirer les fils en coulisse.

Point question de se fourvoyer, Henri refuse tout net le fauteuil d'esclave désigné, à la grande surprise des comploteurs de service. Là où d'autres se seraient précipités et abaissés pour recevoir les honneurs (éphémères, comme tout honneur) liés à la fonction, le père d'Hélène donne un grand coup de pied dans la fourmilière. Au sortir du train, il annonce, tout heureux, délivré et presque triomphant, sa décision à Valentine, ravie. On ne se fourvoie pas chez les Gaumé, et l'épisode du grand-père d'Hélène, vertement balancé, est trop récent pour l'avoir déjà oublié.

Il s'ensuit une vacance de pouvoir, sorte de mini-crise de régime. Dès le lendemain, les agitateurs pointés du doigt puis écartés, la voix de la sagesse l'emporte progressivement, suggère de dissoudre l'actuel Conseil d'administration et de procéder à une nouvelle élection. En provenance des six coins de l'hexagone, des appels invitent Henri à se préparer.

Essai transformé

Vox populi, vox Dei. Ce qui pouvait arriver, arriva. L'artisan-électricien-père d'une fillette handicapée mentale est élu, le 13 mars 1986, président national des électriciens ruraux Agrifor, à l'issue d'un scrutin propre, clair, loyal et transparent. Point de triomphalisme, l'heure est plutôt à l'humilité, tant le challenge se présente difficile, effectifs en baisse régulière.

Encourageant les uns, admonestant les autres, les stimulant tous, rassemblant de nouveaux partenaires, Henri prend son bâton de pèlerin pour regagner la confiance. Tombé à près de six cents, le nombre d'adhérents remontera à près de neuf cents, trois ans et cent vingt déplacements hexagonaux plus tard.

Les premières missions provinciales du nouvel élu le mènent à Toulouse, où il découvre des sacrés personnages. Comment doit-on appeler ceux de nos collègues de Comminges ou de l'Ariège qui se livrent, de front, à des travaux d'électricité et à la pratique de l'élevage ? Sont-ce des artisans occasionnellement agriculteurs ou l'inverse ? En tout cas, nos ressortissants polyvalents et pluri-actifs de Midi-Pyrénées ne manquent ni de travail ni de verve, excellent dans l'art de l'accueil et tiennent solidement à table. Après tout, à chacun ses spécialités. Le tour de France se poursuit en Normandie, le programme prévoyant une brève incursion dans l'Orne. Vient ensuite une assemblée générale à Nevers, où il s'agit d'aller prêcher la bonne parole sur les terres de François Mitterrand !

Si le franc est dévalué le dimanche 6 avril 1986, c'est presque dans l'indifférence générale : seuls, les exportateurs et investisseurs y prêtent attention. Heureuse et douce France.

L'Europe, déjà

L'ARC-EN-CIEL n'est jamais oublié, comment pourrait-il l'être, à travers ce rythme de vie devenue animée, nécessitant un minimum d'organisation. Répondant à l'invitation de ses collègues de la région Rhône-Alpes, Henri est appelé, le 26 avril 86, à participer à un colloque, dans le cadre de la foire agricole de la Haute-Savoie, importante manifestation qui se déroule à la Roche-sur-Foron. Ses amis lui annoncent, tout de go, dix minutes avant le passage du cortège officiel, Pierre Pflimlin en tête, l'impérieuse nécessité de prononcer quelques mots. Décrypté, le message est aussi clair que le challenge s'annonce difficile : imposer une halte des notables sur le stand Agrifor. Sympas, les collègues !
Tout tremblant, notre jeune élu doit pacifiquement interrompre le déboulé d'un aréopage conduit par le président en exercice du parlement européen, de surcroît ancien président du Conseil, maire de Strasbourg et ténor du barreau. Rien de moins. Et il est trop tard pour fuir…
A l'arrivée des " huiles ", Henri plaque fermement son micro H.F. sur sa poitrine afin de cacher son tremblement, et commente la création de plusieurs emplois, grâce au service assistance-dépannage et à la construction de bâtiments d'élevage. Ainsi les autorités sont informées des actions entreprises et des résultats obtenus par nos amis de l'Ain, du Dauphiné, et des deux Savoie. Au moment du traditionnel vin d'honneur, le président Pflimlin vient gentiment remercier le tourangeau et l'interroge sur la nature du pin's ARC-EN-CIEL qu'il arbore fièrement, sur le revers de son veston. Henri, libéré de son trac initial, fournit volontiers les explications. Voilà comment un strasbourgeois, et non des moindres, très ouvert sur l'Europe, est mis au parfum du projet naissant d'un petit groupe de familles tourangelles, touchées par l'infortune qui pèse sur leurs enfants. L'Europe dans la différence : prélude à l'Europe des cœurs et des esprits ?
L'été déroule son rythme entre le travail quotidien dans l'entreprise –la marmite ne demande qu'a bouillir– les réunions et démarches pour le centre, un voyage en Autriche, où le Tyrol nous enchante.
En juillet, Henri assiste à une séance de l'Assemblée Nationale. En l'absence des caméras de la télévision, les travées réservées au public sont nettement plus garnies, ce jour-là, que les bancs occupés par les membres de la représentation nationale. Manifestement, les députés ne sont pas

cloués à… la Chambre. Dans notre histoire législative, des lois ont vu le jour, votées par un nombre de parlementaires inférieur au total des doigts rassemblés des deux mains.
La fin de l'été rassemble un grand contingent de supporters et de concurrents Agrifor, pour le semi-marathon de Sainte-Maure. Mieux préparés cette fois, quelques modifications techniques apportés sur le fauteuil, nos deux larrons bouclent le parcours en deux heures et neuf minutes. On est toujours loin des sommets de l'athlétisme, mais la perf' de l'an passé est améliorée. Futée, Hélène innove, dans son comportement qui consiste tantôt à applaudir, pour à la fois encourager son pousseur de père et provoquer les applaudissements des spectateurs, tantôt à tourner la tête et réclamer un bisou à son père : çà ne s'invente pas !
Peu à peu, inlassablement, tous les membres de l'ARC-EN-CIEL, sans exception, se font les chantres du grand dessein qui leur tient tant à cœur, y compris dans leur milieu professionnel. Si les clients, fournisseurs et proches, tous ceux qui constituent leurs relations au quotidien, ne se souviennent pas du projet, ce n'est pas faute, à Valentine et Henri, de rabâcher le message. Cent fois sur le métier, remettez votre ouvrage…, disait un certain Boileau.

Jusqu'au Lutetia

Lors d'un repas de travail dans un grand restaurant parisien, Henri rencontre, dans le cadre de ses fonctions socio-professionnelles, un haut fonctionnaire, commissaire du gouvernement chargé de la formation professionnelle. Comment espérer une meilleure pénétration de la clientèle rurale, et partant, un accroissement du chiffre d'affaires et des résultats, sans mettre sur pied un programme de formation spécifique ?

La négociation autour d'une subvention substantielle, constitue le menu principal du repas. En la circonstance, le père d'Hélène, fidèle à son habitude de se faire toujours accompagner, conduit une délégation composée de Frédéric Beytout, secrétaire général d'Agrifor, et Claude Gicquel, syndicaliste chevronné, président de Fédelec, merveilleusement introduit dans les couloirs et bureaux ministériels. L'essentiel acquis au cours de la tractation, la conversation peut ensuite sortir du cadre strictement professionnel, entre la poire et le fromage. Non que les propos échangés manquent de sérieux, mais ce moment privilégié du repas autorise la convivialité et, bien souvent, le retour du naturel.
Partant de là, on ne sera pas surpris d'apprendre l'orientation de l'entretien

vers un thème cher aux personnes handicapées en général et aux familles de l'ARC-EN-CIEL en particulier. Henri, comme on peut l'imaginer, se fait l'ambassadeur du projet, qui, par son côté très spécifique, entraîne d'importantes plus-values dans les devis à venir. Apercevant un journaliste de télévision à une table voisine, il quitte le ton mezza-voce qui sied habituellement aux échanges dans un restaurant huppé de la capitale, pour s'autoriser une envolée de dièses et espérer égoïstement la perception des propos par les gens d'à-côté. Fut-il entendu ce jour là ? Oui, c'est certain, au moins à sa propre table. Si l'on en juge par ses retombées quasi immédiates, la campagne du Lutetia porta ses fruits, tant sur les bords de la Seine que sur ceux de la Loire…

Quelle ne fut pas sa surprise de recevoir, dans les jours suivants, une " grosse image ", adressée, à titre personnel –pas de crainte d'abus sociaux–, par l'un des convives, pour permettre l'achat de quelques mètres supplémentaires de câbles long feu. Il est en effet nécessaire, devant l'inertie et la position grabataire de plusieurs résidents, de prévoir des câbles qui résistent plus longtemps, en cas d'incendie, aux attaques du feu. Or, ce type de conduit coûte, l'expression n'est pas trop forte, " la peau des fesses ". Au nom des futurs occupants, nous avons bien sûr exprimé notre gratitude et notre reconnaissance à ce généreux donateur, homme de talent et de cœur.

D'autres dons suivront, de tous calibres, parfois surprenants, toujours porteurs de sensibilité touchante, émanant souvent de gens aux disponibilités financières limitées. Comme le dit très bien le président d'alors, Michel Juvené, l'ARC-EN-CIEL appartient à de multiples actionnaires, y compris à celles et ceux qui n'ont pu verser que quelques dizaines de francs. Toutes ces personnes détiennent sans conteste une once de propriété.

Agriforum et… Arc-en-Ciel

Entre une nouvelle réunion, à la maison, pour travailler sur le projet qui nous fédère, et le traditionnel arbre de Noël à l'hôpital de Saint-Benoit, Henri organise une grande rencontre professionnelle, en décembre. Son but est de faire savoir à la clientèle et aux divers organismes le savoir-faire des artisans électriciens ruraux. Agriforum 86 convie les autorités et les acteurs du monde rural à venir apprécier, en différents sites, les références du groupe Agrifor. Pas moins de cinq cars sont affrétés pour les visites.

Une conférence-débat attire près de quatre cents personnes au palais des expositions, à Tours, nombre en boulimique augmentation au moment du... buffet qui clôture ce mini-événement local. Profitant de la présence, et de l'oreille encore attentive, avant les agapes, de tous les protagonistes du microcosme politico-économique tourangeau, le père d'Hélène entend délivrer son message.

Il évoque, bien sûr, un futur chantier, plus que probable, à Truyes, qui pourrait alimenter le carnet de commandes des entreprises tourangelles, sous peu.

Décidément, le cordon ombilical n'est pas prêt d'être sectionné entre l'activité professionnelle, les engagements socio-professionnels et la mission en ARC-EN-CIEL.

Fuyant l'une, nous tombons sur l'autre, trébuchant sur celle-ci, nous revenons à la case départ. Hélène courbée, Hélène arc-boutée, Hélène guerrière silencieuse, quand tu nous pousses

CHAPITRE 7

RÉUNIONS DE CHANTIER, CHANTIER DE BÂTISSEURS

1987, en toute transition

Année de transition que l'année 87. Année bouillonnante, durant laquelle Michel Juvené et Pierre Lecomte, président et vice-président, travaillent d'arrache-pied sur le dossier. De son côté, le couple d'architectes s'affaire activement, des contacts s'établissent, plus fréquents, plus techniques, en liaison avec le ministère et les organismes de tutelle (COTOREP, CRAM, CRISMS, DDASS, DPAS *). Commence la période passionnante et harassante des questionnaires à remplir, des refus à essuyer, des remarques et commentaires : " on va voir ", " on vous rappellera " (on attend toujours…), " ce n'est pas possible ", " modifiez votre présentation ", " déplacez une virgule " (laquelle ?), " rappelez-nous plus tard ". Nous avons même connu et entendu d'autres réflexions, difficiles à rapporter dans cet ouvrage.

Au risque de nous faire passer pour masochistes et déséquilibrés, pareilles remarques, parfois imbéciles, plutôt que de nous abattre, finissent par blinder, enrichir et renforcer notre détermination. Un groupe produit de l'énergie quand un individu, seul, capitulerait.

Sport ...

A l'initiative d'une famille et d'un ami, président du club de hockey sur glace, une rencontre est organisée à la patinoire de Tours, entre deux équipes de haut niveau, au bénéfice de l'ARC-EN-CIEL. Venu nombreux pour soutenir notre cause et apprécier un match de qualité, le public ne s'y trompe pas, repart enthousiaste et surtout colporteur de notre jeune ambition.

... et musique

Décidément, il est écrit que sport, spectacle, musique et handicap peuvent constituer les ingrédients nécessaires, dès lors qu'il s'agit de mobiliser tout

(*) COTOREP : Commission technique d'orientation et de reclassement professionnel
CRISMS : Commission régionale des institutions sociales et médico-sociales (aujourd'hui CROSS : organismes sanitaires et sociaux)
CRAM, DDASS et DPAS ont déjà été décryptés.

un courant de supporters et convaincre l'opinion de la justesse d'un combat.
C'est ainsi que le 28 mars 1987, à l'initiative des familles et de Valentine en particulier, quatre cents personnes viennent assister à un concert donné, salle polyvalente des halles, à Tours, par l'orchestre d'harmonie " jeunesse musique région centre ". Du classique et du moderne, à travers un répertoire de haut niveau, exécuté par des instrumentistes dont certains décrocheront un premier prix au conservatoire national supérieur de musique de Paris.
Fait rarissime, le chef d'orchestre, Dominique Guérouet, futur soliste à l'opéra de Paris, dirige de la main gauche et possède un art consommé de communiquer le savoir-faire de ses musiciens, et plus encore de communier avec un auditoire devenu complice. Marque suprême de satisfaction de la part d'un public au comble de la joie et de l'osmose, les rappels se succèdent à une fréquence telle que les organisateurs, usant d'une douce fermeté, finissent par mettre fin à l'enthousiasme général. Il convient tout de même de protéger les musiciens de l'asphyxie !
Parmi ces instrumentistes, tous issus des écoles de musique et formations musicales de la région Centre, plusieurs nous deviendront chers. Familière, et pour cause, nous est déjà Anne-Marie, clarinettiste, émue et ravie à l'idée de jouer pour sa petite sœur et ses camarades. Familier, nous deviendra un certain Franck, qui, non seulement souffle dans son impressionnant tuba, mais ravira le cœur et unira sa destinée à celle de la jeune clarinettiste. Habituée de nos enfants deviendra Babette, future épouse du chef d'orchestre, bientôt titulaire du pupitre de trompette, au sein de la garde républicaine (rare pour une femme), et plus tard marraine de notre petit-fils, Aubin. De là à comparer toutes les formations artistiques et culturelles à un vivier naturel pour mariages musicalement organisés, il y a quand même un intervalle à franchir et deux sons à pousser.

Dans un éloge unanime, où le cœur le dispute à l'intelligence, la presse locale salue l'événement. Quant à la ville de Tours, qui n'a pas ménagé son concours, elle retient l'orchestre pour une manifestation municipale.
Excentré celui-là, puisque donné à Rochefort en Terre, magnifique village du Morbihan, un autre concert réunit auditeurs et spectateurs, venus, au printemps, encourager l'action d'une famille locale, dont le petit-fils tourangeau rejoindra bientôt l'ARC-EN-CIEL.
Résultats : la pompe s'amorce, le trésorier se frotte les mains, et surtout le groupe, opérations de communication à la clé, poursuit son bonhomme de chemin.

Lors de la traditionnelle foire de mai, à Tours, Valentine et Henri, très occupés, l'une pour l'ARC-EN-CIEL, l'autre pour Agrifor et l'ARC-EN-CIEL, vaquent avec leurs collègues et amis sur les stands respectifs. Est-on vraiment surpris de constater la fragilité de la ligne de démarcation entre deux activités aux finalités bien différentes, à travers cette osmose permanente ?

... et cirque

S'il est permis de passer du coq à l'âne, l'expression tombe à propos. A l'approche de l'été, le cheptel qui nous entoure, essentiellement canin jusqu'alors, s'enrichit grâce à l'arrivée sonore et triomphante de " Jacotte " (*), jeune ânesse de douze mois, appartenant à la race " grand noir du Berry " (voir auprès des éleveurs spécialisés). Née du libertinage incestueux entre son frère et sa mère –le code pénal reste sans ... voix pour nos amies les bêtes–, " Jacotte " reçoit pour mission de concurrencer la faucheuse à herbe et de jouer la " tondeuse à crottin ". Pour la récompenser de ses bons offices, nous lui offrons bientôt la compagnie d'une jeune chèvre alpine, " Coquine ", la trop bien nommée, qui, très vite, met sur pied, ou sur pattes, un numéro de cirque parfaitement réglé. Selon un scénario très au point, la représentante de la race caprine bondit sur le dos de sa consoeur asine. La partition est prête, le spectacle va commencer.

L'équipage part à toute allure pour de nombreux tours de pré, la chèvre raflant des noisettes dans l'arbre au passage, quand c'est la saison, et partageant le butin en compagnie de sa porteuse. Pas si bêtes ! La reconnaissance suprême est obtenue quand Hélène est là pour applaudir les exploits. Au comble de l'ivresse de la gloire, qui lui gonfle la tête et les cornes, miss " Coquine " se plaît parfois à rêver de nouveaux horizons pour exporter son art, n'hésitant pas à bondir au-dessus du grillage, propulsée depuis sa rampe de lancement. Tondre gazon et légumes ne pose aucun problème à son appareil dentaire. Dieu merci, nos voisins sont tous aussi tolérants que patients.

L'expérience devenant par trop répétitive, il nous a fallu nous séparer de " Coquine " trop zélée, bientôt remplacée par " Chipie ", chèvre naine, moins appliquée dans les malversations, parce que moins apte pour le saut d'obstacles ! Encore que !

*(*) Dans notre région, il est de tradition de " baptiser " un âne du nom ou du prénom du Premier Ministre en exercice . Nous faisons confiance à la perspicacité des lecteurs ....*

Hélène, dompteuse de chiens

De tout temps, les animaux accueillis sous notre toit, dans le pré, la cabane ou dans la cour, ont appartenu exclusivement à la gent féminine. Plusieurs se sont succédé, batardes sans exception, débordantes de fidélité dans le partage de notre destinée et de celle d'Hélène. La dernière en date, " Opale ", aux origines génétiques incertaines et, en tout cas, très éloignées de la race pure, un peu caniche, un peu fox, joue follement avec la chèvre et s'entend remarquablement bien avec Hélène. Tellement bien que cette amitié peut prendre une tournure inhabituelle : agacée, un jour, par force lècheries et débordements d'amitié de sa compagne de jeu, Hélène a fini par ... mordre la pauvre " Opale ", venue ensuite traduire sa détresse en gémissant. Nous connaissions Hélène silencieuse, affectueuse, communicative, volontaire, voire autoritaire. Mais carnassière à ce point ? !

Intelligence asine et bêtise humaine

De grâce, que l'on cesse d'écrire et de psalmodier sur la bêtise de l'âne, tels ces inventeurs et concepteurs de mots croisés, aussi heureux qu'ignorants, quand ils le définissent " animal bête et borné ". Sans risque majeur, sans haine et sans crainte, nous pouvons répondre avec assurance que la bêtise humaine est parfois privée de bornes. Non, l'âne, au contraire, se révèle d'une rare intelligence, doublée d'une finesse et d'une fidélité sans failles envers ses maîtres. Encore convient-il que ces derniers l'accueillent décemment, avec les honneurs dus au disciple de Buridan.
Nous reconnaissons sa tendance naturelle à user généreusement de ses pattes postérieures. Rappelons-nous un certain Jean de la Fontaine dans " le lion devenu vieux ", évoquer le fameux coup de pied de l'âne. Mais au fait, quelle a toujours été la cible préférée, et à peine voilée de la Fontaine, à travers les animaux ? Non pas l'espèce asine, mais bien l'espèce humaine, non ? Faisons-nous humbles et petits ...

La palme de l'humour, à propos du savoir-faire de l'âne, nous la servons à nos amis lecteurs, à partir d'une anecdote entendue, au cours d'une émission radiophonique dominicale intitulée " personne à gratter " (pour parodier l'expression latine " persona grata "). Ce dimanche-là, l'invité était le truculent président du Conseil général des Bouches-du-Rhône, répondant au nom de Philibert, homme politique plein de verve et de repartie, atout majeur dans certaines joutes oratoires. Au beau milieu de l'émission, voilà qu'il se met à raconter une anecdote vécue au cours d'une

campagne électorale. Briguant un mandat de député, il reçoit la contradiction, un soir, de l'un de ses concurrents, brillant universitaire, professeur de génétique animale au quotidien. Coincé pour éviter le piège qui lui est tendu, le bouillonnant président tape en touche. Faire digression ne lui pose aucune difficulté, ce qui l'amène à tenter une percée à son tour :
-" Monsieur le Professeur, comment reconnaît-on, chez une ânesse, sa disposition à être fécondée ? "-
Le spécialiste, sérieux, emprunté et ne sachant à quelle sauce l'autre veut le cuisiner, décolle vers de grandes envolées aussi alambiquées que pointues et fumeuses.
Stop. L'interrogateur l'interrompt en vue de reprendre l'avantage et poursuit, d'autorité :
-" Ne cherchez pas, faites appel tout simplement à un âne. Lui, vous l'expliquera ! … "-
Du coup, on s'éloignait du duel politique, économique et social. Les gens trop sérieux sont parfois tristes à en mourir, un peu d'humour apporte un début de thérapeutique à nos maux quotidiens.

Des passants sur terre

Plusieurs amis et proches sont enlevés à notre affection durant l'année 87.
C'est d'abord Max de Lussac, digne et distingué représentant d'une famille française qui n'a jamais reculé devant l'ennemi, aux heures les plus sombres de notre histoire. Le maire de Sainte-Catherine de Fierbois attend le deuxième jour de l'année pour adresser son ultime salut.
C'est ensuite Bernard Bif, dynamique président Agrifor de la Marne, frappé brutalement en pleine activité. Henri prononce son éloge funèbre en l'église de Courcy, près de Reims, le 10 juin, citant au passage Vigny et " le livre de la vie " :

-" Le livre de la vie est un livre suprême
qu'on ne peut ni fermer ni ouvrir à son choix
le passage attrayant ne se lit pas deux fois
car le feuillet fatal se tourne de lui-même
on aimerait revenir à la page où l'on aime
mais la page où l'on meurt est déjà sous les doigts "-

Trois autres amis disparaissent. Parmi eux, un jeune de dix-neuf ans, superbe athlète de haut niveau : il nous apparaît injuste de voir partir un adolescent, terrassé par un cancer. Face à cet adversaire que l'on appelle pudiquement vilain mal ou mal sournois, frappant les uns, trucidant les autres, les rudoyant tous, sont réunies les conditions d'une déclaration de

guerre. Cette expédition doit nous mobiliser tous, au niveau de la prévention, pour réunir, à terme, les moyens de vaincre le fléau.
Joignant les jambes au discours, Hélène et son père participent, en novembre, à " Macadam santé ", course à pied de quinze kilomètres, organisée à Rochecorbon, près de Tours, par une fondation locale de lutte contre le cancer. Des " atouts " de taille ce jour-là :
- une pluie battante, glaciale, ininterrompue, qui a pour effet de nous stimuler afin d'en terminer plus vite,
- la " poussette " dans le dos (interdite par le règlement) procurée par notre ami Jean Faye, à l'effet d'avaler une côte meurtrière,
- la complicité bienveillante des organisateurs, heureusement frappés de cécité.
Hélène et son pousseur se soumettent au jugement des lecteurs.
Un mini-remaniement intervient au sein du bureau, lors de l'assemblée générale de fin d'année : Valentine quitte son poste de vice-présidente, Henri étant élu à sa place. Uniquement opérée en lien avec la stratégie associative à court terme, cette petite modification doit permettre d'apporter l'expérience d'un homme du bâtiment lors de la phase des travaux à venir. Le port du titre se situe à cent lieues des préoccupations du titulaire.

Chapeau aux compagnons d'Emmaüs !

Dans l'esprit de partage qui entoure la naissance de l'enfant Jésus, les compagnons d'Emmaüs Touraine organisent une collecte en plein centre de Tours, deux jours avant Noël, en faveur de l'ARC-EN-CIEL. La population tourangelle ne s'y trompe pas, qui, informée de notre projet encore en gestation, répond généreusement, malgré le froid, à l'appel des compagnons de l'abbé Pierre. Précédé par l'engagement personnel de plusieurs parents au sein du mouvement, ainsi démarre un long partenariat, imprégné d'une forte amitié, entre Emmaüs Touraine et l'ARC-EN-CIEL.

Pour tracée qu'elle soit, la voie de l'association doit trouver appui, renfort et soutien dans une activité convergente, pouvant allier handicap, sport, démarche humanitaire et caritative. C'est ce qu'explique Henri à ses collègues, au cours d'une ultime réunion, dans les dernières heures de l'année 87. D'où l'idée d'une course à pied organisée par l'ARC-EN-CIEL, d'où l'idée de courir pour encourager d'autres causes, d'où la perception, encore floue, de créer un événement médiatique. Feu vert pour la réflexion et l'approche, la suite en 1988.

1988, feu vert à l'horizon

Non sans en avoir débattu et surmonté quelques réticences, Henri convainc ses collègues d'organiser, début octobre, la première édition –nous en connaîtrons dix– de la future course à pied. Il nous reste neuf mois pour parfaire le bébé, c'est beaucoup pour qui est rôdé, c'est peu quand on affronte l'inexpérience. Il ne s'agit pas de mollir, l'heure est à l'action. Dès lors, des réunions passionnantes autant que passionnées se succèdent et se multiplient.
Un grand souffle d'espoir nous envahit bientôt, quand Jackie Dufour, nouveau conseiller général et maire de Sainte-Maure, nous annonce une toute prochaine entrevue avec le président du Conseil général. Dans la foulée, André-Georges Voisin reçoit la délégation de l'ARC-EN-CIEL et lui annonce sa décision de prendre un arrêté autorisant la création d'une M.A.S. (*) à Truyes, dès que la C.R.I.S.M.S., instance régionale incontournable, donnera son feu vert.

Rouge vif voici cinq ans, puis progressivement orange et vert clignotant, le feu de l'administration vire définitivement au vert le 20 avril 1988, sous la forme d'un accord écrit, ô combien précieux, délivré par la commission régionale qui regroupe tous les représentants du monde sanitaire et social.

26 juillet 1988

Ainsi se trouve tout naturellement dégagée la voie qui débouche, trois mois plus tard, le 26 juillet 1988, sur l'arrêté commun pris par le préfet Cayron et le président Voisin, représentants respectifs de l'Etat et du Conseil général, portant création d'un foyer à double tarification. Porteuse du projet, l'association ARC-EN-CIEL est autorisée à construire sur la territoire de la commune de Truyes.

Est-il besoin de dire la joie qui envahit notre camp ; venant après une déception, vite surmontée, découlant d'un raté enregistré à l'occasion d'un spectacle de variétés, vide de spectateurs ou presque, survenu le 9 juin. Tout va mal ce soir-là : le " plateau " proposé, pourtant de qualité à nos yeux, se révèle un peu cher et ringard, nos affiches, même consacrées à la bonne cause, sont recouvertes par les professions de foi des candidats (tous bords confondus) aux élections législatives.

(*) M.A.S. : Maison d'accueil spécialisée

Comble de malchance, la ville de Tours est privée d'eau depuis quelques heures, suite à l'incendie d'une usine de produits toxiques, au nord de l'agglomération, dont les bacs de rétention, de capacité insuffisante, n'ont pu interdire le ruissellement des eaux polluées, jusque dans les nappes de captage. Quand tout va mal ! Qu'importe, nous assumerons collectivement et solidairement.
Larmes de déception le 9 juin, larmes de joie le 26 juillet. Ainsi va la vie, soumise au cours sinusoïdal et au bon vouloir des événements. Mais au fait, nos enfants " extraordinaires " ne nous ont-ils pas appris, depuis longtemps, à rebondir sur les étapes douloureuses de l'existence ? Au demeurant, la période estivale nous incite à retrousser largement nos manches. Comme par enchantement …

Et si on courait pour d'autres ?

L'été ne nous laisse pas le temps de souffler, consacré à la préparation intense de la première manifestation sportive, organisée par notre association. Jamais, dans le petit monde des courses à pied, on n'avait vu une poignée de parents d'enfants polyhandicapés mettre sur pied pareille épreuve. Braves gens sceptiques et apeurés, il faudra vous y faire, même si, çà et là, l'initiative suscite interrogations et ricanements. Pour couronner l'atypie de l'ensemble, notre groupe a décidé d'allouer le montant des inscriptions des futurs concurrents à l'association française du syndrome de Rett, alors que nos réserves financières atteignent le niveau de l'étiage. Un prochain chapitre relate l'explosion de joie des familles, le 2 octobre 1988, de voir déferler près de cinq cents compétiteurs, sur les hauteurs de l'Indre.

Chez l'oncle Sam

Invité, au lendemain de cette première compétition, à participer à un voyage d'études aux Etats-Unis, dans le cadre de ses activités professionnelles, Henri revient partagé entre l'enthousiasme et l'effarement.
Emballé, il l'est par la capacité d'entreprendre, le dynamisme, la volonté de se remettre en cause, affichés par les américains, le faible taux de chômage, le petit nombre de fonctionnaires –et les rouages fonctionnent–, ces derniers prêts à faire leurs valises tous les quatre ans, si le vent tourne en leur défaveur, à l'heure des présidentielles.

Horrifié, il l'est, à l'opposé, devant la quasi absence de protection sociale de certaines couches de la population, privées non seulement de statut mais plus encore d'existence officielle.
Effrayé, il l'est, devant le racisme toujours latent –Henri joue les provocateurs, à New-York, où il accompagne dans un fast-food un jeune noir qui venait d'être refoulé– devant le style de vie au pragmatisme outrancier, paradis du chewing-gum et du Mac-Do.
Choqué, il l'est profondément devant la prééminence du business et de l'affairisme au détriment de l'humanisme et de la raison, dans un pays où l'employeur demeure le roi et le salarié le boy, cousin pas éloigné de l'esclave.

Heureusement, l'Atlantique nous sépare, mais il est si vite franchi depuis qu'un certain Fernand Andreani, pilote d'Air France maintenant retiré à Sainte-Maure, a établi le record de la traversée, aux commandes d'un Concorde. De plus en plus, les descendants des gaulois se trouvent des liens de parenté avec les neveux de l'oncle Sam ...

Sénateur, maire et supporter

Comme par enchantement, depuis l'accord octroyé par la C.R.I.S.M.S., les événements s'enchaînent vite, très vite. Avant-hier spectateurs des derniers gradins, hier observateurs attentifs, aujourd'hui partenaires, demain complices, les organismes et autorités de tutelle s'engagent, sur un parcours parfois parsemé d'embûches et agrémenté de valses - hésitations. Un témoignage, parfaitement authentifié, puisque reproduit in extenso, résume à cet égard la difficulté de l'aventure, à l'approche du port d'attache. Il émane d'un sénateur, ami de l'ARC-EN-CIEL, James Bordas, maire de Chambray-les-Tours.

-" Je n'étais qu'un jeune élu, conseiller municipal, quand j'ai porté un intérêt tout particulier à l'action qu'entreprenait un groupe de personnes concernées, soit directement, soit indirectement, par des problèmes d'enfants handicapés.
Ce n'était pas mon cas, heureusement pour moi sans doute, mais j'ai été tellement surpris par la foi de ces familles dans leur projet de construction d'une maison spécialisée, que j'ai pris fait et cause pour les intéressés.
J'ai vite compris qu'ils avaient une telle volonté qu'ils iraient jusqu'au bout, prêts à " déplacer les montagnes " et à bousculer toutes les inerties et autres difficultés "-

Et notre supporter de la première heure poursuit, relatant un haut fait dans l'histoire des " coups de gueule " célèbres, mettant aux prises notre bouillonnant président et le préfet.
-" J'ai littéralement été enthousiasmé par leur dynamisme et les ai accompagnés lors de toutes leurs démarches, jusques et y compris quand l'orage a grondé un matin, chez le Préfet de l'époque, quelque peu choqué par les propos plus qu'énergiques de l'un des responsables se démenant sans compter, sans avoir toujours le langage adéquat, face au représentant de l'Etat (*).

-" L'important était pour toutes ces personnes de voir sortir de terre, leur maison, un véritable arc-en-ciel pour les familles et pour les jeunes qui ont trouvé à Truyes des conditions de vie à la mesure des espérances et des efforts déployés par leurs parents et leurs amis qui ont toujours porté un intérêt à ceux qui sont seulement un peu différents de nous "-

Vendanges et communication

L'automne 88 nous apporte son lot de faits et d'événements.
A l'issue des vendanges dans l'aire d'appellation d'origine contrôlée du Chinonais, les viticulteurs de Cravant (près de Chinon), remettent à l'association un chèque. " L'image " représente le fruit du travail bénévole des élèves-officiers de l'école d'application du train, basée à Tours, dont un contingent a donné gratuitement de son temps pour aider les vignerons. Chapeau bas à ces futurs cadres de l'armée française et merci à nos amis du pays de Rabelais, producteurs d'un breuvage qui honore la Touraine. Sur le chemin chaotique de l'existence, les signes tangibles de l'amitié, aussi imprévus que précieux, sont toujours les bienvenus.

Chaque année, à la mi-novembre, la ville de Tours et l'infatigable animatrice de la commission des handicapés, Marie-Rose Perrin, organisent alors la semaine dite " Handi Tours ". On assiste, à l'hôtel de ville, au grand rassemblement annuel des gens " hors norme " : c'est une

(*) Même surpris par les propos vifs et directs de notre président, Michel Juvené, dénonçant et regrettant la lenteur et l'incohérence de certains services de l'Etat, le préfet lui donna implicitement raison dans sa réponse et ordonna au directeur de la D.D.A.S.S. de " foncer bille en tête ". A défaut de langage châtié, on ne peut s'exprimer plus clairement !

fenêtre ouverte en permanence, un regard plus chaleureux vers les " autres " et un rapprochement des idées et des cœurs. S'il reste encore à faire et à parfaire, beaucoup a été fait et entrepris à Tours depuis plusieurs décennies.

Président malgré soi

Surprise de taille, lors de la cinquième assemblée générale, pour Henri, élu contre toute attente, à la tête de l'association. Pas préparé du tout, soutenant, à la suite du départ du précédent président, la candidature d'un autre membre, plus compétent selon lui, Henri se voit chargé de lourdes responsabilités et se souvient encore du regard effaré de Valentine, à l'annonce des résultats. Des collègues dévoués et qualifiés l'aideront à combler son impréparation. Si l'on ajoute la conduite de l'entreprise, qui tourne bien, heureusement, et le cumul pendant six mois, avec la responsabilité de l'association nationale Agrifor, la barque est bien chargée. Cumulard occasionnel, Henri s'interroge de savoir comment font les champions du cumul ...

En pareil cas, le Ciel ne reste pas sourd à nos prières en forme d'appel au secours et ne marchande ni son aide ni sa grâce. Dans les moments difficiles - et Dieu sait si nous en rencontrerons- le tonus d'Hélène fera merveille.

La hotte du père Noël

Le père Noël prend quelque avance et liberté sur son calendrier traditionnel. Sa descente dans la cheminée de l'étude du notaire de Cormery nous comble d'aise. Dans sa hotte, l'acte de cession, par la commune de Truyes, d'une parcelle de trois hectares, cédée à l'association, pour y construire le foyer tant attendu.

Issu d'échanges en provenance de onze, pas moins, propriétaires, ce véritable cadeau de Noël, sous forme d'un magnifique massif boisé, a rencontré un obstacle de dernière minute, lié à l'impossibilité de trouver l'un des onze, pour accord et signature. Finalement, il est écrit que tout s'arrange dans le temps de Noël, tant et si bien que notre vendeur bienvenu est localisé et retrouvé du côté de Djibouti. Le pli tant attendu, par vols supersoniques interposés, permettra de tout plier à heure et à temps.

Le bonheur des familles voisine avec la satisfaction de la population et de la municipalité, Hubert Bessé, son maire, en tête, un homme qui ne desserre pas les mâchoires lorsqu'il serre un dossier entre les dents. Limité au franc symbolique, le coût de la transaction permet d'oxygéner nos finances encore fragiles.

Quand Noël et le nouvel an déroulent, selon la tradition, leur cortège de vœux appelant la paix, le calme et la quiétude, les esprits se livrent à la réflexion. C'est aussi le lot de la petite association ARC-EN-CIEL, si frêle et minuscule en novembre 83, maintenant plus solide, sur la voie de la structuration, quelque soixante et un mois après.
Voici venir la joie, voici naître l'espoir, voici poindre la certitude : que le chantier commence.

Une fourmilière dans la forêt

Quand arrive l'an de grâce 1989, les premiers coups de godets des pelleteuses mécaniques donnent le signal du chantier. La mort dans l'âme, il nous a fallu sacrifier quelques pins et chênes, essences majoritaires, pour permettre l'implantation des bâtiments. Arracher pour replanter, démolir pour reconstruire, ainsi va le cycle de la transmission. Malgré quelques amputations, le massif boisé montre toujours fière allure aujourd'hui et fait bien des heureux. Que les arbres apparaissent comme une source de vie, ici plus qu'ailleurs, traduit parfaitement la volonté des gestionnaires d'harmoniser, d'enrichir et d'embellir le cours de l'existence des futurs résidents.

Le chantier ressemble fort à une vaste plate-forme, genre scène de théâtre où vont s'activer durant seize mois, seize entreprises de l'Indre-et-Loire ou départements limitrophes, pour un montant global de seize millions de francs, soit la règle des trois seize. Afin de donner leur chance au plus grand nombre possible d'intervenants, décision a été prise de multiplier les lots plutôt que de confier l'ensemble des travaux à une entreprise tous corps d'état. La volonté des responsables de l'association a toujours été de faire partager le gâteau, et non de favoriser le monolithisme, dont on peut craindre le dérapage vers le monopole. Avec le recul, nous nous réjouissons d'avoir opéré ce choix.

Vaste plateau, grouillant telle une fourmilière, qui rencontre-t-on sur ce chantier permanent ?

des architectes

Le couple d'architectes, d'abord, unis pour " enfanter " et maîtriser l'œuvre. Certes, d'autres partenaires, privés ou institutionnels, ont apporté leur contribution mais, de grâce, attribuons à Evelyne et Jacques Péré la maternité et paternité qu'ils méritent. A la vérité, nous avons dû bagarrer ferme et souquer dur pour retenir leur candidature et prescrire leur sélection au maître d'ouvrage délégué.

A ce stade, un mot d'explication s'impose, à l'adresse du lecteur non averti. Comme l'immense majorité de leurs concitoyens, les responsables de l'ARC-EN-CIEL ont de tout temps affiché leur préférence pour la mise en compétition, dans l'attribution des marchés. Mais tout de même, s'agissant de marché privé, pouvait-on rejeter tels des malpropres, en un mot (trivial) " cocufier " des gens compétents, qui trimaient avec nous, dans l'ombre et dans l'incertitude du lendemain, depuis plus de trois ans ?

Quiconque penserait à une magouille ou à une " combinazione " se tromperait lourdement : nous ne craignons pas les jets de pierres qui pourraient éprouver notre bouclier, aussi blindé que transparent. Grand seigneur, c'est tout à son honneur, l'O.P.A.C. 37 (office public d'aménagement et de construction) l'a parfaitement compris et admis.

des entreprises

Seize entreprises, la plupart du département, de taille artisanale ou petite P.M.E. (petites et moyennes entreprises), vont démontrer leur savoir-faire durant cette période passionnante. Grâce à leurs patrons, chefs de chantier, ouvriers, chaque jour l'ensemble affiche différent de la veille. Monstre vivant, le quartier se modifie, s'embellit, grossit, grandit, grimpe, couvre, surplombe, chevauche. Des photos, prises régulièrement, traduisent pour la postérité l'état d'avancement des travaux.

On ne rendra jamais assez hommage aux dirigeants d'entreprises, véritables locomotives de l'économie silencieuse et à hauts risques, tout comme à leurs contremaîtres et ouvriers qui démontrent l'immensité de leur compétence et l'amour de la " belle ouvrage ". En parfait accord avec l'architecte ou son collaborateur, jamais une difficulté surgit qui ne fût point surmontée, qui ne trouva de solution harmonieuse. C'est dire la richesse de ces artistes que sont les gens du bâtiment ! Interrogez les

architectes : ils vous diront tous, en aparté, l'aide précieuse apportée par les exécutants, quand un obstacle survient, impromptu. Et si beaucoup d'architectes souhaitent travailler, de préférence, avec certains artisans, n'est-ce-pas aussi dans l'intérêt du bon déroulement des travaux à eux confiés ?
La réflexion et la discussion restent ouvertes.

un maître d'ouvrage

Un maître d'ouvrage (celui qui commande l'opération et en règle le montant), en l'occurrence l'association ARC-EN-CIEL, représentée par son président. Tout au long des seize mois du chantier, une centaine de réunions (parfois deux la semaine) mobilisent Henri, aidé par Jean-Jacques Barnabé, ami aussi efficace que compétent et discret. Discret, il le sera à nouveau quand il nous jouera la mauvaise farce de partir en 90, peu après l'ouverture du hameau.
Mission remplie de bonheur pour le père, rayonnant de joie à la vue de son fils Christophe entrer sous l'arc de triomphe de l'ARC-EN-CIEL. Complicité ici bas ; allant jusqu'au paroxysme dans l'au-delà. Fuyant le bonheur matériel, fuyant l'immense affection de Madeleine qui devient sa mère admirable, le fils n'a de cesse de retrouver son père, ce qu'il fait sept ans plus tard. On se reverra, chers amis, patientez un peu, si vous le voulez bien.
Quand il le souhaite, chaque membre de l'association est invité à venir constater l'évolution de l'ouvrage, puisque l'ARC-EN-CIEL " appartient " à tous ses adhérents.

un maître d'ouvrage délégué

L'importance des travaux est telle, la responsabilité financière si lourde, que les animateurs de l'association prennent la décision de déléguer la maîtrise d'ouvrage à un organisme spécialisé. Partant de cette stratégie, l'ARC-EN-CIEL obtiendra, via le concours de l'OPAC 37 d'une part des prêts à des taux compétitifs, d'autre part la faculté de rembourser sur trente-cinq ans, une partie du prix de journée permettant " l'effacement progressif de la dette ". Vers l'horizon 2025, l'association ARC-EN-CIEL, déjà propriétaire du terrain, par la bonne grâce de la commune de Truyes, prendra le relais de l'OPAC 37, en qualité de propriétaire unique des installations.

A la faveur d'un petit incident diplomatique, mentionné un peu plus loin, nous reviendrons sur le partage de paternité en matière de propriété. La bonne foi voisinant avec la rigueur, tout finit heureusement par s'arranger. Invités par le maître d'ouvrage délégué à se prononcer sur la conformité et la qualité des prestations fournies par les entreprises, des bureaux de contrôle, ingénieurs conseils et divers services départementaux ou nationaux interviennent ponctuellement.

statistiques aux ... orties

Sortant des entrailles de la terre, s'appuyant sur des fondations confortées par un sol pierreux et rocailleux à souhait, les murs pointent suffisamment pour passer à la traditionnelle cérémonie de la pose de la première pierre. Incontournable dans la liturgie d'une construction faisant appel à des fonds publics (en réalité d'origine privée puisqu'issus de la contribution personnelle des citoyens, par levée d'impôts), la réception nous permet d'expliquer aux nombreux invités la disposition des lieux. Articulé autour d'un bâtiment de commandement et de services, le hameau comporte quatre unités de vie, semi-autonomes, de dix chambres chacune. On trouve aussi des sanitaires adaptés, des aires de jeux et d'animation, des cuisines et salles à manger. Deux pavillons de fonction, pour le chef d'établissement et son adjoint, complètent l'ensemble.

Ces deux logements, dans leur distribution due à la sagesse des concepteurs, prennent en compte le taux national de fécondité des couples, légèrement inférieur à deux enfants. Tout va très bien, pensons-nous, puisque les deux cadres recrutés ont " paterné " deux fois l'un et l'autre. Jusqu'au jour où ce qui pouvait arriver ... arriva ! Un troisième enfant chez l'un, deux autres enfants chez un futur directeur-adjoint, mettent très vite en évidence l'étroitesse des lieux.
Voilà comment la naïveté des béotiens que nous sommes, aveuglés par les informations des statisticiens, est mise à rude épreuve et nous obligera à construire à nouveau pour agrandir. Futurs bâtisseurs, au moins êtes-vous prévenus.

Une première pierre est posée

Ce vendredi 17 février 1989, le président du Conseil général, André-Georges Voisin, l'ancien exploitant forestier, jusqu'alors " homme des bois ", devient un spécialiste du béton lorsqu'il donne, dixit le journal local, " un coup de truelle de compagnon ". Retenu et en " résidence forcée " à l'hôtel de la préfecture par la campagne des municipales, le Préfet Pierre Cayron, devoir de réserve oblige, nous écrit ses regrets et ses encouragements.

A l'heure des discours qui précèdent le rush sur les petits fours, Henri, au nom de tous ses collègues, amis, et des enfants, crie avec force l'injustice souvent déchirante qui entoure le traitement réservé aux jeunes adultes handicapés mentaux. Il s'associe à la douleur de deux familles qui ont vu partir, l'une Céline, l'autre Anne.
Vice-présidente de la M.S.A. (mutualité sociale agricole), Henriette Bessé, membre de la commission nationale des handicapés au sein de cet organisme, rappelle l'action prépondérante de ses services, remet deux " images " substantielles et annonce le déblocage d'un prêt sans intérêt pour l'ARC-EN-CIEL.
Conseiller général du canton, ami et supporter de la première heure, James Bordas crie " Enfin ! ". Notre " grande sœur " et complice Michèle Beuzelin, conseillère générale et maman d'une fillette handicapée, n'est sans doute pas la moins heureuse de son erreur de pronostic. Elle rapporte volontiers ses propos initiaux : " lorsque, voici cinq ans, la petite équipe d'alors s'est jetée à l'eau, je me suis dit, Mon Dieu, ils sont fous, jamais ils n'arriveront ". Grâce vous soit rendue car vous avez, dans la pratique, tout entrepris pour nous aider. Merci d'avoir attendu l'adolescence de notre mouvement pour nous révéler votre réflexion initiale.

Il nous revient en mémoire cette citation " une initiative est souvent une désobéissance qui a fini par réussir ".

... d'autres pierres sont scellées

Pour n'avoir pas demandé le renouvellement de sa tâche de président d'Agrifor au plan national, Henri, qui vient de vivre trois mandats consécutifs et très denses, au cours desquels il a sillonné la France, entend désormais se consacrer pleinement à l'activité professionnelle, à la vie associative locale et à sa famille. De tout temps, le bon sens et la sagesse ont commandé de ne point oublier ce havre de paix et cette terre d'équilibre qu'est l'univers familial. Personne n'est assez riche pour s'en passer. Lui opposer la nécessité du stress et le risque de ses méfaits, nous paraît risible, infantile et futile. Préventif ou curatif, le noyau familial apporte le remède à bien des maux, l'aurait-on oublié ?

Sur ces entrefaites, survient un événement, espéré de longue date, banal de nos jours et cependant d'importance dans notre cercle familial, à savoir les noces d'or des grands-parents paternels d'Hélène. Les jeune mariés de 1939 repassent d'abord devant le successeur de monsieur le maire, puis du curé, pour consolider leur union, s'il en est besoin. Au cours de la cérémonie religieuse, en l'église de Cormery. Hélène, assise dans son fauteuil au premier rang, applaudit sans retenue quand son père, en sa qualité d'aîné, redit avec force tout l'amour filial de la fratrie envers ses parents. Le vingtième siècle accompagnait sa quinzième année, l'Alsace et la Lorraine, bien que cousines, demeuraient encore germaines, quand Esther et Henri voient le jour. Ils sont toujours aussi épris l'un de l'autre, un demi-siècle après le partage de leur destinée.

Après la médaille d'or, celle de diamant était espérée : le Ciel ne le voulut point, qui rappela le papy d'Hélène quatre ans plus tard.

Irruption, place Beauvau

Sur le chemin grimpant, épineux et tortueux, menant vers l'ouverture du hameau de l'ARC-EN-CIEL, point n'est besoin de s'affirmer grand clerc pour deviner les difficultés à trouver le financement du seul équipement de cette grande maison, sauf à recourir à l'emprunt. Or comment trouver un banquier qui accepte de prêter deux millions de francs à une horde de parfaits sans-culottes, aussi démunis financièrement qu'ils sont chargés d'espoir et de naïveté ? Comment gonfler le " scoring " (système de cotation établi par le banquier, en fonction de plusieurs critères, notamment l'échelle de risque présenté par le client) cher aux organismes financiers, quand on ne remplit aucune référence élémentaire de fidélité et de capacité à rembourser ?

Pleurer pour apitoyer nos concitoyens sur le sort de nos enfants, et les amener à ouvrir leur escarcelle, ne nous paraît pas un comportement bien digne, et encore moins voué au succès. Envisager de procéder à un hold-up ne réunit aucun suffrage dans nos rangs (heureusement !), que faire, dans ces conditions ?

L'idée nous vient, c'est la force et la vertu d'un groupe, de cogiter puis de décider, d'inviter le " grand public " à donner priorité à l'ARC-EN-CIEL, durant la traditionnelle période consacrée aux versements et dons, susceptibles d'ouvrir droit à déduction fiscale. Et si l'on effectuait les démarches en vue d'obtenir la R.U.P. (reconnaissance d'utilité publique). Consultée, la préfecture d'Indre-et-Loire, sceptique et prudente, nous dirige vers sa " maison-mère ", le ministère de l'Intérieur.

Grâce à l'entregent d'un oncle d'Hélène, bien introduit dans les couloirs ministériels, rendez-vous est pris à Paris. D'où le débarquement place Beauvau, le jour du printemps 1989, de deux envoyés spéciaux de l'ARC-EN-CIEL, dont le trésorier et le père d'Hélène, venus manifester pacifiquement leur volonté d'avancer. On parle souvent des grands directeurs, hauts fonctionnaires faiseurs de pluie et de beau temps, qui survivent à beaucoup de ministres au parcours éphémère.
D'où notre surprise de nous voir accueillis, ce jour-là, par ... une grande directrice, personne charmante, aimable –c'est trop rare pour ne pas le souligner– et porteuse de bons et utiles conseils, pour les ignares que nous sommes, en quête de renseignements.
Questionnant l'un, écoutant l'autre, diffusant son savoir, transmettant son savoir-faire, aux deux émissaires, cette dame qui fait honneur à la fonction publique en général et à son employeur de ministre en particulier, nous explique les voies à suivre et les impasses à ne pas emprunter.
Sauf à s'affilier avec une association ou fédération d'envergure nationale, la reconnaissance d'utilité publique nous est, sinon interdite, du moins inaccessible.
-" Pourquoi ? "-
-" La moitié, au moins, de vos ressources doit provenir du seul produit des cotisations "-
Autant dire jamais, le rêve vient de passer, l'espérance s'est envolée . Venus en pantalon, nous risquons de repartir en culotte courte.

Devinant et voyant notre désarroi, madame la directrice nous suggère de lorgner du côté d'une fondation à ramifications multiples, dans l'hexagone. " A tentacules prédateurs ", répliquons-nous sèchement à notre tour. De source bien informée, nous connaissons parfaitement les procédés, pour le moins surprenants, d'organismes, ayant pignons bien ancrés sur belles avenues. Le ticket d'entrée imposé se veut plus ponctionneur que modérateur, et en toute légalité, faut-il le préciser !
Voilà des parents qui ont connu l'infortune de mettre au monde des enfants à problèmes, soit.
Voilà des gens qui se battent loyalement, soit.
Voilà des militants qui galèrent, soit.
Pour tout égard, on s'affaire à les enfoncer un peu plus, à plonger leur tête sous l'eau. La tonalité de la conversation s'élève de quelques dièses !

Reconnaissance à but exclusif d'assistance et de bienfaisance

En dépit de ses énormes besoins et malgré ses faibles ressources, jamais l'ARC-EN-CIEL ne s'inféodera à aucun groupe et ce, à aucun prix. On est à la lisière du racket et de la prostitution. A choisir, nous préférons la soupe populaire.
Message reçu cinq sur cinq par la dame, qui bat prudemment en retraite et abat sa dernière carte, du moins l'espérons-nous, car, pour l'heure, nous demeurons bredouilles, malgré notre détermination. Tout de go, notre interlocutrice ajoute, sur un ton presque maternel :
-" Vous pouvez déposer une demande auprès de la Préfecture d'Indre-et-Loire, en vue d'obtenir la reconnaissance à but exclusif d'assistance et de bienfaisance "-
Réponse en chœur :
-" De quoi s'agit-il et pourquoi ? (sous-entendu, que ne l'avez-vous pas dit plus tôt, chère madame ? "-

Quand le préfet d'Indre-et-Loire, après des relais rapides et précis, entre ses excellents services et ceux du locataire de la place Beauvau, prend un arrêté en faveur de l'ARC-EN-CIEL, fin décembre 1989, les dispositions prévoient, à quelques détails près, ceci : toute personne physique, adhérant et cotisant à l'ARC-EN-CIEL peut déduire jusqu'à cinq pour cent de son revenu imposable. Une personne morale (société, entreprise, organisme) peut déduire jusqu'à trois pour mille de son chiffre d'affaires.
Si des modifications techniques ont été apportées à ce principe depuis lors, il n'en reste pas moins que cette décision nous accorde d'abord, comme son nom l'indique clairement, une reconnaissance officielle. Si l'octroi du respect est à ce prix, cela vaut bien de croiser le fer. Dans la foulée, les donateurs vont bientôt chausser leurs lunettes, armer stylos et calculettes, pour la traditionnelle cérémonie de déclaration annuelle des revenus et, ce faisant, grossir les rangs de nos supporters.

Reçue au courrier quelques heures avant Noël, voilà une nouvelle à l'allure de hotte garnie, qui réjouit le cœur de nos enfants. Des plis circonstanciés partent aussitôt pour remercier, comme il se doit, tous les acteurs de cet heureux dénouement. Avec le recul, quand on se remémore la négociation mal engagée du 22 mars, l'impasse évitée de justesse, on sent comme un frisson dans notre dos ! Constatation souvent vérifiée par la suite : plus les interlocuteurs, représentant l'administration face au " grand public ", occupent une place élevée dans la hiérarchie, plus le comportement des fonctionnaires est de qualité. Mystère ?

Si nos concitoyens n'ont pas tous les droits face aux fonctionnaires, ces derniers sont porteurs d'obligations de résultats. C'est à ce prix, et à ce prix seulement, que l'on verra se réconcilier l'administration et ses usagers. En réalité, tout le monde, sans exception, appelle de ses vœux les plus chers un service public de qualité. Une nation rayonne d'autant plus qu'elle s'appuie sur un corps administratif aimé et respecté. Au plus profond de nos cœurs, nous sommes tous demandeurs.

En deux coups d'aile

Mis sur orbite par le printemps, l'été nous livre son lot d'événements où les faits riment avec les fêtes : ainsi une importante rencontre avec la vice-présidente du Conseil général, puis une tonifiante et encourageante pièce de théâtre jouée par de jeunes collégiens dans l'amphi de l'école supérieure de commerce de Tours, et un aller-retour aérien, Henri aux commandes, à la Rochelle, pour les membres de la commission d'équipement, afin de sonder sur le site du constructeur la qualité du matériel de balnéothérapie. A la suite de ce rapide voyage (c'est relatif, car un petit avion de tourisme ne vole guère plus vite que ne roule une voiture sur autoroute, mais il avance tout droit et rien, ou presque, ne l'arrête), l'association affecte son premier investissement important à l'achat de quatre baignoires à hauteur variable.
Geste responsable et citoyen de la part des membres de l'association, face à leurs partenaires institutionnels ; ce premier achat, de taille, rend précisément la taille plus fine à notre petit trésor de guerre, encore bien peu enrobé ! Fabriquées en toute petite série, voire à la demande, ces indispensables baignoires coûtent " la peau des fesses " et rappellent, toute échelle gardée, le différentiel de prix entre une " Rolls Royce ", fécondée au compte-gouttes, et l'automobile de Monsieur Tout-le-Monde clonée et reclonée sur les chaînes de fabrication.

Le mur se lézarde, un rideau tombe

La fin de l'été nous replonge dans l'odeur de l'embrocation et l'ambiance de la course à pied sur route. Près de mille concurrents répondent à notre appel, pour la deuxième édition de l'épreuve " ARC-EN-CIEL OXYGENE " évoquée à travers un chapitre prochain.
De la course à la soirée caritative, il n'y qu'une … foulée. Nous traversons le Cher pour une soirée donnée au château de Chenonceaux, en faveur de

l'ARC-EN-CIEL. Nouvellement créé, le Lions Club Chenonceaux Val de Cher tient son premier chapitre, ce qui provoque une émouvante et belle cérémonie, au cours de laquelle les notes de la Marseillaise proviennent d'un orchestre composé uniquement d'instruments à cordes.

Sous la poussée d'une population éprise de liberté, le mur de Berlin, érigé honteusement, hérissé de barbelés, dans la nuit du 12 au 13 août 1961, tombe le 9 novembre 1989. Les textes nés du partage de Yalta viennent de prendre un sérieux coup de canif, les deux Allemagne, hier encore siamoises, rejoignent le giron familial pour un difficile apprentissage de la vie en fratrie. Vingt-huit ans, ou une génération de conflits de voisinage !

Quant aux pays satellites de ce qui sera vite l'ex-URSS, brisant leurs chaînes, fuyant l'oppression, aspirant à une forme d'indépendance jamais connue pour certains, ils vont apprendre, avec des fortunes diverses, les premiers rudiments de la démocratie et de l'économie de marché. Le totalitarisme et son valet le communisme prennent soudain un sacré coup de vieux.

L'Histoire nous rappelle que l'oppression finit par terrasser ceux-là mêmes qui s'y livrent. Et les hommes droits et justes se réjouissent de voir les victimes, abattues ou vivantes, en sortir grandies. Car il y a toujours une justice dans l'au-delà, à défaut de celle des hommes ici bas.

Strip-tease !

Voulant peut-être marquer un peu plus sa différence dans la séparation, un autre Christophe dit " Titi ", à qui un lit était promis à l'ARC-EN-CIEL, nous joue un mauvais tour et n'accompagne que trois jours l'an 90. On te connaissait farceur, on te savait plein d'humour, mais de là à nous tirer ta révérence ... Adieu, non point, mais tout simplement au revoir, merci de nous préparer la demeure pour la dernière étape ...
Désormais les faits vont s'enchaîner à une vitesse vertigineuse et avec une logique parfois impressionnante.

Contre toute attente, Henri, qui n'a jamais sollicité aucun mandat électif, est élu premier vice-président de la chambre des métiers d'Indre-et-Loire. Pour autant, l'objectif vers lequel nous tendons tous, qui nous mobilise et nous galvanise, demeure l'ouverture du hameau de l'ARC-EN-CIEL.
Dans le monde, dans le grand sud africain précisément, un homme aux

poignets et aux chevilles longtemps entravés et meurtris par les chaînes, reprend goût à la liberté. Symbole d'une population noire nettement plus nombreuse en Afrique du Sud, Nelson Mandela est libéré par une minorité de blancs. Ceux-là sont assez sages pour pressentir le risque d'explosion du couvercle de la marmite et courageux pour prendre une décision face aux extrémistes. Dès lors, rien n'arrêtera le processus en marche, écrivant une nouvelle page d'histoire qui mènera le " leader black " au poste de président de la république sud-africaine, quelques années plus tard.

Revenons en France, et en Touraine plus spécialement, où un nouveau spectacle, de cabaret cette fois, est donné au profit de notre association, organisé par les membres du Lions Club de Tours-Nord, salle Raymond Devos, à Monnaie.
" Tous les goûts sont dans la nature " a-t-on coutume de claironner. Les organisateurs ont cru bon de servir en hors d'œuvre, ou en pâture, un spectacle " d'effeuillage ", interprété par une strip-teaseuse de service. La fille a tôt fait de se rhabiller, tellement elle est mise sous l'éteignoir et sous le peignoir, par la qualité de la prestation qui suit.

Une fille à papa

La vedette de la soirée n'est autre que Suzanne Gabriello, pétulante comédienne, chanteuse pleine de verve, chansonnière en diable, digne héritière du célèbre Gabriello. Ancienne " fille à papa ", tout comme ses copines Françoise Dorin et Pierrette Souplex parce qu'elles réunissaient ce point commun d'avoir chacune un père chansonnier et d'avoir épousé la profession, elle fait ses débuts au cabaret dans les années 50, puis à l'Olympia.

A la fin de la séance, son numéro terminé, l'artiste prend la parole sur scène. C'est son cœur qui parle, à coup sûr, des enfants handicapés mentaux, avec un tel accent de sincérité qu'un silence pesant plane sur la salle. Cette grande dame domine son sujet, excelle dans l'art de capter l'attention des spectateurs et s'illustre par des propos très forts, montrant bien qu'elle sait de qui et de quoi elle parle. Des parents militants ne s'y prendraient pas mieux.

Spontanément, le courant passe entre la comédienne et les spectateurs, notamment les membres de la délégation de l'ARC-EN-CIEL, impressionnés. De propos en échanges, de visites en rencontres –Suzanne

séjournera sous notre toit familial– cette grande comédienne deviendra la marraine, trop vite partie hélas, de l'ARC-EN-CIEL.
-" Je n'ai pas fait la guerre, j'ai fait la campagne des hôpitaux pendant cinq ans " avait-elle coutume de dire. Suzanne croyait dur comme fer avoir gagné la bataille contre le cancer.
Au début du printemps, la vice-présidente Jacqueline André, ainsi qu'Henri, passent sur les ondes de " radio bleue ", conviés par l'animatrice Brigitte Simonetta à parler du prochain démarrage du foyer. Le même jour, Marie-Hélène Mathieu, défenseur infatigable de la cause des personnes handicapées mentales, reçoit les délégués au siège de l'office chrétien des handicapés. Un coup de pouce bienvenu ponctuera cette rencontre. Promue récemment officier dans l'ordre de la Légion d'Honneur, cette noble dame mérite sans conteste la distinction qui lui a été attribuée.
Des moments forts sont inscrits au calendrier de la vie de l'association, comprenant notamment le recrutement du futur chef d'établissement. Plusieurs candidats, tous de qualité, sont auditionnés au cours de longs entretiens qui doivent nous permettre de choisir, en notre âme et conscience, un chef d'établissement à qui nous allons confier le soin d'accueillir nos enfants et la destinée du foyer.

Réunions +++

A un rythme soutenu, les réunions se multiplient. Pour ne pas perturber son emploi du temps, Henri profite souvent d'un repas pour inscrire un échange au menu. Le record est atteint lors d'une journée printanière, où, entre midi et minuit, cinq rencontres se déroulent, notamment liées à l'obtention des postes de travail et à la fixation du fameux " prix de journée ", qui codifie le fonctionnement quotidien de la maison.
De style " marchands de bestiaux " (et encore les intéressés auraient-ils du mal à s'y retrouver), des négociations sont menées, au cours desquelles l'art de la diplomatie et le nécessaire respect de la personne humaine handicapée éprouvent quelques difficultés à cohabiter. Nous sommes là pour apprendre, le Ciel nous prête la santé et nos chères têtes blondes ou brunes attendent tellement de nous. Et pendant ce temps, divine surprise, l'entreprise artisanale des parents d'Hélène continue de tourner et de bien tourner.
Malgré la voracité de notre engagement bénévole au service de la vie associative qui dépasse largement le temps partiel, les résultats professionnels dégagés nous amènent aujourd'hui, avec le recul, à saluer et remercier tous nos complices, sans exception ni réserve.

Une drôle de pub'

Plusieurs mois avant l'ouverture de notre maison d'accueil spécialisée, la commission d'équipement visite des références, avant d'arrêter notre choix quant à l'achat de lave-linge industriel. A l'entrée d'une maison de retraite située dans la périphérie de Tours, les membres de la commission tombent en arrêt devant un panneau, conçu par le lotisseur, dont le contenu ne manque pas de surprendre. Les choses en restent là …

… Comme il est de tradition, les travaux terminés, le bailleur convie le futur occupant à la visite des lieux, qui se ponctue par la remise officielle des clés. Peu de temps auparavant, Henri découvre avec stupéfaction, à l'entrée du hameau ARC-EN-CIEL, une pancarte cousine germaine avec celle aperçue un peu plus tôt, près de Tours. Que lit-il ? " Hameau Arc-en-ciel, propriété de l'OPAC 37 ". Rien de moins.

Sûr de la communion de pensée et de l'identité de réaction de ses amis, son sang ne fait qu'un tour. Stoppant sa voiture, il sort ses outils. Guidé par un sentiment de rébellion responsable et contrôlée, il démonte la plaque avec précaution et la range soigneusement, prenant soin d'en informer ses collègues. Fuite accidentelle ou organisée, la nouvelle parvient aux oreilles du directeur de l'office, lequel menace, peste et tempête. Il en faut beaucoup plus pour lézarder la solidité et la sérénité du groupe ARC-EN-CIEL. Suivent quelques propos et situations cocasses, dignes de figurer dans une pièce de vaudeville !

Clés, humour et diplomatie

La suite, comme au théâtre, ne se fait guère attendre, les spectateurs comprendraient mal. Le jour " J ", le patron de l'office part dans un discours au milieu duquel il annonce se trouver dans l'impossibilité de remettre les fameuses clés, tant que …la non moins fameuse pancarte ne serait pas restituée et remise en place. D'abord aimables, comme il se doit en notre douce Touraine, les mots échangés montent en tonalité pour s'éloigner assez vite du langage académique, habituellement châtié et volontiers " faux-cul " en pareille circonstance. Tour à tour, Michel Juvené, prédécesseur d'Henri, puis Valentine, enfin Henri, dégainent et lâchent leurs arguments. Michel relate avec force conviction les nombreuses réunions, parsemées de nuits blanches, les yeux rougis de fatigue au petit matin, à la reprise du travail quotidien.

Froissée dans son cœur de militante et de mère, Valentine croit bon d'ajouter :
-" Comme beaucoup de ménages, mon mari et moi avons construit un pavillon. La banque qui nous a accordé sa confiance n'a pas cru nécessaire de nous imposer un panneau avec son logo, sur le bord de la route "-
Le coup est parti, l'argument a frappé, on va le constater.
Quelque peu irrité et révolté, Henri s'empresse de rappeler à son interlocuteur les règles du contrat, au terme duquel l'ARC-EN-CIEL s'engage à verser des honoraires à l'OPAC.
-" Le partenariat, oui, la prédation, non "-
Pour preuve de notre bonne volonté, le père d'Hélène remet solennellement le … panneau retrouvé sur la voie publique (sic) et rangé depuis en lieu sûr, pour prévenir tout acte de vandalisme. Personne n'est dupe, point n'est besoin de se contorsionner pour deviner le sourire entendu des autorités présentes.
Du fond de son impasse, le responsable cherche à ressurgir et rejoint l'argumentation de la " collègue de monsieur Gaumé " (ignorant la double casquette de Valentine, épouse d'Henri et mère d'Hélène). Sur-le-champ, il propose un compromis à l'aspect d'amendement, dans le plus pur style de la navette parlementaire. Après un rapide échange et tour de table, le texte suivant est adopté, flanqué immédiatement de son décret d'application : " Hameau ARC-EN-CIEL, réalisation de l'OPAC 37 ". D'où l'importance du mot choisi, pour modifier grandement l'esprit et la philosophie d'un texte. Les indispensables clés nous sont remises. La séance est levée !
Comme nous sommes en présence de gens bien élevés, l'âpreté du débat n'empêche nullement le respect, d'autant que la solution négociée permet de tourner la page et contourner l'obstacle. Depuis ce franc contact, les deux parties se sont liées d'estime et de considération, l'OPAC poussant l'égard –ou la malice– jusqu'à nous offrir, à chaque édition de la course ARC-EN-CIEL OXYGENE, trois coupes offertes aux vainqueurs. Quant à savoir, question du même interlocuteur, s'il fallait graver sur les coupes " propriété de l'OPAC 37… "
Quand l'ombre de l'humour passe par toutes les couleurs de l'ARC-EN-CIEL !…

Incapable majeure

2 mai 1990. Hélène, pour ses dix-huit ans, atteint le seuil de la majorité républicaine.
Prenons la liberté d'ouvrir la discussion quelques instants. Bien portants ou

infirmes, ordinaires ou " extraordinaires ", les jeunes qui atteignent le cap de la dix-huitième année restent, pour la plupart, dépendants de leurs parents, tant pour la subsistance alimentaire que financière. Dans quel état végéteraient les estomacs et les portefeuilles des " jeunes adultes-encore-ados" sans le secours opportun et providentiel de la manne parentale ?

Oublions, un court moment, les motivations de celui qui abaissa la majorité électorale de vingt et un à dix-huit ans, au tout début des années 80. Chevaleresque pour les uns, électoraliste pour les autres, le président Giscard d'Estaing apprit à ses dépens et paya chèrement cette décision lors de la présidentielle de 1981. Voici quelques décennies seulement, nos jeunes concitoyens " bossaient " déjà depuis sept ans en moyenne, avant de franchir la majorité.

Munis de leur certificat d'études primaires en juillet, ils devenaient opérationnels dans le monde du travail dès le lendemain de leur bonheur, ou, au plus tard dans les jours ou semaines suivants.
Aujourd'hui, et demain plus encore, nos jeunes bardés de diplômes posent et poseront rarement le pied dans une entreprise avant l'âge de vingt-cinq ans. Le laps de temps entre la majorité et l'entrée effective dans le monde du travail grossit à vue d'œil et prend une amplitude par trop indécente et indigeste. Au train où vont les choses, l'école, sous toutes ses formes, accueillera bientôt des élèves d'âge canonique, sous l'auguste prétexte de faire reculer le chômage. De quoi nous donner de l'acné, qui, sans être sénile, n'a plus rien de juvénile.

Jusques à quand nos responsables politiques, pouvoir exécutif et législatif réunis, continueront-ils de prendre leurs décisions, non pas en fonction de l'intérêt général de notre pays, mais tout simplement pour ne pas déplaire à leurs chers électeurs, en vue du prochain renouvellement ? Ah ! s'ils savaient le réflexe zappeur de leurs ouailles au plus profond de l'isoloir, s'ils pensaient d'abord démocratie, avant démagogie !
Montagnards et girondins de voilà deux siècles, socialistes et républicains d'il y a un siècle, gens dits de gauche et gens dits de droite d'aujourd'hui, futurs progressistes et conservateurs du troisième millénaire, le dévouement à la " res publica " (la chose publique, la république) a-t-il guidé, guide-t-il, guidera-t-il, un jour, vos pas ?

A la veille de son entrée à l'ARC-EN-CIEL, et sur la demande de ses parents, Hélène est convoquée devant le juge des tutelles. Bien sûr, sa mère et son père l'accompagnent pour solliciter sa mise sous tutelle. Même s'agissant de la chambre du conseil et d'une audience privée, la magistrate qui nous reçoit, présidente du tribunal d'instance, nous toise de sa hauteur, assise sur un plan surélevé, et de sa distance, puisque plusieurs mètres nous séparent. Dans tous les prétoires où la justice est rendue au nom du peuple français, un espace, à géométrie variable suivant les lieux, dit zone de droit, sépare toujours le juge du corps des justiciables, le " vulgum pecus " (le commun des mortels, peuple des ignorants).

" Selon que vous serez puissant ou misérable ... "

Dans un style haché à la tonalité élevée, la représentante de l'ordre judiciaire démarre son interrogatoire –déformation oblige– sur un rythme soutenu. Point besoin de dialogue, tant le débit du verbe est vif, laissant à la réponse un espace temps des plus réduits. Manifestement, Valentine la mère, Henri le père et tuteur, se sentent agressés et à coup sûr traités tels des parents débiles mentaux d'une enfant débile mentale. " Comme si les parents, adultes et responsables, portaient le poids d'une faute dont l'enfant ferait les frais " (Paule Giron - " la mère empêchée " éditions Le Seuil).

Porte-parole d'Hélène, Henri se contente du minimum légal, avec seulement des oui et des non, au menu principal de ses répliques. A l'issue de l'interrogatoire-monologue, le verdict tombe, sans surprise. Désormais, notre chère petite Hélène, hier incapable mineure, devient une INCAPABLE MAJEURE aux yeux de la société, c'est officiel. Nous le savions, nous le devinions, nous étions pourtant préparés, mais notre cœur reçoit une flèche, sans doute pas suffisamment acérée pour causer une blessure mortelle, mais quand même ... Peut-être te souvient-il, Hélène chérie, d'avoir vu, ce jour-là, tes parents essuyer une larme ? Aujourd'hui, à l'écriture de ces lignes, ils te demandent pardon pour ce moment d'égarement. Aide-les à redresser leurs épaules, un peu trop voûtées déjà.

Au moment de prendre congé, le juge des tutelles nous interroge, hors séance, à l'effet de connaître le lieu de résidence d'Hélène.

-" Hélène va quitter l'hôpital pédo-psychiatrique de Saint-Benoît dans quelques jours, pour intégrer le hameau ARC-EN-CIEL, à Truyes, créé par des familles, à l'issue d'un parcours de galériens. J'assume actuellement la présidence de l'association "-

A l'audition de ces quelques mots, notre interlocutrice opère un 180° dans son comportement. Distante et hautaine l'instant d'avant, la voici

chaleureuse, presque complice, prête à nous dérouler le tapis rouge.
-" Il me plairait de visiter cet établissement " ajoute-t-elle
-" Qu'à cela ne tienne ", réplique Henri, " nous serons heureux de vous accueillir "-

Bienvenue pour la magistrate, une promotion-mutation survient presque aussitôt, anéantissant tout espoir de visite. Dommage pour tous.
N'est-ce point Jean de la Fontaine, trois siècles plus tôt, qui écrivait :
-" Selon que vous serez puissant ou misérable, les jugements de cour vous rendront blanc ou noir "- (les animaux malades de la peste) ?
A l'approche du 21ème siècle, le fabuliste-pamphlétaire du 17ème siècle fait toujours école.

Ouf, enfin !

20 juin 1990. Jour de joie que ce jour-là !
Hélène compte parmi les premiers résidents qui pénètrent dans leur nouveau domicile, à savoir la hameau de l'ARC-EN-CIEL. Joie partagée dans les semaines qui suivent par quarante jeunes et autant de familles.

Le directeur du foyer prend l'heureuse initiative de " charger " progressivement l'établissement qui va soudainement regrouper des personnes inconnues entre elles, tant les membres du personnel que les résidents. Tous sont appelés à cohabiter désormais sous un même toit, les uns mettant leur savoir-faire à la disposition des autres, pour leur plus grand bonheur. Rappelons simplement que certains nouveaux venus proviennent directement d'établissements de psychiatrie adulte. Si la prise en charge technique pouvait être qualifiée de convenable, eu égard aux règles de l'art, le traitement humain, sans être condamnable, laissait fort à désirer.

Henri note simplement, sur son calepin quotidien : " ouverture de l'ARC-EN-CIEL, à Truyes, et entrée de notre petite Hélène. Puisse-t-elle y vivre heureuse, longtemps ! "-
Oui, longtemps et heureuse.

CHAPITRE 8

UN HAVRE DE PAIX ET DE JOIE

Un raté dans le moteur

Encore dans la joie de l'ouverture, il nous faut rapidement déchanter : un premier nuage apparaît à l'horizon, menaçant. Certes, les difficultés rencontrées sur le chemin ont sérieusement usé les organismes, certes le montage du dossier a révélé çà et là des signes d'incohérence, certes les négociations destinées à fixer le prix de journée ont montré une complexité qui nous échappait, mais nous n'avons pas bu le calice jusqu'à la lie. Sans aucun doute notre naïveté n'a d'égale que notre détermination et notre foi en l'avenir.
Il nous en faut quand le facteur apporte au directeur du hameau, Philippe Boireau, l'arrêté préfectoral, corrigeant sérieusement à la baisse les promesses verbales faites par la DDASS lors des discussions préliminaires, juste avant l'ouverture. Le hameau ARC-EN-CIEL compte parmi les rares établissements expérimentaux, lancés par le ministère des affaires sociales et administrés sous le régime de la double tarification. A hauteur d'environ 37%, le forfait soins est payé par la CRAM (caisse régionale d'assurance maladie), via la DDASS. Quant au forfait hébergement, il est pris en charge, pour 63%, par le conseil général, qui confie cette mission à la DPAS (direction de la prévention et de l'aide sociale). Nos jeunes " adultes " mettent aussi la main au portefeuille, qui reversent 88% de l'AAH (allocation d'adulte handicapé) au conseil général. En matière de raffinement teinté de cruauté, on fait fort ! Qui connaît plus et mieux ?

Tout paraît simple, s'il ne nous manquait, au moment de prendre le départ, quarante francs. Oui, quarante francs, c'est peu et ce faible montant, pris isolément, peut provoquer des sourires entendus. Par contre, ce chiffre devient insupportable quand il convient de le multiplier au quotidien par quarante, soit le nombre des occupants, et à l'année par trois cent soixante-cinq. Un simple exercice de calcul mental laisse entrevoir un déficit prévisionnel de plus de cinq cent mille francs, dès le premier exercice, somme ridicule pour certains clubs de football qui défraient alors la chronique, mais énorme pour nos épaules déjà bien alourdies.
Au-delà d'un conflit d'apparence anodine et banale, aux yeux d'un public non averti, l'enjeu s'annonce de taille, à court, moyen et long terme. Et vital pour l'avenir de notre maison.

Doté d'un prix de journée non point luxueux, ne rêvons pas, mais simplement confortable et décent, un établissement à caractère éducatif et sanitaire peut dormir tranquille, sauf à s'engager dans certaines dépenses somptuaires qui n'auraient pas reçu l'aval des autorités de tutelle.
Par contre, le souvenir reste gravé, fraîchement imprimé dans notre mémoire, d'une M.A.S. d'un département voisin, –à qui l'enfer est promis- - prise à la gorge pour avoir accepté un prix de journée insuffisant et très au-dessous du seuil de la décence. Peu d'années après l'ouverture, les dirigeants demeurent incapables de lutter contre l'usure et la dégradation normales, dans un environnement plus proche du décor carton-pâte de cinéma que d'une construction traditionnelle en dur. A nos yeux, laisser se cimenter l'alliance de l'outrage du temps avec l'agression d'une administration, relèverait du renoncement de notre part et de la provocation de la part de nos pourfendeurs.
Pourquoi cette volte-face, pourquoi une telle hargne à notre adresse, pourquoi nous asséner un pareil coup bas… dorsal ? Quel crime ou délit avons-nous commis ? Pourquoi une aventure simplement basée sur l'amour et la tendresse des uns provoque-t-elle le mépris, la haine et la répression d'une oligarchie locale au parfum d'injustice ? Séduction, intimidation, menaces, aucun ingrédient ne vient altérer notre détermination.
Un bref retour en arrière s'impose, pour la clarté de la lecture.
Michel Juvené, alors président, a fort courageusement refusé, en phase de montage du dossier, la perche empoisonnée tendue par l'administration.
-" Acceptez le site jouxtant l'hôpital de Saint-Benoit et les travaux débuteront beaucoup plus vite… "-
Proposition bien alléchante pour qui attend une solution urgente !
Le " niet " franc, massif et immédiat opposé très logiquement par le responsable de notre association aurait pu provoquer l'avortement du projet, ficelé à Paris, gelé à Tours. Il en retarda la naissance, sûrement. Choquée devant la résistance inattendue autant qu'inhabituelle, la DDASS tenta de privilégier un autre dossier, porté par nos collègues et amis de l'Adapei. Les deux bébés virent le jour, presque jumeaux. Tant mieux pour les enfants, tant mieux pour les parents qui n'étaient pestiférés ni d'un côté, ni de l'autre.
Logique ou ironie du sort, l'établissement de Saint-Benoit déménage, dix ans plus tard, et quitte le site pour se rapprocher de Tours. S'il est un reproche que l'on peut t'adresser, Michel, n'est-ce pas celui d'avoir eu raison trop tôt.
Henri ne fait qu'exprimer le sentiment de tous les membres de l'association lorsqu'il déclare textuellement à la presse, le 22 juin 1990 :

-" Ce n'est pas parce que nos gosses sont handicapés, pliés, courbés, tordus, qu'on doit les mettre dans des lieux moches "- Ceci pour répondre à des propos que la bienséance nous interdit de reproduire.
Dans ce registre, chaque palpitation de notre cœur apporte le message qui nous est adressé par nos enfants combattants du silence. Très clairement, ils nous disent :-" battez-vous, ne baissez pas les bras "- Dépêche reçue cinq sur cinq.
Ni mannequin, ni épouvantail, Hélène porte des habits simplement beaux, d'une délicate sobriété, comme toutes les jeunes filles de son âge, comme elle en déciderait seule, si…

Si vis pacem, para bellum (si tu veux la paix, prépare la guerre)

Réuni d'urgence, le conseil d'administration examine en détail la situation, avant d'arrêter la stratégie à venir.
Une ultime tentative de négociation avec la CRAM, abritée derrière les directives nationales, enfermée dans son obstination, se termine par une fin de non-recevoir.
Il nous appartient désormais de partir à l'abordage ! Où, quand, comment ? Plusieurs pistes sont envisagées et auscultées.
- Ou renoncer à l'embauche de quatre salariés, le manque à recevoir représentant, peu ou prou, les salaires et charges de quatre personnes en E.T.P. (équivalent temps plein).
Il n'en est pas question un seul instant, la solution s'avère trop facile et peu glorieuse, au risque de porter atteinte à la qualité du service espéré.(*) Henri n'y va pas par quatre chemins pour convaincre facilement ses collègues, illustration à la clé :
- " Trois d'entre nous ont visité récemment une maison de retraite, à l'intérieur de laquelle, faute d'effectifs sans doute et de conscience professionnelle peut-être, " ça sentait la pisse " partout. Jamais ça à l'ARC-EN-CIEL ! "
- Ou faire irruption dans les locaux de l'administration concernée, en compagnie de nos enfants, les médias préalablement invités.

(*)En l'an de grâce 2000, passage aux 35 heures et réduction du temps de travail obligent, les responsables de l'association rencontrent de grosses difficultés, d'ordre humain et financier, aggravées par le renvoi permanent de balle entre les services de l'Etat et du Département. C'est l'un des points faibles de la double tarification.

- Ou organiser une manif', en plein centre de Tours, sur la place qui porte le nom d'un grand homme, Jean Jaurès, épris de justice et d'équité, qui eut à coup sûr épousé notre cause. Pour autant, piétons et automobilistes tourangeaux de juin 1990 auraient-ils compris notre démarche ?
Le temps nous presse, certes, mais nous ne pouvons pas perturber le démarrage de l'établissement. Confondre vitesse et précipitation irait à l'encontre de l'objectif visé.

Passé le débat nocturne qui nous rassemble, nous décidons de répandre l'information tous azimuts, incluant l'arrosage des médias. Tour à tour, presse écrite, radios et télés locales passent le message de l'angoisse et de l'injustice qui perturbent nos rangs. Un excellent article, sous la plume de Pierre Imbert, relate nos difficultés, dans les colonnes de la Nouvelle République, en date du 22 juin. Le père d'Hélène tire le signal d'alarme, lors des actualités régionales du 25 juin, –ça commence à déranger– et provoque un point-presse le 26, auquel sont conviés, entre autres, les huit parlementaires du département.

D'aucuns participent en personne, d'autres délèguent leurs assistants parlementaires. Pas de clivages, tous nous soutiennent. Chacun repart avec, sous le bras, un dossier qui ne laisse planer aucun mystère quant à la justesse de notre combat. Pour ajouter l'indispensable corde réglementaire à l'arc de notre démarche, rendez-vous est pris avec le Préfet pour le 9 juillet.
Ces précautions étant prises et notre balisage terminé, le quotidien reprend ses droits avec l'audition de plusieurs candidats au poste de comptable-économe, avec la préparation d'un concert vocal, avec la rencontre de notre amie vice-présidente du conseil général en vue de débloquer les premiers sous du fonctionnement. Avec aussi la réception de la délégation d'une grande banque (Crédit Agricole) qui garnit notre corbeille de naissance en nous offrant la somme nécessaire à l'achat d'une petite voiture de fonction. Des financiers sont aussi des gens de cœur.

Chez les verts... irlandais

Force est de constater qu'après de pareils débuts agités et semés d'embûches, les difficultés rencontrées ont laissé des traces dans les organismes. Desserrer l'étau de la pression paraît une nécessaire priorité aux parents d'Hélène. L'opportunité d'un voyage en groupe, destination la verte Irlande, tombe à point pour décompresser. A deux heures de vol de

Paris, l'Eire offre l'éventail complet du parfait remède au stress quotidien. Valentine et Henri sautent sur l'aubaine.
Beauté sauvage du paysage et de l'environnement, inégalable qualité d'accueil, gentillesse naturelle des irlandais, rythme de vie propre aux gens qui savent se hâter lentement, font de l'Irlande un pays séduisant. Seule, l'épreuve de " l'irish coffee " (café irlandais, composition dans laquelle le whisky s'installe en force), pose problème, par sa fréquence, aux " blancs-becs " que nous sommes, face à de solides autochtones à la tronche burinée et couperosée, qui traduit peut-être l'absorption de boissons assez éloignées de l'eau de mer.
Tous les événements sportifs, quelle qu'en soit l'issue, donnent matière à " repas liquide ". On arrose les victoires, mais on sait aussi noyer les défaites. De véritables seigneurs, des gentlemen spécialistes de la troisième mi-temps. Voilà bien une identité que nos amis défenseurs du " fighting spirit " (esprit combattant), cher aux rugbymen, entre autres, savent si bien préserver. De l'enthousiasme, il nous en faut avant la rencontre, décisive selon nous, chez le Préfet.

Dans l'attente, très attendue, de la subvention d'Etat destinée à financer une partie de l'équipement, sorte de D.G.E. (dotation globale d'équipement, prisée des communes), l'association a bénéficié d'une immense chaîne de solidarité. Entre les petits apporteurs, personnes physiques, et les gros " investisseurs ", personnes morales, la liste est longue et révélatrice, depuis les mutuelles, caisses de retraite, caisses d'assurance vieillesse, jusqu'aux offices et divers organismes, en passant par les Lions clubs, des nombreux maillons la constituant.
A l'heure des premières échéances, cette remarquable générosité spontanée nous permet de satisfaire nos fournisseurs, qui comprendraient mal le retard de l'Etat, dont le pactole nous parviendra bien après l'ouverture, via la DDE (direction départementale de l'équipement). Deux ministères (affaires sociales et équipement) pour aider à l'accouchement du bébé : c'est nous faire beaucoup d'honneur, décidément.

Tempête sur la Préfecture !

Tonifié par l'air vif du Connemara, Henri conduit la délégation ARC-EN-CIEL, le 9 juillet 1990, à la Préfecture. Le past-président, le vice-président et le directeur accompagnent le responsable de l'association, la distribution des rôles ayant été bien répartie et la leçon apprise par cœur. Des échanges épistolaires et téléphoniques ont précédé notre venue, tout est ficelé, les

distinguées secrétaires du cabinet du Préfet sont aussi souriantes qu'efficaces, à Tours.
Bien qu'annoncés et ponctuels, nous nous heurtons à l'huissier de service qui s'oppose à notre entrée dans le salon d'attente, " tant que n'est pas réglé le cas de ma propre fille, postulante à la fonction de... secrétaire de l'établissement ", poste déjà pourvu et en un seul exemplaire ! A la vérité, cette personne, chaudement recommandée par un important personnage de " l'échiquier " tourangeau, n'a pas été retenue, à l'issue d'une sélection opérée dans les règles de la transparence. Un point c'est tout.
Bien que le sujet ne soit pas inscrit au programme, nous donnons une brève et ferme explication à notre cerbère, qui n'en demande pas plus devant notre collégiale et unanime détermination. La Sicile ferait-elle école en Touraine ? Contrit, penaud et ronchonnant, le même concierge consent à libérer le passage, ayant parfaitement compris notre impatience à ne pas stationner plus longtemps sur le paillasson.
Curieuse mise en jambes pour pénétrer dans le bureau du Préfet, qu'Henri a déjà rencontré au niveau de ses responsabilités consulaires et qui nous reçoit fort civilement. Demi-surprise pour notre quatuor, le représentant de l'Etat est flanqué du directeur de la DDASS. L'atmosphère se tend un peu. Les traditionnelles présentations évacuées, on entre dans le vif du sujet. Le Préfet invite le président à s'exprimer. Pas question de bégayer :
-" Monsieur le Préfet, alors que nous baignons encore dans la joie de l'ouverture du foyer, nous vous invitons à prendre date pour... les funérailles dans un an "-
Rude langage en vérité. Ce sont, très fidèlement rapportés, les propos tenus par Henri. D'entrée de jeu, le ton est donné. Après une courte période de froid silence savamment entretenu dans nos rangs, le haut fonctionnaire, un peu surpris, reprend les rênes de la conversation et tente une percée :
-" Vous me paraissez bien pessimiste... "-
Tour à tour, Michel Juvené et Pierre Lecomte parlent d'incompréhension devant la raideur de l'administration, obstinée à suivre les directives nationales pour justifier le refus des quatre postes indispensables. Preuves à l'appui, nos deux collègues évoquent la difficulté de la double tarification et l'ambiguïté de la situation, un peu ubuesque sur les bords. D'une part, le département attend l'arrêté définitif du prix de journée, fixé par la DDASS, en ce qui concerne le forfait soins, pour ensuite confirmer le sien, au niveau du forfait hébergement. D'autre part, la DDASS et la CRAM, qui s'en tiennent viscéralement aux directives du ministère, nous rétorquent qu'un éventuel dépassement du plafond est subordonné à une étude médicale qui déterminera " sur des critères exclusivement médico-techniques, de l'opportunité d'une dérogation. "

Qu'en des termes choisis ces choses-là sont dites. Discours à faire trembler dans sa tombe ce qu'il reste de la dépouille mortelle de Corneille... Comme si les autorités de tutelle, serviteurs zélés, ne connaissaient ni le pedigree ni le cursus de nos résidents. Pourquoi faire simple, quand on peut faire compliqué ? Un peu de décence messieurs.
Invité à s'exprimer à son tour, le directeur de l'ARC-EN-CIEL développe ses arguments. Fin connaisseur du débat, il ne manque pas de souligner l'écart important entre les prix pratiqués dans notre foyer et ceux de psychiatrie, allant du simple au double. Curieusement, la démonstration avancée, béton à nos yeux, laisse de marbre nos interlocuteurs.
Nous en sommes toujours au hors-d'œuvre de la discussion... Fatigué des ronds de jambe, Henri va risquer une sortie pour inscrire le plat principal au menu de l'entretien :
-" Monsieur le Préfet, m'autorisez-vous à regarder Monsieur le Directeur, droit dans les yeux, quelques instants ? "-
Manifestement, le coup a porté. Un peu surpris, curieux et impatient de savoir à quelle sauce va être accommodée la suite de la conversation, le Préfet acquiesce. Après tout, nous sommes en Touraine, entre gens bien élevés.

Qui fait l'enfant, doit le nourrir

Otant tranquillement ses lunettes —vieille technique apprise en formation–, Henri fixe le directeur dans l'axe, prunelles bien en place, hors du moindre strabisme. Parfaitement au parfum du scénario, les collègues d'Henri se contiennent.
-" Monsieur le Directeur, vous avez revendiqué en son temps la paternité du bébé ARC-EN-CIEL : Soit, bien qu'à notre avis elle soit largement et noblement partagée. Il me revient en mémoire un vieil adage qui précise, en droit français, " Qui fait l'enfant doit le nourrir ". Alors, si vraiment vous êtes le père de l'ARC-EN-CIEL, vous n'avez pas le droit de lui couper les vivres, allez jusqu'au bout de vos responsabilités et de vos devoirs !! "-
A travers le cri poussé par leur représentant, ce sont les quarante enfants qui hurlent de désespoir.

Lunettes remises sur le nez et les oreilles, tirade terminée, l'orage gronde aussitôt, les tambours tonnent, la tempête est annoncée.
-" Vous me faites un procès d'intention, Monsieur le Président ! "-
Le Préfet vole au secours de son obligé.
-" Arrêtez, Monsieur le Président, je vous en prie ! "-

A défaut de hauteur, la conversation prend de la tonalité, les dièses du moment chassent les bémols des instants précédents. Heureusement, l'isolation phonique du bureau estompe le bruit des verbes échangés, si bien que les gardes du palais n'ont nul besoin d'intervenir pour ramener le calme dans la bergerie préfectorale. Comparée à la longue séance de sur-place initial et à la brusque élévation de température qui a suivi, la fin de la rencontre s'apparente plus de la cacophonie que du bavardage un peu mondain qui clôture habituellement ce genre de rencontre. Le dessert est décommandé, le seul point d'accord des deux parties reste leur... désaccord. Henri résume la séance : clivage, incompréhension, discorde ressemblent fort aux quartiers d'une même cité, dont l'autorité administrative demeure l'artère principale.
Avant de prendre congé de notre hôte d'un jour, nous promettons, le devoir nous anime et non pas la revanche, de ne point en rester là. Nous tiendrons notre promesse, car, sous prétexte de tolérance, on devient complaisant, sous prétexte de complaisance, on devient complice et sous prétexte de complicité, on devient coupable. Pas plus que nos enfants, nous ne saurions l'admettre.
Sans difficulté cette fois, l'appariteur nous laisse quitter les lieux, nous gratifiant, au passage, d'un regard plus oblique que frontal. Polis à défaut de nous montrer souriants, nous le saluons à notre tour. Besace plus que vide, bredouilles nous repartons.
Quelle journée et quelle galère !

Un peu de répit au pays du ballon ovale

L'Irak envahit le Koweït le 3 août 90.
Pour notre part, nous allons chercher quiétude, repos et tranquillité pour quelques heures, au pays basque. Invitée par nos amis Lagisquet, une délégation de familles de l'ARC-EN-CIEL se rend aux traditionnelles fêtes de Bayonne, moment d'embrasement incontournable qui enflamme les esprits et fait monter une température déjà chaude au demeurant. Patrice Lagisquet, à l'époque trois quart aile gauche dans l'équipe de France de rugby, et Anouk, sa charmante épouse, sont alors les parents de deux adorables fillettes. Julie, l'aînée, frappée de " trisomie 21 " (le chromosome 21 apparaît en trois exemplaires, au lieu de deux quand tout va bien), présente, elle aussi une différence. Aussi discret que pugnace, Patrice, admirablement aidé par Anouk, femme attentive et mère attentionnée, s'appuyant sur un large réseau relationnel, a créé l'association " Chrysalide ". Clairement affiché et affirmé, le but de ce groupe dynamique consiste à

relever la barre du possible à une hauteur raisonnable, pour améliorer l'intégration des jeunes handicapés mentaux, en milieu scolaire et ordinaire.
Entre autres relais médiatiques, les Lagisquet et leurs amis organisent chaque année, début août, un match de rugby, dont le but avoué est double : d'un part, faire connaître et niveler la différence, à travers le combat entrepris par ces parents touchés dans leur jeunesse de couple, d'autre part, récolter des fonds pour décoller. Une fois le décollage réussi, les pouvoirs publics prennent alors le départ, mais seulement ensuite, la ritournelle est bien connue.
Ce jour-là, samedi 4 août 90, le match réunit plus qu'il n'oppose, les quinze paires d'épaules et de pieds des " Show Biz " aux quinze autres paires des..." Barbares Riants ", cousins germains des fameux Barbarians, célèbres pour la finesse et l'intelligence du jeu pratiqué. Sous l'aimable autorité de l'arbitre international Patrick Robin, venu là pour attester du sérieux de la prestation, les trente acteurs et leurs remplaçants - la plupart internationaux - se quittent sur le score parfait, vu le but recherché et la finalité de la rencontre, de 34-34.
Heureux d'avoir pu vivre et applaudir une démonstration de belle facture, les tourangeaux de l'ARC-EN-CIEL sont conviés, suite logique dans la chronologie du programme festif, au repas d'après-match. Nous sommes venus pour voir et apprendre. Nous ne serons pas déçus du voyage, voyant et découvrant ce que tous les joueurs et supporters de rugby connaissent sur tous les continents de la balle ovale, la célèbre troisième mi-temps !
Si l'ambiance nous impressionne, nous savons résister. Quant à l'épreuve de descente de gosier, aliments solides et liquides confondus, nous nous contentons d'observer prudemment, nous sachant battus d'avance par les autochtones passés maîtres, depuis longtemps, dans l'art de poser les pieds sous la table. A donner le vertige aux apprentis que nous resterons. A chacun son savoir-faire.

Un air de corrida : veni, vidi, non vici
(je suis venu, j'ai vu, je n'ai pas vaincu)

Grâce à l'entregent de Patrice Lagisquet, merveilleusement introduit dans cette bonne sous-préfecture des Pyrénées-Atlantiques, nous obtenons une invitation pour assister à une corrida. Bayonne demeure la première ville de France à avoir organisé une manifestation taurine, au siècle dernier. C'est dire la ferveur qui s'empare des spectateurs en liesse, ce dimanche 5 août 90. Qui plus est, un chaud soleil inonde l'arène. A dire vrai, perdus au milieu de la foule des aficionados hurlant et vociférant, les membres de la délégation tourangelle, contrairement à la parole célèbre de César, après sa victoire sur Pharnace, sont venus, ont vu, mais n'ont pas vaincu ni été convaincus. Pour expliquer notre trouble, l'un des premiers taureaux se blesse, ses cornes trop généreuses à l'égard des balustrades, et pour ajouter à notre désarroi, son cadavre et celui de ses congénères passent sous nos gradins, très ajourés, après l'estocade finale, sur le chemin de l'abattoir, dernier domicile où les honneurs leur seront rendus par l'espèce humaine ! Léger fut le dîner, ce soir-là, tourmentée la digestion et agité le sommeil.

A mi-parcours vers les noces d'or

Installé membre du conseil départemental d'hygiène, représentant la chambre de Métiers d'Indre-et-Loire, le 11 septembre 1990, Henri y siégera huit ans, avec passion et enthousiasme, apportant modestement, en tant que de besoin, son savoir-faire professionnel et socio-professionnel.
A chaque étape suffit sa joie : ce même jour, les parents d'Hélène atteignent le milieu du parcours qui les sépare des noces d'or. Médaillés et mariés d'argent pour cette fois, ils fêtent très simplement l'événement dans un restaurant du centre de Tours, fervent supporter de notre association, et pas seulement pour son nom évocateur, " Arc-en-ciel ". Heureuse convergence.
Fasse le Ciel d'exaucer notre vœu le plus cher et d'en reprendre pour au moins vingt-cinq ans supplémentaires et prolonger notre parcours commun !

Paris, à moins d'une heure

Tout va décidément très vite, en cette fin d'été 90. Mise sur orbite par les deux éditions précédentes, la troisième manifestation ARC-EN-CIEL " OXYGENE " rassemble 1.397 concurrents, autour de Patrice Lagisquet, invité d'honneur, appuyé sur... des béquilles (la rudesse d'un placage est passée par là), au profit de la lutte contre l'épidermolyse bulleuse (*).

Science, technique et savoir-faire des ingénieurs français mettent désormais Tours à cinquante-sept minutes de Paris par le rail. Comme bon nombre d'élus consulaires, Henri participe, le 26 septembre, au voyage inaugural, à l'invitation de la S.N.C.F. L'impression visuelle de vitesse est,

(*) voir chapitre 9 - " 13 ans de pousse-pousse "

à coup sûr, plus fortement ressentie par le spectateur extérieur que par le voyageur. Pour un rendez-vous précis dans Paris intra-muros, il est maintenant possible d'effectuer l'aller-retour en une demi-journée.
Depuis cette percée, des tourangeaux vont " bosser " à Paris tous les jours, avant de regagner les bords de la Loire chaque soir, cependant que des " franciliens " viennent goûter les charmes de la tranquille activité tourangelle, dans le même temps. A rendre jaloux les banlieusards du côté d'Orly, contraints de bourlinguer des heures au quotidien, entassés tels des bestiaux dans les wagons ou bus de la R.A.T.P.(régie autonome des transports parisiens), à seule fin de rejoindre Le Bourget ou le nord de l'agglomération parisienne.

Justice nous est rendue !!!

Immense satisfaction, joie teintée de bonheur mesuré, quand nous apprenons la décision, équitable et sage, du Ministre de la Santé de réévaluer le montant du prix de journée relatif au forfait soins. Défendu avec acharnement par Jean-Michel Testu, député de Tours-Nord, et ancien directeur d'un établissement médico-social, notre dossier contient des arguments qui ont fini par convaincre le directeur des affaires sociales au ministère, de la justesse de la réclamation. Ni délire, ni excitation dans nos rangs. Notre triomphe demeure modeste, justice nous a été rendue. Finie la partie de bras de fer, le Préfet, couvert par sa hiérarchie, tient un parapluie protecteur d'une main, signe un nouvel arrêté de l'autre main, qui prend en compte l'effet rétroactif du dérapage initial. Et, bien sûr, le directeur de la DDASS ne peut qu'obtempérer, les doigts sur la couture du pantalon.
Nos chers petits de l'ARC-EN-CIEL peuvent dormir tranquilles. Le Ciel aidant, leurs parents ont su se battre et se ressourcer dans la difficulté. Avis aux perturbateurs !

Un homme de cordes et de cœur

Le dernier week-end de novembre nous confronte à une activité associative, festive et médiatique, soutenue.
Tout d'abord, le Lions club Chenonceaux Val de Cher organise une soirée, dans le cadre prestigieux du château d'Amboise, en faveur de notre groupe. Notre petite représentation, limitée à deux familles, dont les amis Barateau et nous-mêmes, est impressionnée par la somptuosité des lieux. Loin de nous prendre pour des monarques, encore moins absolus, il nous faut dire

quelques mots de remerciement, tradition et politesse obligent. Exercice difficile et périlleux. Devant l'obstacle, l'attitude s'impose, toute simple, c'est le cœur qui s'exprime, toujours au nom de nos petits, qui jamais grands ne deviendront.
Une courte nuit précède une longue journée d'un dimanche automnal. Entre basse et ténor, jaillit de la voix de baryton une chaleur qui transcende l'imposant auditoire rassemblé. Pleine à craquer, la salle de la Pléiade est gracieusement prêtée par la commune de la Riche, grâce à son maire, Alain Michel. Propriétaire et porteur des chaudes cordes vocales en question, André Ferrand, le ci-devant chanteur, exerce au quotidien la profession d'agent immobilier. Sans aucun doute, il aurait pu devenir professionnel du bel canto ; amateur il est resté, doublé d'une grande générosité.
Sept cents personnes, pas moins, ont répondu au double appel d'André Ferrand et de l'ARC-EN-CIEL, une dizaine de cars ont drainé des supporters de tous les coins du département et de la région. Accompagné par l'excellent pianiste Jean-Michel Defaye, sur le thème de la chanson française, notre agent immobilier tourangeau, baryton amateur à la pointure nationale, crée un courant d'osmose avec le public qui le lui rend bien. Les rappels se succèdent, nombreux, qu'il s'agit d'interrompre, la mort dans l'âme.
Au nom de ses camarades, Chantal, jeune Larichoise résidant à l'ARC-EN-CIEL, remet une belle gerbe à ce grand monsieur au grand cœur, ému jusqu'aux larmes. André Ferrand abandonne l'intégralité de la recette. Prise dans le tourbillon de la générosité, il n'est jusqu'à la SACEM (société des auteurs, compositeurs, éditeurs de musique) qui nous remet un chèque représentant la quasi totalité des droits versés par nous et perçus par elle. Contagion, quand tu nous tiens.

Une femme de presse et de cœur

Dans la frénésie du besoin de communiquer les informations à caractère domestique, fleurissent depuis plusieurs décennies, des journaux dits gratuits (pour les lecteurs). Seuls, les annonceurs paient leur message traduisant la volonté de vendre, ou acheter, appartement, voiture, meuble, bibelot ou tout autre objet.
Mise au parfum de notre mission par une maman, amie et militante de l'ARC-EN-CIEL, la directrice du " Carillon ", Agnès Montrioux, prise elle aussi d'un coup de cœur, monte une opération forte de communication commerciale, à l'approche de Noël. Point de rabais, ni remise, ni

manœuvre de fausse baisse de prix en trompe l'œil, mais tout simplement un montage transparent.
Sans poussée de fièvre sur les prix habituellement pratiqués, le journal " le Carillon " prélève la somme forfaitaire de cinq francs sur chaque annonce, montant reversé à l'ARC-EN-CIEL. Message reçu –sans jeu de mots– cinq sur cinq par la population tourangelle, puisque le nombre d'annonces explose aussitôt. Bravo et merci à notre partenaire pleine d'idées généreuses, à laquelle se joint une entreprise spécialiste du dépôt-vente.

Plusieurs pères NOEL

Petit à petit, le virus de l'ARC-EN-CIEL produit ses effets bénéfiques, particulièrement dans le temps de Noël.
De longue date, la communauté des compagnons EMMAÜS, à Esvres, près de Tours, a entretenu des relations privilégiées avec des responsables de notre association. Cette vieille amitié se traduit par une importante collecte, préparée discrètement, qui nous vaut une " image " substantielle, remise par une délégation de compagnons et d'amis. N'en déplaise à quelques (rares) détracteurs, particulièrement prompts pour assimiler les compagnons à des voyous et délinquants, à l'intérieur d'une sorte de légion étrangère initiée par ce grand bonhomme qu'est l'abbé Pierre, l'argent ainsi récolté, transparent, fruit du travail fourni, n'a nul besoin de passer chez la " blanchisseuse ". Quand les caractériels et autres " perturbés du ciboulot " cesseront-ils de marcher sur la tête ? Quelles thérapies convient-il d'imaginer d'abord, pour les appliquer ensuite, face à ces malheureux déboussolés ? Prières, hypnose, psychanalyse sont nos seules suggestions avancées, tant est grande notre incompétence et maigre notre savoir-faire qui se limiterait volontiers au seul coup de pied au c..., posément appliqué, douleur exclue, réveil garanti.
Pour ne pas rester à l'écart et solliciter notre pardon, eu égard à son retard, le ministère de l'équipement nous verse la subvention tant attendue, bouffée d'oxygène qui nous autorise à meubler les locaux, à rendre moins nus les murs. Heureusement que nous n'avons pas attendu le parachutage de la manne étatique pour commencer à donner présence, vie et spiritualité à cette belle maison de l'ARC-EN-CIEL. Aide-toi et le Ciel t'aidera demeure d'une actualité criante.
A notre humble et modeste connaissance, nous ne trouvons pas, malgré nos recherches, de liens familiaux, même lointains, entre le gland, fruit du chêne, et l'anis. Forme et odeur naviguent aux antipodes, les heureux consommateurs destinataires appartiennent, à l'espèce animale pour les

quadrupèdes, à l'espèce humaine pour les bipèdes. C'est pourtant le bon roi Louis IX, pas encore Saint-Louis il est vrai, qui fonda au douzième siècle, l'ordre des anysetiers. Prit-il cette noble décision à l'ombre du chêne de Vincennes ou dans le calme de son palais, toujours est-il que le monarque si apprécié de ses concitoyens d'alors, l'est toujours aujourd'hui de leurs petits cousins. Implanté dans douze pays au monde, l'ordre comporte cinquante-quatre commanderies en France, dont une en Touraine. Toutes poursuivent un but à caractère social. Notre joie est grande d'apprendre, qu'associés à trois autres groupes tourangeaux, nous avons droit à une part du gâteau, sous la forme d'un chèque d'encouragement.
Dès la conception des plans du futur établissement, la nécessité est apparue de construire, le jour venu, un bassin de balnéothérapie, indispensable pour compléter les soins, éducatifs ou de kiné, prodigués sur la terre ferme ou dans l'air ambiant. Notre bonne volonté notoirement insuffisante, la galère nous est promise si nous devons attendre la dotation des administrations concernées, pour financer pareil projet, nécessaire selon nous, luxueux aux yeux de nos financeurs.
Qu'à cela ne tienne, le grand courant d'amitié, assorti d'une reconnaissance sous forme d'espèces sonnantes et trébuchantes, qui nous entoure, doit nous permettre d'envisager avec réalisme la construction de ce bassin, rapidement. Reste à trouver encore d'autres concours financiers, pour opérer la soudure et réunir les deux cent mille francs nécessaires. Ce sera bientôt chose faite, grâce à l'effort non négligeable d'une commune de la périphérie de Tours, dont plusieurs familles ont confié leur fils ou fille à l'ARC-EN-CIEL.
Fonds collectés, le conseil d'administration donne son feu vert pour la réalisation du bassin.

Au revoir, Monsieur le Préfet

Admis à faire valoir ses droits à la retraite, selon la formule consacrée, le Préfet convie ses ouailles à une agréable cérémonie d'adieux, peu avant Noël. Coiffé de la double casquette de représentant de la chambre des Métiers et de l'ARC-EN-CIEL, Henri se rend à l'invitation. Homme fort civil et de grande courtoisie, le Préfet Pierre Cayron salue individuellement chacun de ses invités, avant de prendre congé. Le souvenir encore fraîchement imprégné de l'orageuse réunion de l'été, le haut fonctionnaire s'adresse en aparté au papa d'Hélène :
-" Vous aviez parfaitement raison d'entreprendre la démarche, avec vos collègues, et de n'avoir pas cédé "-

Fonction achevée, autre discours !
-" Merci, Monsieur le Préfet, de ne pas tenir rigueur de la tonalité de la conversation, assez élevée il est vrai, ce jour-là "-
Bonne retraite, Monsieur le Préfet, et grâce vous soit rendue pour votre tact, doublé d'indulgence.

Un drôle de contact

A l'heure des petits fours, autour de la table bien garnie, il est de tradition de lier conversation, avec ceux que l'on connaît et ceux que l'on découvre. Au hasard des rencontres et des propos échangés dans les salons de la préfecture, Henri est amené à converser avec le directeur de la... maison d'arrêt. Contact fugitif, entrevue prémonitoire : l'échange se poursuivra quelque quatre ans plus tard, derrière les murs de la prison, en toute liberté ! Normal pour le chef d'établissement, plus original pour Henri. On en reparlera dans quelques pages.

1991 - Année de proue de la dernière décennie du siècle
Séances de rentrée

Coup sur coup, en janvier, Henri est appelé à représenter sa chambre consulaire et à participer - silencieusement - aux audiences de rentrée solennelle, ô combien, des tribunaux de grande instance et de commerce. Heureusement, la tradition, s'appuyant peut-être sur la crainte du ridicule, se garde bien de convier l'ensemble du corps des justiciables à de pareilles cérémonies qui conservent jalousement une ambiance feutrée. Que penseraient nos concitoyens devant de telles manifestations ?

Tantôt soporifiques : cette fois-là –compte-rendu authentique– les ronflements d'un élu furent interrompus par une collègue lui assénant un solide coup de coude dans l'espace inter-costal, assez charnu il est vrai. Tantôt, et presque toujours, artificieuses et hypocrites dans le déroulement et les discours tenus, en tout cas très éloignées des aspirations du commun des mortels. La justice et ses représentants gagneraient en popularité et en clarté si, descendant d'un cran de leur piédestal, ils manifestaient clairement le souci de mieux connaître leurs concitoyens. Décrypter le langage utilisé dans les prétoires serait une première manifestation de bonne volonté. L'autorité n'y perdrait pas, loin s'en faut. Vox populi, vox Dei. L'aurait-on oublié ?

Henri Grouès chez Emmaüs

Plus connu sous son nom de résistant , l'abbé Pierre débarque en Touraine lors de l'assemblée générale annuelle de la communauté Emmaüs, près de Tours. Fils d'une riche famille de soyeux lyonnais, Henri Grouès a tourné le dos au fric pour faire vœu de pauvreté et accueillir, voici plus d'un demi-siècle, son premier compagnon, Georges, sauvé du désespoir grâce à lui. Tantôt adulé, tantôt controversé, l'abbé Pierre, à coup sûr, ne laisse pas indifférents ceux qui le côtoient et l'approchent.
Les parents d'Hélène garderont toujours le souvenir de cet homme rayonnant et se souviendront longtemps de l'ascendant, mêlé de charisme, exercé sur les siens, ses gars, ses compagnons. Par choix délibéré ou conséquence d'une situation imposée par le parcours sinueux de l'existence, ces hommes vivent de leur travail, que beaucoup d'autres n'acceptent pas d'entreprendre, et reversent –on l'a vu pour l'ARC-EN-CIEL– une partie du fruit de leur activité, à de plus démunis. Voir ces garçons, aux visages juvéniles chez d'aucuns, plus mûrs chez d'autres, séniles et burinés chez d'autres encore, se prosterner –le mot n'est pas excessif–, embrasser, pleurer, étreindre leur fondateur, nous impressionne. Voir et entendre cet homme, dont les prises de position interpellent et parfois dérangent, commencer un discours, presque inaudible au départ, les yeux fermés derrière des lunettes aux branches mal rafistolées, puis s'emballer, s'enflammer progressivement et transcender son auditoire, relève d'un privilège que l'on conserve jalousement avec soi.

Les communautés, fières de lui et répandues dans tous les continents, lui, fier de tous ses bébés dont il peut légitimement, hors de toute paillardise, revendiquer la paternité, tout porte à verser dans l'euphorie. Tout va-t-il pour le mieux dans le meilleur des mondes possibles ? Convient-il de s'attaquer à nouveau à la Bastille, deux cents ans et " quelques balais " après sa chute et celle des privilèges qu'elle a pu véhiculer ? Plus près de nous, pourquoi fait-on toujours aussi facilement référence au décollage, si difficile et si nécessaire, du mouvement Emmaüs ? Pourquoi un cinéaste a-t-il sorti le film " Hiver 54 " ? Pourquoi l'abbé Pierre demeure-t-il l'un des personnages les plus populaires de France, battant tous les records dans les sondages, à rendre jaloux bien des élus, mal arrimés qu'ils sont sur des sièges par trop éjectables ?
La pêche aux voix pour les uns, la pêche aux cœurs pour l'autre : à chacun son métier et sa vocation. Qui plus est, l'abbé Pierre appartient à l'espèce, assez rare, des vrais républicains attachés aux progrès de l'homme et de la société. Dame oui, mesdames et messieurs les politiques !

Le jour de gloire est arrivé
– Merci à Michel et à Pierre, qui se reconnaîtront –

Entre la réception d'une délégation de la ville de Tours - dix résidents sont originaires de familles habitant le chef-lieu du département - et des amis Bordas –le mari est maire de Chambray-les-Tours–, supporters de la première heure, nous nous pressons pour préparer l'inauguration officielle du hameau.
Enorme affluence dans le petit bourg de Truyes, en cet après-midi ensoleillé du 13 avril 1991 : tous bords politiques confondus –le handicap conserve cette vertu rare de rassembler–, le gratin des " personnalités " répond en nombre à l'invitation des organisateurs. La foule des parents et amis constitue l'essentiel du public. Bourgade de la deuxième couronne tourangelle, avec une population en constante augmentation, Truyes offre la particularité de s'implanter de part et d'autre d'une artère centrale, sorte de boyau étroit, insuffisant ce jour-là pour canaliser le flot migratoire des automobilistes, convergeant dans le même endroit et en même temps. Pour cette raison, l'état major de l'ARC-EN-CIEL a pris soin de provoquer un premier rassemblement près de la mairie et d'inviter ce beau monde à redécouvrir les bienfaits de la marche, le long des dix hectomètres qui précèdent le hameau.
Phébus et ses rayons chauds de la partie, musique en tête du cortège, tous les ingrédients sont réunis pour parer cette belle journée de ses plus beaux atours de fête. Les “huiles” en tête, le bon peuple derrière, tout le monde devise gaiement sur la route qui mène au foyer.

Sa dernière Marseillaise

En plein accord et avec l'aimable autorisation du chef de la musique d'Esvres, notre ami de longue date, Michel Simon, le grand-père d'Hélène est appelé à diriger la Marseillaise. Oui, mais voilà, pour avoir refusé de monter dans un minibus proposé aux personnes handicapées ou diminuées, le vieux lutteur qu'est notre père, miné par une vilaine et sournoise maladie, arrive essoufflé et très éprouvé sur le site de l'ARC-EN-CIEL. Orgueil du vieil homme qui n'a cessé de se battre toute sa vie durant, le patriarche n'entend nullement baisser les bras, surtout pas devant sa petite fille adorée. Henri, maître de cérémonie d'un jour, se rend vite compte de l'extrême fatigue de son père, l'invite à souffler et use d'artifices, dont personne ne s'aperçoit ou feint de s'apercevoir, pour temporiser et retarder le début de la cérémonie.

Miracle ou répit, c'est bientôt le père qui demande au fils son feu vert. Rassemblant ses forces, ses deux mains point du tout tremblantes, papa va battre magistralement ce qui sera sa dernière Marseillaise, qui plus est à Truyes, sa commune natale, lui qui a conduit des centaines de fois l'exécution de notre hymne national à travers l'hexagone et même hors de France. Vingt et un mois plus tard, notre bagarreur de père, épuisé par un combat devenu par trop inégal, abandonnera la partie…

Un cri d'amour

Marseillaise envoyée et envolée, la manifestation fait place aux traditionnels discours pour lesquels, en parfait accord avec les " autorités ", nous avons cherché à limiter le nombre des intervenants au président de l'association, au maire de la commune, au président du conseil général et au préfet, ce qui nous paraît suffire pour mettre à rude épreuve la patience des invités. Sportivement, la députée et le conseiller général, issus de cépages, de crus et de couleurs différents, ont accepté de s'abstenir.

Puissance invitante, l'association ARC-EN-CIEL confie à son président le soin d'ouvrir le feu. L'importance du sujet, la solennité de l'instant, ont amené le père d'Hélène à peaufiner son texte, en phase avec les familles, bien sûr. Il y a trop de choses à dire, en ce jour de gloire et de fête des pionniers de l'ARC-EN-CIEL, pour ne pas les exprimer, en parfaite union de pensée et de cœur, au nom des parents et de leurs chers petits. S'inspirant d'une technique apprise dans les milieux corporatistes et syndicalistes, Henri a pris soin de distribuer sa prose à plusieurs complices, avec mission d'applaudir au moment de la lecture des passages surlignés. Bien noyautés dans la foule, les " agitateurs " d'un jour remplissent parfaitement leur tâche, le public, bien chauffé, s'acquitte du reste. Effet et résultat garantis, l'assistance applaudit à tout rompre, il le faut, nous stationnons en plein air sous un soleil de plomb, généreux comme par enchantement. Seules, quelques très rares paires de mains affichent leur allergie aux applaudissements.
Le discours d'Henri, douze minutes montre en main, est avant tout l'expression du cœur d'un père rebelle, clamant pour ceux qui ne peuvent clamer, criant au nom de ceux que ne peuvent crier, dénonçant une situation dont la société, c'est-à-dire nous tous, s'accommode trop facilement.

Hélène, la rusée

Belle comme un jour, ravissante dans sa robe bleue, coiffée d'un joli chapeau rose, Hélène, assise dans son fauteuil de carrosse, près de son père debout, croit bon d'applaudir lors d'un passage tranquille et anodin. Que croyez-vous qu'il arrivât ? Tout l'auditoire d'enchaîner, comme par enchantement, dans une salve d'applaudissements, y compris les réfractaires de l'instant précédent. Encore aujourd'hui, Henri jure ses grands dieux n'avoir rien demandé à Hélène, ravie du bon tour joué à son père. Pas de répétition, la scène ne se joue qu'une seule fois, en direct.
Maire de la commune de Truyes, Hubert Bessé s'est battu sans compter pour l'aboutissement du projet. Il raconte avec émotion et précision le parcours du combattant, les hésitations, vite aplanies, des propriétaires terriens appelés à céder une parcelle –il lui a fallu en convaincre onze, excusez du peu–, l'exemplaire unanimité des conseillers municipaux, au-delà de leurs différences, pour voter l'achat des terrains par la commune.

Avec sa fougue habituelle et son tempérament franc et chaleureux, le président du conseil général, André Georges Voisin rend hommage à la ténacité des pionniers, à l'exemplarité du montage du dossier, Etat et Département unis. Le " grand Voisin ", comme les tourangeaux du sud l'appellent affectueusement, salue l'obstination déployée et l'énorme travail accompli par sa vice-présidente, Michèle Beuzelin, elle aussi maman concernée par une fille différente.
Tradition bien ancrée, il appartient au représentant de la République française de s'exprimer en dernier. Purement technique, le discours du préfet laisse l'assistance de marbre et sur sa faim.
Le seul relief nous ramène en arrière, lors de l'intervention d'Henri. Manifestement peu dupe quant au procédé de " noyautage ", le représentant du pouvoir central s'évertue à " cirer les pompes " des services placés sous sa responsabilité. Fut-il écouté ? Sans doute. Fut-il entendu ? Moins sûr. Aurait-il perçu de l'agression dans nos propos ? Plus qu'un détail, une précision : Hélène, cette fois, s'abstient d'applaudir… Hélène la rusée, Hélène la coquine, Hélène la petite canaille, en dépit des croquenots accrochés à ses p'tits pieds !

Une longue visite

Tel un long train aux wagons multicolores, la foule se répand dans les unités tout aussi colorées, pour la visite inaugurale. Sur une excellente idée

d'Evelyne Péré, architecte DPLG (diplômé par le gouvernement) comme son époux, il a été décidé d'attribuer une des sept couleurs du spectre de l'arc-en-ciel à chacune des quatre unités.
Au terme d'une consultation très élargie, les couleurs prennent racine et trouvent nom, respectant le cadre champêtre et sylvestre.
- le bleu, affecté au bâtiment des bleuets
- le vert, affecté au bâtiment des fougères
- le jaune, affecté au bâtiment des jonquilles
- le rouge, affecté au bâtiment des camélias

Passage obligé pour les visiteurs d'un jour, le bassin de balnéothérapie, fruit d'un heureux concours financier, reposant sur l'amitié. Refusé, quant à sa prise en charge, par l'administration de tutelle –c'est un luxe, pensez donc– cet équipement d'un coût total de deux cent mille francs nous incombe totalement. Et pourtant ! Ce petit ensemble de onze mètres carrés, à cent lieues et plus des piscines de rêve des stars d'Hollywood ou des magnats du pétrole, va très vite démontrer sa nécessité, en tant qu'outil de travail fort apprécié du personnel et des résidents. Si l'administration ne vient pas à l'ARC-EN-CIEL, l'ARC-EN-CIEL ira à l'abordage.

Personnes physiques ou morales, huit généreux donateurs répondent favorablement à notre appel :
- André Ferrand, chanteur baryton
- la communauté et les amis d'Emmaüs
- le journal " le carillon "
- le magasin " SVP-occasions "
- la ville de Saint-Avertin (quatre résidents sont issus de cette ville)
- le Lions-club de Château-Renault
- le Lions-club de Chenonceaux val de Cher
- le Lions-club de Tours vallée de la Choisille

Il est de tradition d'inviter, à chaque visite, par un tirage au sort, un(e) visiteur(euse) à lier connaissance avec l'eau du bassin. Nous faisons exception, eu égard à la tenue vestimentaire de nos hôtes, un peu endimanchés ce jour-là.

Toute inauguration se termine par une prise de contact avec le buffet. Dressée par nos amis Monique et Jean-Denis Mercier (président des boulangers-pâtissiers et futur président de la chambre de Métiers), la table est abondamment garnie de produits régionaux et petits fours, à faire rugir les diététiciens et rougir leurs clients.
L'ultime épreuve imposée à nos hôtes, avant de prendre congé, passe par

la signature d'un livre d'or, sur lequel les commentaires voisinent avec les encouragements. Tous témoignent de la justesse de notre combat. Seules, une signature et une poignée de mains manquent à l'arrivée. Une défaillance, peut-être ? Un oubli, sans doute ? Une humeur chagrine et passagère ? Allez savoir …

Aimez-vous Mozart ?

La chorale universitaire " Sine Nomine " et son chef de chœur, Jean Raffin, clôturent l'inauguration officielle, à travers un événement musical d'importance, le soir même. Mélomanes, amoureux de Mozart, amis et supporters de l'ARC-EN-CIEL, sont conviés à participer, en l'église Sainte Jeanne d'Arc de Tours, à la célébration du bicentenaire de la mort du grand compositeur autrichien.
Au programme, des motets pour chœur, soliste et orchestre, des sonates d'église et la symphonie n°37. En grande première à Tours, la jeune soprano Patricia Petitbon, dont la frêle poitrine nous offre des sons d'une puissance insoupçonnée, accompagnés d'une grande et pure beauté dans les nuances. Le talent et la persévérance conduisent maintenant fréquemment hors de France Patricia, aimable et souriante soliste, dont la carrière, en pleine ascendance, prend forme et surtout voix.

Augustin Maillard, professeur au conservatoire de Poitiers, dirige l'ensemble des instrumentistes.
Des artistes de qualité, un public nombreux (six cents personnes), fin connaisseur et enthousiaste, tout concourt à provoquer une osmose extraordinaire entre les exécutants et les auditeurs, tous complices.
A l'heure des remerciements, après une série de rappels contagieusement entretenus et difficilement interrompus, le père d'Hélène, dans une intervention improvisée, laisse surtout parler son cœur :
-" Chorale sans nom (sine nomine) ne signifie pas sans identité, encore moins sans chœur, ni sans cœur. Au talent de Mozart, trop doué peut-être et trop vite décédé, vous avez ajouté le vôtre. Merci à toutes et à tous pour avoir conforté notre combat. Vous m'autoriserez certainement à décerner une mention particulière à l'une des choristes, maman de l'un des jeunes résidents de l'ARC-EN-CIEL "-

Une larme prend naissance et glisse sur l'un des visages, vite rattrapée par la joie d'aboutir, et encore plus vite séchée dans cet instant de grand bonheur et de chaleur humaine partagés.

Quand la musique unit

L'été revenu, lumière et soleil plus généreux, c'est aussi la saison des baptêmes qui reprennent l'air, à l'aéro-club de Tours-Sorigny, éloigné de quelques milles de Truyes. Précisément, le survol du hameau est inscrit au programme de la plupart des séances, avec un maximum de quatre personnes –on est loin de la capacité de l'airbus–, dont le pilote, Henri, si heureux de faire goûter les joies de l'air aux résidents et encadrants. Ce beau monde se comporte remarquablement, nul besoin d'hôtesse ni de steward, où les logerait-on ? Le pilote fait office de bonne à tout faire. La rigueur des temps et l'exiguïté des lieux l'imposent.
Habitude de fête ou seconde nature, c'est à nouveau jour de liesse, ce dernier samedi du septième mois de l'année, en cette bonne ville d'Azay-le-Rideau, célèbre par son élégant château du seizième siècle, trônant majestueusement sur l'Indre.
Avant d'unir, selon sa propre expression, deux enfants musiciens de deux familles du bâtiment, le maire, Gaston Michin, pose les rituelles questions, destinées à obtenir légalement le consentement des futurs époux. Si Anne-Marie, sœur aînée d'Hélène, bien décidée, répond affirmativement et sans hésitation, Franck, futur mari non moins décidé, se donne un temps de réflexion. Malicieux en diable, il se tourne réglementairement vers ses témoins et, fort de leur accord, répond à son tour par l'affirmative. Ce temps de consultation n'a duré que deux brèves secondes qui ont ressemblé à des heures d'attente interminable pour la jeune mariée.
Fier de conduire sa fille aînée jusqu'à l'autel et de la confier à la bénédiction de l'abbé Jean Rousselle, dont il fut autrefois l'enfant de chœur, Henri, son éphémère mission accomplie, reprend place aux côtés de Valentine et d'Hélène, belle comme une petite mariée qu'elle ne sera JAMAIS.

Révolte des petits fours

Cinq cents personnes au moins se pressent au moment du vin d'honneur, autour d'une grande table garnie de verres aussi bien remplis qu'alignés. Jusque là parfaite dans son déroulement, la cérémonie va frôler la catastrophe, à partir d'un accident dont on ne retiendra que l'aspect d'incident. Philippe, notre cousin pâtissier, désigné d'office pour la fabrication et l'acheminement des petits fours, est réputé conducteur paisible au quotidien. Peut-être impressionné par la tâche qui lui incombe et totalement concentré sur le bien-être de ses passagers de gâteaux, il ne

voit pas déboucher un autre " homo automobilis " qui grille un stop, et doit, pour l'éviter, freiner sans modération aucune. Geste qui relève incontestablement de l'habileté manœuvrière et de l'héroïsme routier, mais qui a pour effet bénéfique de rendre leur totale liberté aux milliers de petits fours incarcérés dans la fourgonnette. Promis à une exécution certaine sous l'effet des mâchoires des invités dont ils devaient enrober un peu plus les bourrelets périphériques, les braves petits gâteaux connaissent quelques instants l'ivresse et l'illusion d'une délivrance bien provisoire.
Mutinerie matée et réprimée, Philippe, bien mal récompensé de tant d'efforts et de vaillance, maintenant hors délais, nous annonce sa décision de battre en retraite et de faire demi-tour. Le malheur de l'un fait le bonheur de l'épicier et du pâtissier du quartier, intronisés suppléants sur-le-champ et totalement dévalisés. Passablement inquiètes, on le serait à moins, les deux belles-mamans, Janine et Valentine, restent de marbre devant la foule des invités !

Quatrième édition..., intronisation..., quatrième âge...

Un nouveau raid sur Bayonne, sans descente d'arènes, nous permet de reprendre souffle avant la quatrième édition d'ARC-EN-CIEL " oxygène ". Nous atteignons cette fois le record de participation, puisque 1.713 concurrents, pas moins, dont un couple d'irlandais, répondent à l'appel des organisateurs.
Familiaux, locaux, nationaux, internationaux, les épisodes tournent les pages du registre quotidien.
Intronisé dans la commanderie du fromage de chèvre de Sainte-Maure, Henri devient, l'espace d'un soir, " camarade de promotion " du préfet d'Indre-et-Loire, fait chevalier lui aussi. Le côté condisciple s'arrête là, on est loin de l'ENA (école nationale d'administration).
Soucieux de l'avenir de ses concitoyens, le Conseil Général présente son schéma départemental des personnes âgées : sage précaution s'il en est, quand on connaît les courbes et statistiques de la démographie. Bientôt, il s'agira de s'habituer aux notions de quatrième, voire de cinquième âge ! Pas de chômage en vue pour les démographes, économistes, statisticiens, sociologues, médecins, etc... Puisse ce rallongement créer de l'emploi !

Fâché avec le pourboire

Un célèbre français nous donne raison et atteint, le 30 décembre 1991, son premier anniversaire à trois chiffres : Antoine Pinay, alerte centenaire, à

l'esprit toujours vif et à la verve presque juvénile. Ses avis sont maintes fois sollicités, sa bénédiction recherchée, ses reparties redoutées. Vieille d'un quart de siècle aujourd'hui, une anecdote résume assez bien le noble comportement de l'ancien président du Conseil, sous la quatrième République, et ministre des finances du général de Gaulle.
Désireux, sans doute, de s'attirer les bonnes grâces de l'ancien maire de Saint-Chamond, inventeur du franc lourd, et, partant, de chercher, peut-être, à dorer son blason électoral, le Président de la République, Valéry Giscard d'Estaing, lui dépêche un émissaire.
-" Monsieur le Président de la République souhaite vous confier la présidence des charbonnages de France "-
Même proposé à un homme octogénaire, même si la production de charbon devient quantité poussiéreuse, le poste demeure prestigieux et surtout bien appointé. Beaucoup de français se précipiteraient, prêts à la génuflexion. C'est mal connaître Antoine Pinay.
-" Veuillez transmettre au Président de la République ma vive reconnaissance pour sa sollicitude à mon égard. Dites-lui aussi que j'ai toujours refusé les pourboires. "-
Pinay a constamment agi et vécu pour la politique et non par la politique, ni de la politique.

Servir la France en musique

Sur ces entrefaites, François, frère aîné d'Hélène est appelé à servir la France, sous le drapeau du deuxième régiment du génie, à Metz. Ses connaissances musicales, puisées auprès de son grand-père, puis au pupitre de cornet, grâce à son professeur au conservatoire de Tours, Gaëtan Berton, l'autorisent à rejoindre rapidement les rangs de la musique de son régiment. Celle-ci, bientôt dissoute –on dégraisse partout–, François intègre la musique à l'échelon de la division militaire, à Reims, sous les ordres du capitaine Kaesmecker, aujourd'hui officier supérieur, commandant la musique de la marine nationale.
Que de fois François, débordant d'un amour aussi caché que profond pour sa petite sœur, n'a-t-il pas poussé quelques brèves ritournelles, récoltant, en fin de séance, un bisou distribué par Hélène ! Sans autre forme de discours. La communication offre ses mystères et sa richesse.
Notre François possède un don, depuis l'apprentissage de la lecture, capable qu'il est de vous dire, sur-le-champ, le nombre de lettres contenues dans n'importe quel mot du dictionnaire, que ce mot renferme cinq, dix, douze, dix-huit ou vingt-cinq lettres. Sa recette demeure un secret.

Le saladier est de retour

Plus de six décennies après les quatre mousquetaires, (Borotra, Brugnon, Cochet, Lacoste) deux jeunes tennismen ramènent la coupe Davis en France. Objet et symbole de cette compétition qui oppose les meilleures nations du tennis, le saladier d'argent est reconquis de haute lutte par nos représentants. Deux mousquetaires, Forget et Leconte, suffisent, cette fois, encouragés par le public lyonnais emballé, pour ravir le trophée aux américains Agassi et Sampras, ce dernier alors numéro un mondial.

Ancienne capitale des Gaules, Lyon ne peut que se réjouir d'entendre pousser les cocoricos des coqs gaulois, sur leurs propres terres.

1992

Sur la lancée

La mise sur orbite de notre établissement s'opère aussi lentement que sûrement. Pour conforter notre assise financière, nous faisons appel, avec assez de succès, à la solidarité des organismes de retraite, d'assurance vieillesse et autres mutuelles. Tour à tour, la mutuelle nationale des hospitaliers, la caisse d'assurance vieillesse artisanale région Centre, la Société Générale, le Crédit Lyonnais, la caisse de retraite des cadres de la presse, la Poste, pour ne citer que les donateurs initiaux, financent le lit du fils ou de la fille d'un ressortissant. Cette manne appréciable apporte de l'oxygène à nos finances encore chancelantes et permet de donner vie, couleur et harmonie au foyer.

Un curieux appel téléphonique...

Curieusement, notre mission et le cortège de besoin financiers qu'elle entraîne, provoquent des réactions bizarres et imprévues, en provenance d'un milieu économique et commercial.
La lecture des lignes qui suivent demande sérénité. Nous recommandons aux lecteurs de bien se caler dans leur chaise, ou mieux encore dans un fauteuil muni de bons accoudoirs et pour ceux qui font appel à des bésicles, de bien les caler sur le nez. Oyez plutôt ce qui suit.
Un important projet d'hypermarché est mené, en vue de l'implantation, à Saint-Pierre des Corps, d'un centre commercial, sous l'enseigne

" Continent "(" Carrefour " depuis Août 2000). Applaudie par les uns, les élus pour la taxe professionnelle escomptée et les consommateurs pour les commodités et avantages attendus, abhorrée par d'autres, chambres consulaires pour le danger menaçant les petits commerces, la construction, avant de prendre forme, doit passer devant des instances réglementaires.
A tour de rôle, la commission départementale, puis nationale, d'urbanisme commercial, composées l'une et l'autre, paritairement, d'élus locaux et nationaux représentant les chambres consulaires et les organisations de consommateurs, opposent leur veto au dessein.
D'appel en appel –force et faiblesse du système à la française–, les porteurs du gros bébé en gestation depuis de longs mois, saisissent, en dernier ressort, le ministre du commerce et de l'artisanat. Contre toute attente, Georges Chavannes, titulaire de ce portefeuille pour quelques heures encore, donne son feu vert, au moment de plier bagages avec le gouvernement Balladur, les élections législatives ayant porté au pouvoir une autre majorité .
Un ultime recours devant le Conseil d'Etat est engagé conjointement par la chambre de commerce et d'industrie de Tours, et la chambre de métiers d'Indre-et-Loire, dont Henri assume la fonction de premier vice-président à l'époque. La saisine entraîne un effet suspensif. Situation toujours bloquée, la société gestionnaire des projets immobiliers de " Continent " piaffe d'impatience.
Interviennent alors des méthodes qui, pour être vieilles comme le monde, usées, fripées, ringardes, sont toujours... d'actualité au royaume des recettes dans un certain univers du business !
Le dialogue qui suit, relaté avec le souci de la précision, consigné le soir même dans un calepin quotidien, mérite détour et attention. Un soir, le téléphone sonne au domicile des parents d'Hélène, à l'heure du dîner.
-" Allô, Monsieur Gaumé ? "-
-" Oui "-
-" Vous êtes bien président de l'association ARC-EN-CIEL et vice-président de la chambre de métiers "-
-" Oui ", répond à nouveau Henri, qui s'enquiert de l'identité de l'interlocuteur.-
-" Je suis Monsieur " X " (la personne se présente), chargé des intérêts de la société " Y "(dont l'identité nous est déclinée), pour tenter de dénouer la situation relative au futur hyper centre commercial... "-
Brusquement, Henri, avec ses gros sabots, comprend où veut en venir l'émissaire en eaux troubles, chaussé de ses souliers de ville, équipés de palmes aquatiques. Henri passe l'écouteur à Valentine, pour lui faire entendre et partager une séquence de haute voltige. Après tout, ne

sommes-nous pas, ensemble, les parents d'Hélène, innocente marchandise humaine d'une odieuse tentative de maquignonnage ?
Tordus pour tordu, jouons les faux naïfs.
-" Où voulez-vous en venir ? "-, poursuit Henri.
Envolée lyrique , l'envoyé spécial prend son élan.
-" Nous connaissons les besoins de l'ARC-EN-CIEL. Nous sommes tout disposés, en échange de la renonciation de la chambre de métiers à son recours, à faire profiter votre association d'un " don substantiel ".-
Ben voyons ! C'est aussi élémentaire. Pourquoi donner dans le compliqué, quand on peut faire aussi simple ? A la vérité, la conversation, restée courtoise, cesse très vite, le " chargé d'affaires " promettant de rappeler Henri sous quelques jours.
Et Hélène, dans tout ce scénario ? Et ses petits camarades ? Que penseraient-ils de leurs parents s'ils tombaient dans le piège tendu et cédaient à la facilité ? Les mêmes parents seraient-ils capables, hors de tout narcissisme, de se regarder dans une glace sans rougir de honte ?
Passé l'effet de surprise, notre décision est prise à l'unanimité, sans hésitation aucune. Pour la bonne règle, nous en référons, comme il se doit, à nos amis de l'ARC-EN-CIEL et Henri à ses collègues du bureau consulaire. Est-il utile d'ajouter que leur prise de position rejoint la nôtre ?
Un parti politique se montra moins regardant…

Vingt ans, déjà !
On n'a pas tous les jours vingt ans…

Voilà pourquoi Hélène convie sa famille, ses proches, ses amis, pour fêter la clôture de sa deuxième décennie. C'est l'occasion pour Valentine de composer un magnifique poème (*) et de mettre sur pied, avec notre ami Bernard Taudière, curé de la paroisse de Sainte-Maure, une aussi simple que belle cérémonie, laissant un peu plus Hélène sous la protection de la vierge Marie. Anne-Marie se voit confier la lecture du poème. Hélène, fière de sa sœur aînée, applaudit déjà. Anne-Marie, fière pour sa petite sœur, déclame avec cœur et talent, mais, la voix cassée par l'émotion, éprouve quelque difficulté à terminer. Qu'importe, n'a-t-elle pas proclamé l'amour fraternel qu'elle et François vouent à leur sœur adorée.

Commère la cigogne

Signe des temps ? Symbole d'un destin annoncé ? En plein milieu de mai,

(*) voir annexes

une paisible cigogne élit domicile sur un pylône électrique, face à notre domicile, pour y passer la nuit, épier sans doute les conversations nocturnes du voisinage, avant de repartir de grand matin pour commérer avec ses congénères, délaissées le temps d'une escapade. Si une hirondelle ne fait pas le printemps, une cigogne annonce peut-être déjà l'été. Des photos immortalisent un événement rarissime dans notre commune.

Adieu, Suzanne

Si je n'ai jamais fait la guerre, j'ai par contre bien rempli ma campagne des hôpitaux, avait coutume de rappeler, malicieusement, Suzanne Gabriello. Guerre et bataille perdues pour Suzanne qui rend soupir et vie, le 9 août 1992. Ultime pied de nez au destin de la part de notre marraine. L'ARC-EN-CIEL est triste et orphelin. " Adieu, Suzanne, on t'aimait bien... " . Preuve de ton amitié pour Hélène et ses parents, tu nous avais livré cette confidence : la chanson de Jacques Brel " Ne me quitte pas " , c'était pour toi . Echange d'informations, nous t'avions révélé un mini-scoop . Au beau milieu des années soixante, le jeune étudiant de Sup' Elec' qui avait remis une gerbe à la marraine de sa promotion –avec bises en retour de ta part– , n'était autre que Gérard, frère d'Henri et oncle d'Hélène !...
Suzanne Gabriello, marraine spécialisée, décidément très engagée sur les fronts et fonts baptismaux.

1993

A perte... de vue et de visage
Si nous sommes tristes, alors que l'année 93 pointe le nez, Hélène l'est plus encore. Coup sur coup, notre fillette, sans que l'on sache pourquoi le nerf optique est hors service, perd l'usage de son œil gauche et la compagnie de son grand-père adoré.
Ces deux événements, majeurs dans notre petit cercle familial, font l'objet l'un et l'autre d'une attention particulière, dans deux chapitres respectivement consacrés à la santé d'Hélène et à sa complicité extraordinaire avec son papy.
Visites en tous genres, visiteurs de tous bords

Fidèles à leur politique d'ouverture sur l'extérieur, les dirigeants de l'association reçoivent des élus politiques –au sens étymologique du terme, c'est-à-dire responsables de la conduite de la vie de la cité ou de tout autre

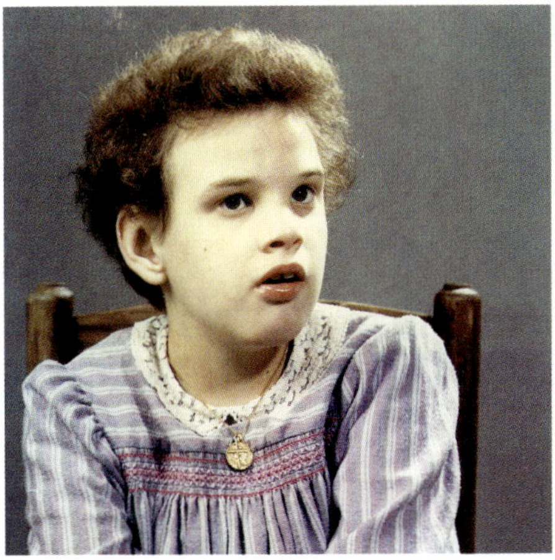

Hélène à 10 ans

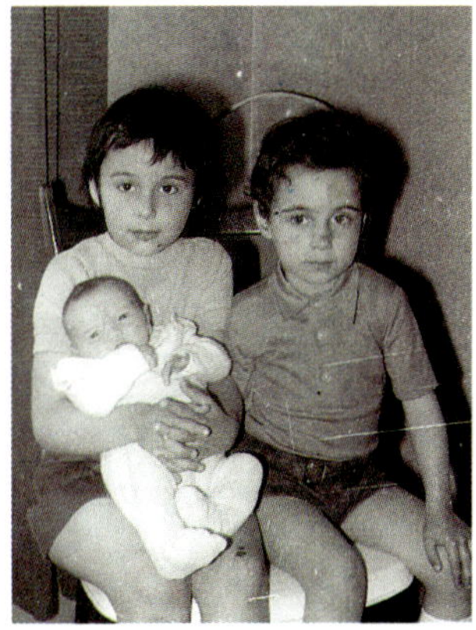

Anne-Marie, François
et Hélène à 1 mois

Hélène à 5 ans

Les p'tits pieds d'Hélène sont trop mal chaussés pour espérer la marche autonome

Joviale

Espiègle

Le même trio quelques années plus tard

Hélène au milieu des siens

Hélène heureuse, entourée de sa sœur aînée, de ses neveu et nièces

Hélène et Laure, sa nièce : le temps de l'observation

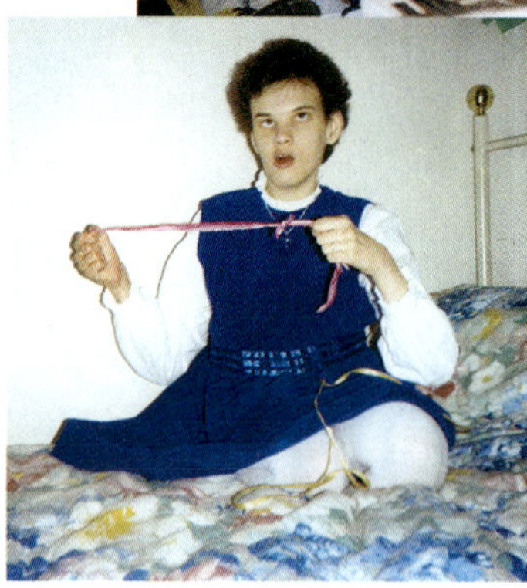

Hélène et son jouet préféré

Hélène et Laure : le temps de la réflexion

Hélène et Laure : le temps du je

Un père plus que fier
de conduire sa fille à l'autel

Quand la musique unit des musiciens

La dernière "Marseillaise"
dirigée par le papy d'Hélène

lélène avec son papa et "opale"

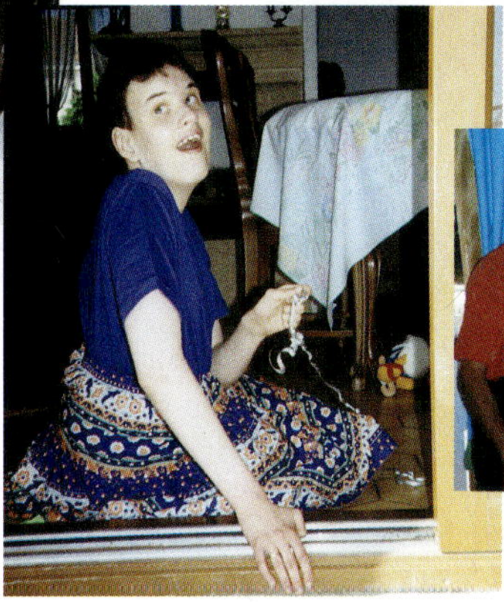

Hélène, rêveuse

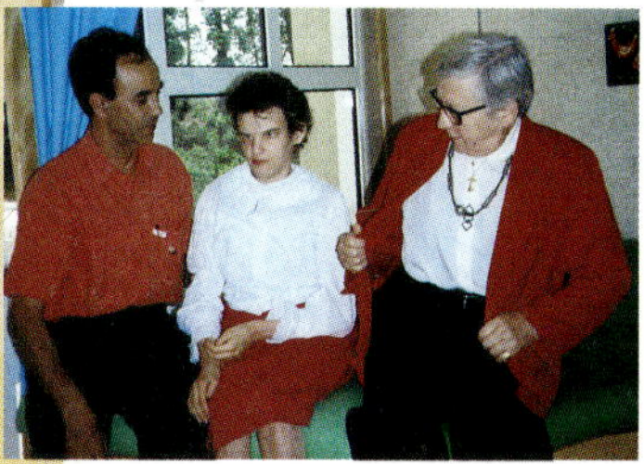

Marie-Odile Réthoré honore
l'ARC-EN-CIEL de sa visite

Deux sacrés complices !

Hélène et l'art de communiquer

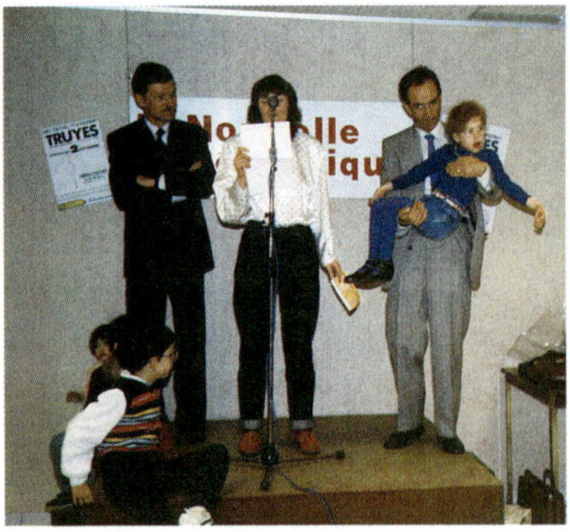

Octobre 88 : remise du chèque à l'association française du syndrome de Rett. De gauche à droite : Michel Juvené, Mireille Malot et Henri tenant Lise la fille de Mireille

Quand l'ARC-EN-CIEL courait en Béarn.

... ou en Irlande !

Avec Lise, pour passagère

Les mêmes après l'effo

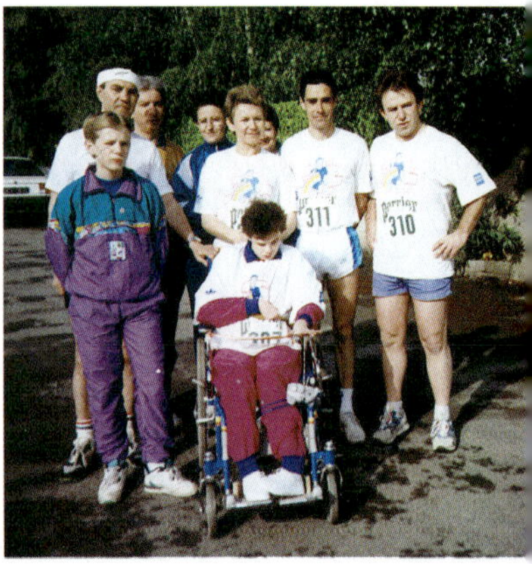

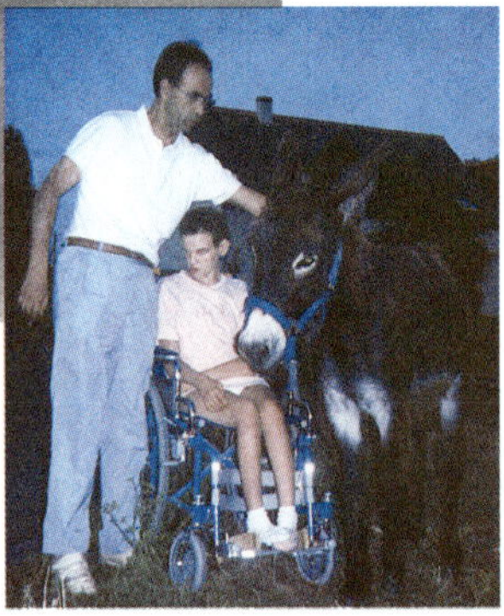

Henri, Hélène et "Jacotte"

"Un bien joli jour de fête"
Laure, ses grands-parents,
Jean-Charles, le frère d'Henri

Claude Piquemal (à gauche) et Marc Berge
50% du relais français 4x100
(record du monde en 62

entité géographique ou administrative– départementaux. A tour de rôle, et dans l'ordre chronologique, nous accueillons des gens bien peu ressemblants. Qu'on en juge : Jean Royer, député-maire de Tours, débarque, visite et pose la question de savoir ce que produisent les résidents de l'ARC-EN-CIEL, dans leur activité. La question surprend Henri, qui se souvient respectueusement avoir croisé avec crainte, l'instituteur Jean Royer, dans les rues de Sainte-Maure, en 1950 (le béret noir de l'enfant quittait prestement le dessus du crâne, avant que le regard noir de l'enseignant ne le dévisage).

-" Recalé, Monsieur le député, aucun résident n'est capable de rien fabriquer avec ses dix doigts "-

A l'issue de la visite, l'homme au regard perçant, cette fois bien éclairé, regrettera sa question. Il apprend, utilité de communiquer, la présence de dix enfants de Tours, dont la fille d'un salarié de la ville.

Inféodé à rien ni à personne, l'ARC-EN-CIEL reçoit ensuite une délégation d'un bord opposé, le conseil municipal de Saint-Pierre des Corps, conduit par son maire, la conseillère générale Marie-France Beaufils. Notre administrateur et ami, Michel Bastard, champion de course à pied, est heureux de montrer l'ARC-EN-CIEL et ses belles couleurs.

Viennent après, en avril, les membres élus du bureau –aujourd'hui commission permanente– du conseil général, que nous avons priés à déjeuner. La galère pour les organisateurs ! Plusieurs de nos invités, que l'on appelle des notables, arrivent en ordre dispersé, les uns après les autres, les autres après les uns, visitent au pas de course, vident leur assiette au triple galop de leur fourchette, repartent aussi vite qu'ils sont arrivés tardivement. Tous les " fuyards " pris en défaut avancent les meilleurs alibis, vrais ou fruits de leur imagination.

-" J'ai rendez-vous avec le Premier Ministre au Sénat "-, avance l'un.

-" Je profite de la voiture et du chauffeur d'un tel pour repartir "-, s'excuse un autre. Et, ainsi de suite.

Devant l'insolite révélation d'une armée de convives en déroute, nous sommes tout surpris de remarquer la présence de deux ou trois " survivants ", parmi nos invités, nous tenant compagnie jusqu'à la fin du repas.

Pauvres de nous, quand on pense que les reliefs de la table auraient pu nourrir, précisément, quelques déshérités de la contrée. L'ARC-EN-CIEL, tel un piteux héros de la Fontaine, jura, mais un peu tard, que l'on n'y prendrait plus. (" le corbeau et le renard ")

Nous avions prévu, initialement, de convier ces " braves gens " le soir et non à midi. Manifestement, la leçon portera et un préfet en fera, plus tard, les frais, qui voudra nous imposer son horaire, perturbant pour le service

intérieur. Un " niet " franc et massif, à l'accent un peu gaullien, lui sera opposé par le nouveau président de l'association. Vive l'ARC-EN-CIEL, vive l'ARC-EN-CIEL libre !
C'est enfin l'archevêque de Tours, Monseigneur Jean Honoré, universitaire et pasteur de renom, aussi à l'aise dans la chaire du prédicateur que pour faire bonne chair, qui vient saluer ses frères et sœurs différents, avec un grand accent de sincérité.
Qui osera mettre en doute l'œcuménisme de l'ARC-EN-CIEL ?

Disparitions, apparitions

Faisant la une, trop souvent morbide, des médias - mais le bon peuple n'est-il pas avide de scandale ? -, plusieurs disparitions jalonnent le calendrier qui égrène ses jours, imperturbable.
Pierre Bérégovoy, coupable de lèse-parcours, non issu du sérail habituel, malmené par certains de ses amis politiques (le mot " ami " a-t-il droit de cité dans la jungle des carriéristes ?), peu reconnaissants, s'enlève la vie le jour du 1er mai. Plus qu'un symbole, une leçon à retenir. Le harcèlement moral, dans un pays dit civilisé, contient des limites dans les excès que la loi, autant légère qu'absente, ne réprime pas.
Chez nos voisins d'Outre Quiévrain, le bon roi Baudouin 1er, aimé de son peuple, disparaît, remplacé par son frère, nouveau roi des Belges, sous le nom d'Albert II.
En Touraine, Bernard Rivière, médecin-conseil à la DPAS, part sur la pointe des pieds, au terme de ce que l'on appelle pudiquement une longue maladie. Henri ne saurait oublier cet homme, devenu médecin à force d'un travail acharné, béni des uns, honni des autres, à coup sûr atypique en même temps que rayonnant :-" Il fut mon professeur de sciences naturelles au collège Saint Grégoire, adoré de tous ses élèves, y compris de ceux, dont j'étais, qui ne brillaient guère dans cette discipline. Hélène eut la bonne idée de faire à nouveau se croiser nos chemins " .
Un rayon de soleil nous inonde au printemps, avec l'arrivée de notre première petite fille, Laure, au foyer d'Anne-Marie et de Franck, aussi radieuse que sa maman, un quart de siècle plus tôt .
D'abord jalouse, –s'agit-il vraiment d'une surprise ?– de la naissance puis de la présence envahissante de sa nièce, Hélène comprend vite le parti qu'elle peut tirer de Laure, dans les rassemblements familiaux. Et ce n'est pas trop de dire et de souligner l'effet bénéfique de leur complicité, y compris quand il s'agit de faire des bêtises, pour l'une comme pour l'autre. Laure affiche très vite un comportement naturel et spontané devant

l'anomalie d'Hélène. A son tour, Hélène profite à fond de l'effet d'aspiration de Laure.

Secouristes en Bigorre

Sollicités par un couple d'amis, Charles et Jacqueline, parents de Caroline, décédée parce que trop différente et déficiente, les parents d'Hélène se laissent convaincre d'accompagner un train de malades entre Paris et Lourdes, dans le cadre d'un pèlerinage franciscain.
Sur place, Charles et Henri s'appliquent à remplir avec sérieux leur rôle de brancardiers, bichonnant les petites mémés impotentes, lourdement handicapées, les accompagnant dans les cérémonies et processions, les baladant dans toutes –ou presque– les rues de Lourdes, avec arrêt dans les boutiques et cafés bien famés (quand même) de la cité bigourdane.
Quant à Jacqueline et Valentine, elles remplissent avec application, sérieux et humilité, leur mission de filles de salle : écouter, dialoguer, " torcher les fesses ", apporter sourire et réconfort est leur lot quotidien. La visite de plusieurs amis béarnais nous redonne courage et tonus durant cette harassante et passionnante escapade.

Annexion...

Grâce à la compréhension et à la complaisance de deux propriétaires riverains du hameau, après moult tractations aussi discrètes que difficiles, l'association acquiert une parcelle d'environ un hectare, jouxtant immédiatement le site.
D'origine agraire, le terrain gardera sa vocation, puisque seront aménagés une petite ferme, à valeur éducative et thérapeutique, un parcours de " crapahut " en partenariat avec la commune, et une route d'accès pour les utilisateurs voisins. Sensibles aux arguments des négociateurs de l'ARC-EN-CIEL (eux-mêmes de souche paysanne), les agriculteurs finissent par donner leur accord. Grâce leur soit rendue d'avoir parfaitement compris le sens, la finalité et la transparence de notre démarche, à cent lieues (*) et mille arpents (**) d'une quelconque spéculation patrimoniale.

(*) lieue = ancienne mesure de distance, d'environ 4 kilomètres.
(**) arpent = ancienne mesure de surface agraire, valant environ 2/3 d'un hectare en Touraine, soit 6.666 mètres carrés.

... et anniversaire

Premier anniversaire à deux chiffres pour notre petit monde associatif, par une belle soirée dansante et animée de novembre. Puisse cette première dizaine en appeler bien d'autres !

1994 Ce n'est pas parce que les choses sont difficiles que l'on n'ose pas
C'est parce que l'on n'ose pas qu'elles sont difficiles

Sénèque

" Les enfants de l'ARC-EN-CIEL "

Pour la première fois depuis l'ouverture du foyer, une simple et chaleureuse cérémonie des vœux, à l'initiative de Philippe Boireau, réunit le personnel, les résidents et les parents. C'est l'occasion, pour Henri, de remercier le chef d'établissement et son équipe pour le remarquable travail accompli, et de louer les qualités professionnelles et humaines de tous.
L'œil toujours aux aguets dans la lecture des revues, Valentine tombe sur un article évoquant une nouvelle association, appelée " les enfants de l'Arc-En-Ciel ", qui pratique l'accueil temporaire d'enfants handicapés mentaux, en Bretagne. Intriguée autant que curieuse, elle prend contact sur-le-champ avec les responsables de l'organisation. D'appels en courriers, de courriers en voyage, il n'y a qu'un pas, franchi au début de l'été, qui voit une délégation de l'ARC-EN-CIEL tourangeau débarquer dans les landes de Quistinic, en Bretagne.
Le dynamisme et la ferveur déployés par Jean-Jacques et Viviane Olivin, ainsi que leurs amis, ne sont pas sans nous rappeler l'enthousiasme de notre toute petite colonie de fédérés, quelque dix ans plus tôt. Cerise sur le gâteau, les bretons de l'Argoat cultivent un profond attachement aux convictions chrétiennes de leur enfance. Elle, mère au foyer –belle et noble profession–, lui, lieutenant de vaisseau (capitaine) dans les commandos de fusiliers marins, soucieux l'un et l'autre de remonter le taux national de fécondité –qui peine à compter jusqu'à deux– et attachés à la grandeur et à la beauté du cercle familial, conçoivent trois enfants. Trois garçons qui plus est, sains de corps et d'esprit : le soleil brille sur le foyer. Après un " temps d'arrêt ", le jeune couple éprouve tout naturellement le désir d'agrandir la maisonnée. Plus facile à dire qu'à faire ! La " machine " tombe en panne. Constat de carence, qui, loin d'abattre Jean-Jacques et Viviane, les convainc de se tourner vers l'adoption, autre formule. Oui, mais quels enfants adopter et combien ?
Nos amis fonceurs ne s'embarrassent pas de préjugés, se moquent du qu'en

dira-t-on comme de leur première chemise, balaient les obstacles. Il y avait jusqu'alors Sébastien, Aurélien et Jean Nicolas ; il y aura désormais une fratrie qui passe de trois à sept -excusez du peu- avec l'arrivée de trois filles, Agathe, Coralie, Anne-Estelle et d'un garçon, Jean-Baptiste.
Passer de trois à sept puis augmenter l'effectif de 133%, n'est déjà pas très banal. Ce qui l'est moins, -attachez vos harnais- c'est que les trois derniers sont handicapés, voire polyhandicapés ! Les deux époux, loin de verser dans l'abattement et la déprime passagers, ce qui pourrait se comprendre, même s'agissant d'une décision délibérée, assument parfaitement les responsabilités liées à leurs obligations familiales.
Sera-t-on surpris d'apprendre la même détermination affichée par le couple, dans le domaine social et associatif ? Il n'est pas d'obstacles que le commando Olivin n'ait affrontés et franchis, il n'est pas d'élus, locaux, régionaux, nationaux, qui n'aient reçu appels, courriers ou visites de Jean-Jacques. Et si d'aventure, il est permis de l'espérer, les textes de lois bénéficient d'une cure de jouvence quant à l'accueil des personnes frappées de la maladie de l'intelligence, Jean-Jacques pourra revendiquer une once de paternité. Quelle vitalité ! Quelle foi !
Bien sûr, nous nous réjouissons du souffle du vent de noroît, à chaque venue de nos amis. A défaut de jumelage, une fidèle et durable amitié unit désormais les deux Arc-en-Ciel, de Bretagne et de Touraine. Qui s'en plaindra ?

Un voyage, une arrivée, un départ

Lauréate d'un concours organisé par la revue hebdomadaire " les veillées des chaumières ", à l'échelon de l'hexagone, Valentine gagne un séjour culturel et touristique d'une semaine, à Rome, pour elle-même et... une personne de son choix. Heureux élu, choisi depuis longtemps, Henri accompagne volontiers son épouse pour entreprendre la découverte, par un automne toujours enraciné dans l'été, de la ville éternelle.
Dans le monde, le continent africain vit un événement renversant et révélateur. Hier encore prisonnier des geôles de son pays, le charismatique leader noir Nelson Mandela est élu président de la république Sud-Africaine. La raison et la démocratie l'emportent enfin, évitant l'explosion du chaudron.
En France, il manque dix-sept jours à Antoine Pinay, vieux sage entré par hasard en politique, pour atteindre ses cent trois ans. " Le père Antoine ", selon le terme affectueux employé par ses compatriotes foréziens, ôte définitivement son chapeau le 13 décembre 1994.

1995
Un grand préfet nous arrive

Faite souvent de sauts de puces, la carrière préfectorale conduit les titulaires à de fréquents changements d'affectation, pour éviter, entre autres raisons, tout risque de familiarité avec les administrés. Un peu commis voyageur, le grand commis de l'Etat ne " stationne " guère plus de deux ans, parfois moins, dans son territoire.
-" Je suis toujours prêt à faire ma valise, le préavis en moins ", nous confie un jour un préfet.
Après avoir exercé à Angoulême, sur les bords de la Charente, le préfet Daniel Cadoux débarque à Tours, sur les rives de la Loire-en-Touraine. D'emblée, notre association, avec l'aimable complicité de son cabinet, lui demande et obtient rendez-vous. Accompagné du doyen du bureau de l'association et du directeur du hameau, Henri conduit la délégation. C'est Hélène qui s'exprime à travers les propos tenus par son père, ce sont les quarante résidents qui parlent quand Philippe Boireau, le chef d'établissement et militant, répond aux questions du haut fonctionnaire. Le préfet nous met tout de suite à l'aise, dans son immense bureau sobrement décoré. L'accueil se veut spontané et chaleureux.
-" Vous êtes ici chez vous, dans la maison de la République "-
A vrai dire, Monsieur le Préfet, puissiez-vous être entendu par certains de vos subalternes, parfois à deux ou trois étages au-dessous dans la hiérarchie. Nous le pensons si fort que Monsieur Cadoux doit nous entendre.

Nous sommes aussi venus, comme nous le faisons à l'arrivée de chaque nouveau préfet, pour l'inviter à venir visiter le hameau.
Là aussi, l'homme se veut direct, ouvre et feuillette son agenda. Nous prenons date, ainsi que pour la course ARC-EN-CIEL " oxygène " en septembre, une information de bonne source nous ayant appris ses aptitudes dans la course à pied. Sans aucun doute, les membres du corps préfectoral deviennent, de nos jours, des athlètes complets.
La visite du préfet Cadoux reste un grand moment gravé dans les annales de l'ARC-EN-CIEL. La République distribue ce soir-là, spontanément, poignées de mains aux résidents et force bises aux résidentes, dont Hélène, très friande. Quant à la troisième rencontre, elle est narrée dans le chapitre des courses à pied, le 17 septembre 1995.
Oui, un accord plus que parfait a toujours régné entre l'ARC-EN-CIEL et le citoyen Daniel Cadoux, ci-devant préfet de l'Indre-et-Loire, du 5 septembre 1994 au 20 juin 1996, qui a bien mérité de l'ARC-EN-CIEL.

Après des pérégrinations qui l'ont conduit dans la Sarthe et le Pas-de-Calais notamment, Monsieur Cadoux est aujourd'hui préfet de la région Picardie.

Jacques, le hussard

Déjà Premier Ministre à deux reprises, Jacques Chirac monte d'un cran et accède à l'échelon le plus élevé de la République, dont il est élu Président, le 7 mai. Succédant à François Mitterrand le 17 mai, il devient locataire de l'Elysée.
Quelques mois plus tard, il est appelé à célébrer les noces d'or de la sécurité sociale, alerte mi-centenaire, tantôt adulée, tantôt décriée, avec tous les français.
En Israël, Ythzhak Rabin, Premier Ministre, apôtre de la paix, est lâchement assassiné par un extrémiste de son pays.

Visiteur de l'ombre

En avril, Henri est admis à la maison d'arrêt de Tours, en qualité de... visiteur des prisons. Il y rejoint neuf collègues, hommes et femmes, appelés à procurer écoute et accompagnement aux côtés des services éducatifs, sociaux, pédagogiques, d'aumônerie, auprès des garçons (*), souvent très jeunes, qui sont sortis des rails à un moment de leur parcours. Certains n'ont même jamais appris à vivre en société.
Peu enclin à la pratique de l'angélisme et du discours à l'eau de rose –la thérapeutique passe parfois par des " coups de gueule "–, le père d'Hélène comprend très vite la nécessité de pécher, plus encore que pour le combat de l'ARC-EN-CIEL, par humilité et enthousiasme. Hors de ces deux principes, point de salut du côté des visiteurs des prisons : les funambules réducteurs de tension qu'ils sont l'apprennent très vite.
La société française, dont nous sommes tous membres, consommateurs et fournisseurs ne l'oublions pas, loin d'amender le comportement des fautifs, par les " bons offices " de l'incarcération, prend soin de tendre un parapluie pour se mettre à l'abri. N'y a-t-il pas lâcheté de notre société d'enfermer sous un même toit des sans-papiers, des voleurs de poules, des pédophiles, des incestueux et agresseurs sexuels, des escrocs, des toxicomanes et dealers, des criminels de sang, sous prétexte de mieux se protéger ?

(*) seuls les hommes sont incarcérés à Tours, les femmes le sont, en principe, à Orléans.

L'honnêteté nous oblige à distinguer entre les maisons d'arrêt, où la population comprend des personnes incarcérées en préventive, c'est-à-dire en attente –souvent longue, trop longue– de jugement et aussi pour purger de courtes peines, et les centres de peine (centres de détention et maisons centrales) qui " accueillent " des condamnés à de plus gros tarifs et dont le régime est adapté, progressivement et théoriquement, vers la liberté.
Un gros problème pour l'administration pénitentiaire, qui dépend du ministère de la justice, est celui rencontré dans la difficulté à " guérir ses pensionnaires ", à corriger le tir mal engagé. Là où les services doivent, ou devraient, infléchir la conduite des personnes égarées, c'est très souvent, trop souvent, le contraire qui se produit.
Révéler la capacité extraordinaire de notre société à fabriquer des récidivistes, des irresponsables et des gens infantilisés ne traduit pas, loin s'en faut, un secret d'État, mais bien celui de polichinelle. Le pourcentage croissant des récidives (plus de 60% des détenus incarcérés en janvier 2000 sont des récidivistes) parle de lui-même. Le temps moyen d'incarcération, qui est passé de quatre à plus de huit mois dans notre pays en un quart de siècle, est là qui nous autorise à tirer la sonnette d'alarme. Qui plus est, les pauvres, plus facilement emprisonnés que les riches, constituent l'essentiel de la population carcérale.
Justice à deux vitesses, justice à deux niveaux –les détenus sont parfois incapables de saisir et de traduire le langage employé par des magistrats–, justice à deux tarifs. Selon que vous serez puissant ou misérable… Bis repetita… (*)
Malgré les efforts, louables et courageux dans un univers conservateur et volontiers macho, déployés par l'actuelle garde des Sceaux, Elisabeth Guigou, malgré le travail sérieux fourni par l'immense majorité des surveillants, malgré l'application, un peu désordonnée parfois il est vrai, apportée par tous les intervenants, professionnels ou bénévoles, une implosion est à redouter, tant le couvercle de la marmite demeure sous pression. Il ne suffit pas d'annoncer, à grands renforts de crédits, des constructions, des aménagements, destinés à réduire le surencombrement et à donner quelques touches de confort, saupoudrées au compte-gouttes. L'urgence des urgences nécessite d'HUMANISER les prisons, à rendre leur dignité à des personnes qui demeurent d'abord et avant tout des hommes et des femmes, quand bien même auraient-ils " dérapé ". Hier libres, aujourd'hui privés de liberté, demain à nouveau libres, l'aurait-on oublié ?

(*) déjà souligné dans un précédent chapitre.

A deux reprises et à trois ans d'intervalle, la question est posée à Henri de savoir les raisons qui l'ont amené à remplir cette mission de visiteur de l'ombre. En attente de jugement pour deux braquages, un détenu, qui a choisi librement le concours d'un accompagnateur, lui demande brutalement, au cours d'une conversation :
-" Pourquoi êtes-vous visiteur ? "-
Aussi imprévue qu'imprévisible, la question appelle une réponse rapide. Comme le silence ne saurait trop se prolonger, sous peine de paraître suspect, Henri prend son élan et sollicite le concours du Ciel :
-" Parce que, à la sortie, je souhaite te voir ressembler ni à une épave, ni à un fauve "-
Si la réplique paraît traduire une psychologie au " ras des pâquerettes " aux yeux des psychanalystes, le garçon, quant à lui, parut s'en satisfaire et Henri parvint à l'amener progressivement sur la voie du repentir (notamment avec ses victimes), avant son transfert vers un établissement de peine.

Comment on " noue des liens " ?

A propos de transfert, est-il vraiment nécessaire, est-il seulement humain, Madame la Ministre, d'enchaîner les hommes, déjà réglementairement menottés, aux mains et aux pieds, lors du périple qui les conduit de Tours à Fresnes ou à la Santé ? Les routes qui mènent de Touraine en Ile-de-France seraient-elles à ce point peu fréquentables pour lier latéralement, via les poignets, et dans l'axe longitudinal, les détenus, par leurs pieds interposés ? Voudrait-on distribuer un peu de nostalgie et rappeler le départ des forçats de Saint Martin de Ré vers le bagne de Cayenne, qu'on ne s'y prendrait pas mieux ! Rend-on la moindre parcelle de dignité espérée à des hommes dont le rassemblement fait curieusement penser, hormis l'unicité du sexe, à un cortège nuptial.
Interpellé, au début de sa nouvelle mission, par l'étrange composition sonore et visuelle du défilé qui évolue devant ses yeux, Henri, naïf comme pas deux, s'en ouvre au surveillant de permanence :
-" On tourne un film ?... "-
-" Comment, vous ne savez pas... "-
Henri ne savait pas. Voilà comment on apprend sur le tas. C'est aussi simple.
A la même interrogation, posée trois ans plus tard par un membre du jury de la cour d'Assises, où il intervient avec d'autres collègues, pour la formation des jurés populaires, Henri explique son cheminement, issu,

selon lui, du combat pour l'ARC-EN-CIEL, issu certainement aussi de son engagement dans Emmaüs et l'accueil des sans-logis.
Non sans raison, le lecteur est en droit de s'interroger sur le rapport entre Hélène –la pauvre– et l'univers carcéral.

L'ARC-EN-CIEL, après l'orage

Tous les " clients " –terme amical et un tantinet provocateur– d'Henri connaissent l'ARC-EN-CIEL, Hélène et ses quarante camarades du hameau. Lors d'une conférence, à l'intérieur de la maison d'arrêt, portant témoignage sur l'œuvre réalisée par notre groupe de parents, Valentine et Henri, parents d'Hélène, ne manquent pas de surprendre leur auditoire. Les prisonniers sont éberlués quand les deux intervenants osent tenter une comparaison entre une personne détenue, privée de liberté pour un temps, si longue soit la durée de la peine, et un personne handicapée mentale, captive de son esprit, toute sa vie durant, en un mot à perpétuité.
A ces mots, des larmes s'échappent sur des visages, tantôt juvéniles, tantôt déjà ridés, séniles avant l'âge. Un gros silence plane sur la salle.
Tempête sur le parcours d'une famille durement frappée par la venue d'un enfant abîmé, tornade dans le jardin d'hommes accidentés au cours de leur voyage.
-" Nos auditeurs nous ont tous applaudis, certains nous ont embrassés. Ont-ils tous connu simplement l'amour d'une mère et d'un père ?... "-
Les conférenciers d'un jour provoquent l'illumination des visages lorsqu'ils évoquent l'arc-en-ciel qui succède toujours à l'orage...

Bonjour, au-revoir, adieu

Nouveau maire de Truyes, Jean-Claude Landré succède à Hubert Bessé, qui ne se représente pas ès qualité.
Hommage à l'ancien maire, remarquable initiateur et complice de nos premiers desseins. Hommage au nouveau maire, personnalité différente et parfait relayeur de l'ouvrage amorcé.
A l'unisson, les municipalités successives de Truyes ont grandement mérité de l'ARC-EN-CIEL. C'est tout à leur honneur.
Olivier Fouquet, brillamment promu directeur d'un établissement en Ile de France, c'est Patrick Dauphin qui lui succède et devient adjoint de Philippe Boireau, avec lequel il continue de former un excellent tandem.
Deuxième fille d'Anne-Marie et de Franck, Louise, notre seconde petite-fille, pointe le nez le 6 octobre et arbore bientôt un large sourire qui

s'annonce conquérant. Plutôt du genre garçon manqué, elle a tôt fait de chercher –et réussir en partie– à dissiper Laure, sa sœur aînée, sage et sérieuse. La naissance d'Aubin, près de quatre ans plus tard, apportera un rayon de soleil supplémentaire à ce jeune foyer et à toute la famille.
Narrer les sonores et joyeuses parties récréatives réunissant Hélène, ses nièces et neveu, nous paraît un exercice à la fois banal et compliqué pour risquer de s'y livrer. A n'en point douter, nos trois petits enfants afficheront toujours un comportement naturel et spontané, un regard franc et direct, avec les personnes frappées du sceau du handicap.
Au beau milieu de l'année, Valentine éprouve la peine de la disparition de sa vieille maman, usée par le poids des ans et la souffrance liée à la disparition d'un mari beaucoup trop tôt parti.

La belle province

Depuis longtemps projet, l'idée mijotée de nous rendre au Canada prend corps et forme au début de l'été. En compagnie de Charles et Jacqueline, parents de Caroline, elle aussi différente et maintenant " comme tout le monde ", nous partons pour le Québec, saluer nos amis Saint-Germain. Maurice, vieux camarade corrézien, connu quelque trente-cinq ans plus tôt par Henri, lorsqu'il s'agissait de servir la France, et Jeannine, son épouse canadienne, aussi distinguée que prononcé est l'accent qu'elle véhicule, nous accueillent avec empressement et chaleur.
Maurice et Jeannine ont, ou plutôt avaient cinq enfants, resplendissants de santé. Il est écrit qu'un bonheur n'est jamais complet. Pascale a toujours réussi brillamment ses examens et concours, elle a conquis le cœur de Pierre et se prépare à l'épouser. Pourquoi Pascale a-t-elle choisi de s'enlever la vie et de partir ?...-" Et nous n'avons rien vu venir... "-, ajoutent nos amis.
Votre peine est aussi la nôtre.
Les dix jours de détente que nous nous accordons (un record pour les parents d'Hélène) au Québec et en Ontario passent trop vite. Qu'a cela ne tienne, nous reviendrons, mais pas à la saison des maringouins, vilains petits bourreaux nocturnes, malgré les moustiquaires.

30 ans de cohabitation

Par ce beau dimanche d'automne, Valentine a simplement proposé à son époux de sortir ensemble " pour marquer notre trentième anniversaire de mariage ".

Qu'elle n'est pas la surprise d'Henri de voir débarquer, à l'heure de partir au restaurant, une bonne vingtaine d'invités, tous de mèche, aussi fidèles en amitié que rigoureux pour tenir un secret bien gardé. Heureusement informés, Olivier le restaurateur et Mary, son épouse qui porte témoignage de l'accent du Massachusetts, se chargent d'exercer leur savoir-faire.
Trois décennies de vie commune fêtées ce jour-là, trente-cinq à l'heure où nous écrivons. Pourquoi s'arrêter en si belle route. Seigneur, si vous le voulez bien, Hélène a encore besoin de ses parents.

1996 - Passages de témoins

Personnage mystérieux, capricieux, haï et adulé, faiseur et fossoyeur de courtisans, François Mitterrand, courageux face à la maladie, disparaît le 8 janvier. Si la troisième République l'a vu chercher ses marques, la quatrième l'a fait décoller, et la cinquième, pourfendue par lui, l'a couronné deux fois au suffrage universel.

Un grand commis de l'Etat, dévoué jusqu'à l'abnégation, dans l'ombre du général de Gaulle, passionné et coléreux, amoureux fou de la France et de la Touraine, Michel Debré adresse son dernier salut le 2 août. En avril 1961, quelques heures avant le putsch des généraux en Algérie, il vint épingler, à Sainte Maure, la croix de chevalier des palmes académiques sur la poitrine du papy d'Hélène.

Il fallait que çà arrive un jour, mais nous espérions l'échéance plus lointaine. Six ans après l'ouverture du hameau, Françoise " inaugure " la liste des disparitions chez les résidents. Un voile de tristesse enveloppe l'ARC-EN-CIEL. Un seul reproche, Françoise, affectueux autant qu'amical : pour les tiens, pour tes camarades, pour tes éducateurs, pour nous tous, tu aurais pu attendre un peu. Peut-être avais-tu hâte de rejoindre ton cher papa ?…

Décollages, atterrissages

A plusieurs reprises, au plus beau et au plus long de l'été, Henri fait profiter résidents et salariés de la joie des baptêmes de l'air. Il est difficile de décrire l'enthousiasme délirant, toute crainte évacuée, de nos chers petits, qui, pour beaucoup, montent dans le coucou –quatre petites places– pour la première fois. Nos enfants n'en finissent pas de nous surprendre.

Atterrissage programmé pour Henri, qui, deux ans auparavant, a pris soin d'annoncer son dernier mandat (bail de deux ans, à chaque renouvellement) à la tête de l'association. Il demeure administrateur et militant de base, auréolé du titre de président d'honneur, décerné à l'unanimité par l'assemblée générale.

Cadre supérieur dans un établissement bancaire, Jasmin Servais, père d'Alban, lui succède et jette d'entrée tout son poids dans la bataille, notamment pour le projet d'accueil de jour.

Année olympique

En compagnie de son vieux compère Jean-Paul Gomez, Henri anime et commente, trois années durant, le marathon du val de Loire. Invités à côtoyer trois fleuves ou rivières (Loire, Indre, Cher) et à traverser trois châteaux (Villandry, Ussé, Azay-le-Rideau), près de 1000 concurrents goûtent à la fois l'âpreté du macadam et la douceur du paysage.

Atlanta, en Georgie, couronne deux fois Marie-José Pérec, la gazelle, reine du tour de piste, au cours des jeux olympiques.
Sur les bords de la Baltique, à Malmoë, quatre mousquetaires français (Boetsch, Forget, Pioline et Raoux) vont à l'abordage et ramènent de Suède la coupe Davis.

Premier d'une longue cordée, ou conte de Noël

Signe du destin ? Appel du Seigneur ? Travaux à peine terminés, la halte-accueil Emmaüs de Sainte-Maure accueille son premier routard, la nuit de … Noël. Nuit de ripailles et de coulées bachiques pour certains, Noël rappelle, pour d'autres, la naissance d'un bébé pauvre, réchauffé dans une étable par la grâce et le souffle d'un âne et d'un bœuf de bonne volonté.

Nous accueillons Jérôme sous notre toit, le temps d'un repas légèrement amélioré, partagé ensemble, avant de le conduire dans la chambre qu'il inaugure, à la halte Emmaüs.
Encore une fois, heureuse coïncidence, Jérôme est accueilli, dans la foulée, par les compagnons de la communauté de Tours, où il retrouve… son frère dont il avait perdu la trace et tout signe de vie, depuis une décennie. Vive Noël, quand tu nous contes !

1997
25 bougies, déjà

En mai, notre " petite " –le terme, loin d'être réducteur, se veut affectueux et chaleureux à l'égard de celle qui demeure notre locomotive– Hélène convie ses proches pour l'aider à souffler son premier quart de siècle de bougies.
Accroche-toi, Hélène chérie, continue de nous gratifier de tes encouragements silencieux, de nous distribuer tes applaudissements imprévus, de nous accorder ton sourire un peu coquin sur les bords. Oui, Hélène, nous ne cesserons de le répéter, sache bien que si notre présence et notre participation te sont nécessaires, nous avons encore et toujours besoin de toi.
Prions ensemble le Seigneur de prendre tout son temps pour te rappeler auprès de lui, au Ciel bien sûr, il n'y a pas de place ailleurs pour toi.

Au revoir, Christophe et Alban

A quelques mois d'écart, Christophe, fils de Madeleine et Jean-Jacques, s'en va le jour des vingt-cinq ans d'Hélène. Christophe n'a que vingt-sept ans quand il fait son entrée dans l'éternité. Au beau milieu de l'été, c'est Alban, fils de Stéphanie et Jasmin, notre nouveau président, qui s'en va, âgé lui aussi de seulement vingt-sept ans.
-" Ça va ! ". Quand Christophe prononçait ses deux mots préférés, il exprimait son bonheur, simple et chaleureux. Quant à Alban, tout le monde connaissait son sourire conquérant, son principal et si fort moyen d'expression, qui faisait la joie de la maisonnée.
Au revoir, les petits. Comme vos parents et vos proches, nous sommes tristes, anéantis, mais aussi révoltés devant pareille injustice.

En mai, fais ce qu'il te plaît...

Si les adages sont souvent avérés, il leur arrive de rencontrer de la contestation.
Ainsi, la neige, fait rarissime en Touraine, nous rappelle à son bon souvenir le 7 mai, poussant la farce à partir aussi vite qu'elle apparaît.
Curieux mois de mai avec le 8 mai qui tombe, événement très rare, le jeudi de l'Ascension.
Ce même jour, épisode pas banal, Henri accueille et converse longuement, à la halte Emmaüs, avec un garçon, encore jeune, sans logis, errant sur la

route pour aller nulle part. A la différence de beaucoup, cet homme possède un " bagage ", comme on dit, il est titulaire d'une licence de lettres et du C.A.P.E.S. (certificat d'aptitude au professorat et à l'enseignement secondaire) et complètement sonné et paumé, à la suite d'un dépit amoureux. Hier, chêne d'apparence solide, aujourd'hui roseau frêle et penché, de quoi demain sera-t-il fait pour lui ?
Association créée en mai 1989, le " Mai des handicapés " inaugure, en mai comme il se doit, le bel établissement, rayonnant de soleil et de chaleur humaine. Nous sommes appelés à partager la joie de nos amis Doré, Durieux, Hérault, Taillemite, de leurs collègues, des résidents, du personnel. Ce foyer accueille des jeunes infirmes moteurs cérébraux, appelés à recevoir l'autonomie nécessaire à l'émancipation progressive. Depuis une certaine course ARC-EN-CIEL " oxygène ", en septembre 89, une grande amitié unit nos deux associations. Bon vent au MAI.

Notre " grande sœur " nous quitte

Vice-présidente du conseil général, quelques mois députée, Michèle Beuzelin, " grande sœur " de l'ARC-EN-CIEL, comme Henri avait coutume de la baptiser, capitule le 17 novembre, terrassée par la maladie. Maman d'Isabelle, trisomique, elle n'avait de cesse de se battre, à la limite de ses forces, pour la cause des accidentés de la vie.
Son intervention, à la fin des années 80, visant à convaincre ses collègues conseillers généraux du bien-fondé du projet de l'ARC-EN-CIEL, fut d'abord celle d'une femme, blessée dans son cœur de maman, ensuite celle d'une élue, soumise aux dures obligations de la loi de décentralisation de 1983. Séduisante et sans doute nécessaire, cette loi donne beaucoup de prérogatives et moins de moyens aux assemblées départementales et régionales, à charge pour ces dernières de lever les impôts devant alimenter la pompe à finances.
Minée par le mal autant que par le dur apprentissage, en politique, des " amis qui n'en sont pas ", plus difficiles à identifier que les adversaires déclarés, Michèle Beuzelin a droit à la foule des grands jours, venue l'accompagner en sa dernière demeure.
Sous les voûtes de la cathédrale Saint-Gatien de Tours, sa fille aînée clame, dans un mot touchant, un hymne d'amour filial à sa mère. Le Père Jean-Marie Onfray, vicaine général, prononce une homélie de grande classe et de toute beauté, rappelant gentiment, au passage, les élus à leurs devoirs les plus élémentaires, en matière de courtoisie mutuelle et de soif d'arrivisme. Est-il entendu au-delà de son intervention ?

Consolation : Jean-Paul, " le mari de Madame Beuzelin ", comme il se plait à le dire, est élu conseiller général, en lieu et place de son épouse.

1998 : Curieuse année
Des hauts

Dimanche 12 juillet, la France et les français poussent des cocoricos qui dépassent largement le pont du 14 juillet. Onze garçons, professionnels du ballon rond, bien que réduits à dix vers la fin du match, passent un 3-0 sans rémission à onze artistes brésiliens, renvoyés à leurs chères études.

La France est en liesse, le stade de France, à Saint-Denis, n'a jamais si bien porté son nom, tout un chacun se souvient avoir joué au football. Après tout, jamais, dans son histoire, l'équipe de France n'avait gagné la coupe du monde.

Mal aimé par les uns, traîné dans la boue par des médias, l'entraîneur Aimé Jacquet, homme droit, propre et sans histoire, savoure sa joie et sa revanche.

Des bas

Côté bas, l'association d'insertion dans laquelle Henri a pris des responsabilités, connaît la liquidation, faute de reconnaissance et de soutien. Curieusement, les mêmes citoyens et leurs élus réclament à cor et à cri, et la rejettent dès qu'une structure est installée. Bizarre comportement, en milieu rural notamment, d'artisans qui craignent de se faire bouffer leur pain, d'élus à l'attitude plus électoraliste que jamais. Chacun marquant l'autre, les plus beaux projets tombent à l'eau, et pendant ce temps-là, des milliers de personnes se morfondent au-dessous d'un seuil seulement décent.

Pour innover, il faut avoir la mémoire longue : la pauvreté et la misère ne se rencontrent pas que sur d'autres continents, on les côtoie aussi chez nous, dans notre douce France et belle Touraine. Le quart monde est à notre porte…
Côté disparitions, le diocèse de Tours devient orphelin de son archevêque, Michel Moutel, si proche de ses ouailles, avant qu'André Vingt-Trois ne le remplace dix mois plus tard.

Fernand Sastre, à la vieille de la coupe du Monde (son bébé), Eric Tabarly, Jean Marais, Edwige Feuillère adressent un dernier salut à leurs supporters. Des proches, connus de nous seuls, font de même : ils s'appellent Claude, Bernard (papa de Béatrice), Charles, Pascal. Elle s'appelle Andrée, brillante magistrate, minée par une vicieuse maladie. Son mari, condisciple d'Henri au collège, et ses enfants la pleurent. Salut à toutes et à tous.

A la demande d'amis enseignants et de rotariens, les parents d'Hélène reprennent leurs bâtons de pèlerins et le cycle des interventions et conférences, durant lesquelles ils parlent de l'ARC-EN-CIEL dans les collèges, lycées et clubs.

Au hameau de l'ARC-EN-CIEL, Philippe Boireau, directeur, prend le large pour goûter l'air vivifiant des Landes. Bonne chance à lui.

Bonne chance aussi aux soixante-dix familles –excusez du peu– en attente d'une place d'accueil, qui pour son fils, qui pour sa fille, sous le toit du hameau ARC-EN-CIEL. La honte, toujours la honte !

La nuit du 4 août 1789 n'avait-elle pas aboli tous les privilèges et autres injustices ...

CHAPITRE 9

13 ANS DE POUSSE-POUSSE

ARC-EN-CIEL " Oxygène " : première

Pourquoi la course à pied ? Qui plus est en duo !
Coup de bluff ? Coup de blues? Coup de folie ? Coup d'orgueil ?
A la vérité, un cocktail de l'ensemble, destiné à faire connaître à l'extérieur le bouillonnement intérieur de la marmite, couvercle parfois au bord de l'explosion.
A coup sûr, un moyen original, marginal surtout, de communication.

-" Pour dire merde, pour tordre le cou, à la fatalité "-, hurle Henri, qui ajoute, un brin provocateur "- Plus on nous prendra pour des fous, plus nous courrons, plus on finira par faire entendre raison "-
Une première expérience en 1985 ; évoquée au chapitre six, renouvelée en 1986, nettement améliorée en 1987, telles sont les trois références initiales du binône " fille-père ", dans le registre des courses à pied sur route. Bagage bien maigre, penseront d'aucuns, qui auront pleinement raison, en tout cas suffisant pour déclencher l'onde de choc qui va suivre.
Et puis, dans le sport, le handicap n'est pas toujours un handicap. A condition de ne pas le traîner comme un boulet dans sa tête, il peut être locomoteur.

Vers le milieu de l'ouvrage, le lecteur se souvient de la décision, prise par l'association, d'organiser chaque année, en terre troïcienne (troïciens : habitants de Truyes) une course à pied sur route, pour faire connaître une œuvre ou cause à rayonnement purement local et à caractère social ou humanitaire. Dans l'esprit des organisateurs, la manifestation doit aussi donner un petit coup de projecteur sur la cité de Truyes, que beaucoup ne savent pas situer, écrire ou prononcer sans faute, et bien entendu, sur le combat de l'ARC-EN-CIEL. Selon Henri, rien ne vaut une bonne motivation, précise et bien expliquée, pour faire venir les compétiteurs.

D'accord, mais pour qui courir lors de cette première édition ? D'office, nous avons éliminé les grandes causes, à vocation nationale, certes infiniment respectables, mais, à nos yeux, déjà très largement médiatisées. Aussi effacée qu'efficace, aussi discrète que persuasive (dixit Henri), Valentine, qui a bien préparé son sujet, tente une percée :
-" Je connais une jeune femme, maman d'une fillette atteinte d'une sorte

d'autisme, habitant près de Tours, et qui anime une association naissante "-
-" Comment s'appelle cette association ? "-
-" L'association française du syndrome de Rett "-
-" Quoi ? Avec un nom pareil, sinueux et long comme un jour sans pain, comment veux-tu médiatiser l'événement ? "-

Douze ans après, Henri demeure confus et honteux de sa réaction. Tout de même, voilà une association qui souffre de l'isolement, autre facteur pervers de l'exclusion, voilà un groupe qui poursuit un noble combat, voilà une maman, citoyenne et responsable, qui nous explique le mal sournois frappant quelques fillettes :
-" Après un développement apparemment normal, l'enfant commence à régresser, à se couper du monde qui l'entoure. L'entourage doit lutter constamment pour maintenir la communication." -

L'ARC-EN-CIEL s'est fixé un objectif très précis : éclairer, sous les feux de l'actualité, d'autres associations, peu connues, pas connues, voire inconnues. Cahier des charges rempli, Valentine, souriante et obstinée, organise un front commun, de concert avec les autres membres de l'association, dans le but de faire plier la résistance de son mari, instigateur de l'épreuve. Résistance vaincue, on courra pour l'association du syndrome de Rett (Andreas Rett, professeur autrichien, découvreur de cette anomalie), pour Lise et ses petites camarades, cette maladie concerne uniquement les filles.
La règle du jeu est simple et clairement annoncée. Le montant intégral des inscriptions est alloué à l'association aidée. Quant à l'organisateur, il lui faut assumer à la fois les dépenses, assez faciles à comptabiliser dans le budget prévisionnel, et les recettes, plus difficiles à escompter, car souvent hypothétiques et fragiles, quand la fête se déroule en plein air.

" Je donnerai le meilleur de moi-même ... "

Pour assurer un matelas de sécurité financière, nous éditons un petit programme faisant appel à la publicité, collectée auprès d'annonceurs, souvent fournisseurs, dont la fidélité nous honorera sans faille, au cours des dix éditions. Le reste des ressources s'inscrit dans le schéma habituel propre à toutes les fêtes de l'hexagone, consommations liquides et solides, y compris les aléas liés aux conditions atmosphériques.
Plus l'épreuve approche, plus la fièvre monte ! S'agissant d'une première, nous naviguons à vue, même en plein brouillard, faute de points de repères

et d'antériorité. C'est vrai, Hélène et Henri ont couru à nouveau les 20 km de Tours trois semaines auparavant. C'est vrai, beaucoup de coureurs nous ont promis de venir, c'est vrai nos " missi-dominici-distributeurs-de-prospectus " ont fait merveille, il n'en reste pas moins vrai que notre " fonds de commerce " pèse surtout de toute sa légèreté et pèche par incompétence. Tout de même, une réponse, par courrier qui plus est, nous livre un premier indice . Grosse pointure régionale dans le milieu des courses à pied sur route, Michel Bastard, enseignant de son état et gentleman dans son comportement, nous adresse ce message :

- " Je viens de contracter un gros rhume, mais je viendrai courir pour votre cause et je donnerai le meilleur de moi-même "-

Un mot très court, certes, mais de nature à conforter la justesse de notre combat. Si ce gars-là vient courir, d'autres le sauront et lui emboîteront la foulée.

Pour la petite histoire, précisons que Michel, pourtant diminué, gagnera l'épreuve des 20 kilomètres.

Sonnez les matines

Il fait encore nuit noire, le 2 octobre 1988, quand une cinquantaine de bénévoles, tous éloignés du lieu de la " manif' ", débarquent à Truyes pour installer ce qui ne peut l'être qu'au dernier moment. Les cœurs des responsables, surtout celui d'Henri (imaginons un échec) battent à un rythme intolérable. Le trio du service médical, Michel, Alain et Jean-Pierre, est sur le pied de guerre !

Le même Henri, prudent, a déclaré :

-" Si nous avons 150 à 200 concurrents, ce sera encourageant et satisfaisant pour une première édition "-

Tentes dressées, piquets plantés, étals déployés, bureaux d'inscriptions en place, nous en sommes là de nos palpitations et espérances, pour attendre les premiers enregistrements prévus à partir de huit heures.

Tout le monde déploie son savoir-faire pour le meilleur accueil des compétiteurs. Premier signe révélateur, susceptible de calmer notre insoutenable attente : bien avant l'heure, des garçons et des filles viennent s'inscrire et retirer leurs dossards. Et lorsque vers 8 h 30, soit trente minutes avant le premier départ, Michel, Marc et Henri, au sortir de l'une des tentes, voient une place pleine de monde, point n'est besoin de se tenir un long discours ; se balancer des tapes d'allégresse sur leurs propres

épaules tient lieu de conférence de presse ! La partie est en voie d'être gagnée.
On dénombre 478 concurrents au compteur, en fin de matinée, dont François, le grand frère d'Hélène, et beaucoup d'autres membres de la famille.
Henri peut s'envoler rassuré, pour un déplacement professionnel outre-Atlantique, quarante-huit heures plus tard.

Quelle journée

Deux anciens internationaux, encore performants, chacun ignorant la présence de l'autre, ont répondu à notre appel. Sensible à l'invitation de Jean-Charles, oncle d'Hélène et alors directeur des sports d'une ville moyenne du bassin parisien, Radouane Bouster a répondu présent. C'est le dernier lauréat français de la célèbre " corrida " de la Saint-Sylvestre (*) à Sao Paulo (Brésil). Bien que ne courant pas, il a tenu à venir. Athlète à la carrière aussi brillante qu'éphémère, notre ami s'est intelligemment reconverti dans la promotion des articles de sport. Grande est sa joie de redécouvrir son " vieux " copain, Jean-Paul Gomez, venu de Poitiers, lui aussi champion du monde militaire de cross par équipes, et finaliste olympique (7ème) du 10 000 mètres sur piste, aux jeux de Montréal, en 1976. Relater l'embrassade des deux champions, à l'occasion de leurs retrouvailles, et l'émotion qui en découle, n'a rien du voyeurisme et s'inscrit tout simplement dans le déroulement d'une journée un peu inhabituelle, vécue par des gens heureux.

Il faut, ce jour-là, tout le talent et le plus jeune âge de Michel Bastard, pour venir à bout de la résistance de ce sacré briscard de Jean-Paul Gomez, dans les derniers hectomètres.

Des scènes inoubliables

Cette " première " va nous valoir des moments forts, durant ce beau dimanche automnal .
Généreux de cœur et de comportement, les coureurs de la délégation paloise le sont, qui non seulement viennent à leurs frais, mais laissent un

(*) Aucun autre athlète français n'a inscrit son nom au palmarès de cette prestigieuse épreuve , depuis Bouster.

chèque-souvenir. Parmi eux, des participants au raid Paris-Gao-Dakar, sorte de petit frère bipède du rallye motorisé Paris-Dakar. L'un d'entre eux, Christian Biados débarque d'Oloron Sainte Marie, venu en vélo et repart sur le même véhicule !

Des concurrents, pourtant discrets, retiennent l'attention et provoquent les applaudissements des spectateurs. Dame, on n'a jamais vu de coureurs en fauteuil roulant à Truyes.

C'est Michel Jolit, notaire au quotidien, paraplégique, qui manœuvre lui-même le manche de son antique fauteuil de mutilé, poussé en fin de parcours par un ami palois qui sacrifie son classement personnel. Michel s'est aujourd'hui " évadé ", mais son exemple a secrété un virus de volonté et de discrétion.

Ce sont les officiers-élèves de l'école de l'application du train, de Tours, tous des hommes appelés à prendre des responsabilités, dans la hiérarchie militaire de notre pays. Ils ont offert spontanément leur concours, sans en référer au colonel commandant le détachement –saine et citoyenne " désobéissance "– pour pousser les fauteuils des concurrents handicapés. Bravoure et conduite chevaleresque font encore honneur à nos valeurs nationales. Et quel beau symbole de voir courir, côte à côte, ceux qui sont debout, certains venus de loin, et ceux qui sont pliés et courbés, avec une mention spéciale à nos jeunes amis de l'A.P. F. (association des paralysés de France) de l'Aisne, venus nombreux, à l'initiative d'Henri Barbier.

Une vieille amie, supporter de choc

Dopés face à de pareils comportements, H et H (Hélène et Henri), de peur de rester figurants, s'inscrivent à la dernière minute et enfourchent leur attelage dernier cri, fauteuil stable bien que léger, conçu et construit par la société Poirier, qui a refusé la moindre indemnité pour couvrir les frais engagés. Merci, amis Juranville et Hergaud, pour votre geste. Nos deux " associés ", fille et père, participent à la course des 10 kilomètres, laquelle comporte deux tours de circuit. A l'occasion de la traversée d'un hameau, une dame amie, Laetitia, les a reconnus et les applaudit à tout rompre. Quelle n'est pas leur surprise, au cours du deuxième passage, de voir la même personne, pourtant octogénaire, " courir " à leur rencontre, comportement contagieux né de la course, sans doute, et leur tendre un billet substantiel, bien à l'abri dans une enveloppe !

Le comble pour Henri, qui a toujours proclamé sa farouche hostilité au versement de tout salaire occulte ou cachet distribué sous le manteau, on le lira plus loin. La première réaction du père d'Hélène l'amène à refuser. Surprise, on le serait à moins, cette brave Laetitia sait employer les arguments pour convaincre : -" C'est ma contribution pour l'ARC-EN-CIEL, pour les handicapés, pour le combat que tu mènes avec tes amis "- Discours proclamé avec une telle conviction que tout nouveau refus serait identifié à une vexation. Tout bien analysé, pas question de refuser. Message reçu six sur cinq. Henri, les larmes aux yeux (c'est vrai), embrasse la vieille amie de la famille, qui à son tour, étreint Hélène, un peu étonnée de la tournure des événements et de voir son père oublier la suite de la compétition. Au moment de repartir, les deux coureurs s'entendent rappeler un souvenir précis par la dame : -" La dernière course à pied, à Truyes, remonte à cinquante ans. Elle fut remportée par ton oncle, Roland ! ...-
C'est vrai . Elle aurait pu ajouter, champion départemental, régional, de cross, en juniors, sixième au national, à Brive, et toujours bien présent, un demi-siècle plus tard.

Interruption somme toute bénéfique, mise à profit pour récupérer de nos efforts ; la séparation s'avère difficile, mais urgente. Larmes séchées, crinières au vent, H. et H. avalent et dévalent les dernières difficultés de circuit, pour ne pas terminer les derniers. Dame ! Il s'agit d'une compétition !

Pour qui le cochonnet bien embarrassant ?

A l'heure de la lecture du palmarès et de la remise des récompenses, les vainqueurs se voient remettre une coupe. Le reste des lots est tiré au sort, pouvant favoriser le dernier ou l'avant-dernier, à nos yeux tout aussi méritants que les premiers. Le fric est rigoureusement interdit de séjour et banni dans notre épreuve : les candidats comprennent parfaitement et acceptent volontiers la règle du jeu. Quand comprendra-t-on enfin les vertus de l'effort gratuit dans le domaine du sport amateur, ici apparenté à un rassemblement à caractère humaniste et humanitaire ? De très beaux lots sont proposés, qui nous sont offerts, dont un séjour en Tunisie.

Fin limier, sinon fin connaisseur, un conseiller général devine le poids du petit cochon, lot de la bourriche. Habitant le secteur urbain, l'élu départemental, privé de jardin, inquiet à l'idée de causer des nuisances sonores et olfactives à son entourage, renonce à emporter le laiton-trophée. Il en est de même au deuxième tour de scrutin. Finalement, l'enfant de truie et de Truyes, trouve preneur, éleveur et famille adoptive, au troisième tour. Tout est bien qui finira bien, pour le futur ... sacrifié ! ...

Un gentleman ...

Un geste discret nous bouleverse particulièrement, bien dans la conduite chevaleresque du personnage. Le sort désigne Jean-Paul Gomez, heureux gagnant d'une superbe serviette de bain, à usage familial, tant sa taille est enveloppante. L'athlète prend le lot, remercie, le remet aussitôt à une jeune fille clouée dans son fauteuil roulant, puis l'embrasse avec chaleur. Du coup, l'assistance déjà bien chauffée par l'ambiance d'après course, applaudit à tout rompre. Les murs de la salle Roger Avenet résonnent comme ils n'ont jamais résonné.
Ancien champion de France du marathon, ancien recordman de France du 10.000 mètres sur piste, dans un temps encore très acceptable aujourd'hui, Jean-Paul, athlète doué, ne s'est jamais pris au sérieux. Ni son tour de tête, ni son tour de poitrine n'ont souffert d'un subit gonflement provoqué par ses nombreux succès, Marseillaise à la clé, sur les stades de plusieurs continents. Petit prince des pistes, grand Seigneur dans l'existence, ainsi est Jean-Paul Gomez, marié à l'adorable Nadine, son épouse.
Tristes de ne pouvoir donner vie et naissance, comme tant d'autres couples, à un enfant, ils n'ont pas renoncé, ce n'est pas le genre de la maison. Qu'à cela ne tienne, ils ont adopté trois enfants jusqu'alors privés de bonheur. Depuis lors une maison a retrouvé joie, chaleur et lumière, quelque part en Poitou.

Après l'effort, le réconfort

Désormais, les participants à cette course, une première en France organisée par des parents d'enfants pas gâtés par le destin et la nature, constituent en quelque sorte notre " fonds de commerce ". Du premier au dernier, leur message, à nous adressé, est clair : -" Continuez, on en redemande " - La presse locale évoque la " solidarité à pleins poumons " et titre, lors de la remise du chèque, " ARC-EN-CIEL sur les associations méconnues ".
Ce soir-là, dans les locaux du quotidien régional, la Nouvelle République du centre-ouest, un chèque de dix mille francs, représentant les montants

d'inscriptions des concurrents, est remis à Mireille Malot, présidente de l'AFSR (*), sous le regard radieux de Lise, sa fille. Envol parfaitement réussi pour cette jeune association, animée par une présidente à la pêche d'enfer, qui saura déplacer des montagnes.
Optimiste, le journaliste auteur de l'article parle de doubler l'effectif des coureurs en 1989 ! Pas moins. Après tout, sait-on jamais ? 478 concurrents au départ, autant à l'arrivée ; à coup sûr un message, un appel à recommencer.

Fin de saison

Sur un parcours plat -enfin- par un froid dimanche d'automne, le duo H et H participe, à la Ville-aux-Dames, dans la banlieue est de Tours, à la deuxième édition de la course " Macadam Santé ". Destinée à récolter les fonds, via une association départementale, pour porter le fer contre le cancer, l'épreuve réunit, outre les sans grades de notre espèce, quelques grands gabarits nationaux et internationaux.
A l'approche de Noël, une délégation ARC-EN-CIEL se déplace aux confins de la Touraine, du Berry et du Poitou, en vue d'encourager nos amis " les palois du désert ", coureurs-relayeurs, sur la route qui mène de Paris à Dakar, via Gao, au Mali. Epreuve à vocation sportive et touristique, toute de contraste, températures négatives en Europe, largement positives en Afrique, au cours de laquelle les passages de frontières tiennent parfois du saut d'obstacle. Le " club des douaniers-rançonneurs ", sous couvert d'améliorer l'ordinaire, n'hésite pas un instant à jouer les " ponctionneurs " de service. Business is business (**).

Pour donner le change et se donner bonne conscience, les béarnais distribuent parfois des prospectus vantant les activités de l'ARC-EN-CIEL en Touraine et annonçant l'édition 89 ! Difficile d'affirmer l'efficacité de la méthode, mais au moins notre service relations publiques tente-t-il une percée pour essaimer loin de ses bases ! Après tout, nous nous souvenons avoir vu, douze ans plus tôt, en Egypte, des soviétiques distribuer des photos de Lénine, en guise de " bakchich " (***) aux Egyptiens. Le summum dans l'art de la conquête diplomatique !

(*) ASFR : Association française du syndrome de Rett.
(**) Business is business : les affaires sont les affaires
(***) Bakchich : pourboire, pot-de-vin dans les pays du Maghreb.

Pour clôturer la saison avant la trêve hivernale, H et H s'engagent, l'un poussant l'autre, comme d'habitude, dans une corrida ! Pas d'arène, encore moins de taureaux et de toreros, mais tout simplement une course à pied, en nocturne, à l'approche de la Saint-Sylvestre. Le circuit s'apparente plus au crapahut et au parcours du combattant, le programme incluant un franchissement de tranchée. Qu'importe, le tandem fille-père est venu pour soutenir une famille d'amis éprouvés par le handicap accidentel et récent de leur fils, victime d'un traumatisme crânien à l'âge de seize ans, assorti de graves séquelles, bientôt irréversibles.

Nos deux lascars terminent crottés, fourbus et frigorifiés. Qu'importe, les cœurs battent, c'est l'essentiel, et le rideau vient de tomber, avant la prochaine saison.

1989

“Bis repetita placent” (les choses répétées, redemandées, plaisent) Horace

Fidèles à leur promesse tenue à l'automne 88, les membres de l'ARC-EN-CIEL " remettent la gomme " en 89. Parce que bâtir une société est aussi de la responsabilité des parents, des familles, des gens de la base –toute pyramide nécessite de s'appuyer sur une base solide et agissante– nous décidons une deuxième édition, porteuse des mêmes critères et principes que la précédente.

Qu'on se souvienne.

Une association locale, pas connue parce que naissante et désireuse de percer la fragile coquille, avant d'affronter un monde d'ignorance et d'indifférence. Hier, " l'association française du syndrome de Rett ", aujourd'hui, " l'association du Mai des handicapés ".

Une " vedette " du sport, au corps bien ancré au sol et à la tête pas trop riveraine des étoiles. Hier, Radouane Bouster et Jean-Paul Gomez, aujourd'hui, Martine Prieur. Au fait, qui est-elle ? Patience, nous allons la présenter.

Parce qu'il appartient à la société, s'adossant sur elle-même, de chercher à s'améliorer et non à la machine étatique de bâtir d'autorité une société meilleure, nous invitons les coureurs, désormais nos partenaires et amis, au rendez-vous fixé au 10 septembre.

En mai, fais ce qu'il te plaît, chez le cardinal

L'hiver aux oubliettes, pour se remettre en jambes et dans le circuit, H et H font goûter les délices du bitume aux roues du fauteuil, en cette bonne ville de Richelieu, le 7 mai. Organisée par Maurice Talland et ses amis du club local, l'épreuve, au parcours plat intro-muros, offre un relief sinueux et pentu extra-muros. Comme le tandem n'a pas l'habitude de gémir, –ce qui n'interdit pas au père de pousser quelques gueulantes à l'occasion–, on avale le circuit pour terminer dans un classement honorable. Ce jour-là, ceux et celles qui nous doublent sans respect dans la côte, sont rappelés à la modestie dans la descente, où le poids du trio-fauteuil-fille-père fait merveille et joue les bolides, à la limite de la sagesse !
H et H se sont promis d'arrêter les compétitions et de remiser l'embarcation le jour où ils termineraient (bons) derniers.

Amis lecteurs, s'il vous plaît un jour, au hasard de vos pérégrinations, de musarder aux confins de la Touraine et du Poitou, ne manquez surtout pas de faire irruption par l'une des quatre portes de la belle cité. Née de la volonté du cardinal et de l'imagination de l'architecte Nicolas Lemercier, l'agglomération présente des rues, toutes entrecoupées à angle droit, des habitations gardées par de majestueuses portes cochères, le tout parfaite réplique de Brouage, près de Rochefort (*) où les maisons sont moins hautes. Homme de décisions … tranchantes et sans appel, le cardinal était tout sauf un adepte du rond de jambe.

" Le mai des handicapés "

Guidé par le cœur, la raison et aussi l'admiration, le choix de l'association aidée s'est porté vers le groupe des parents du " Mai des handicapés ". Cette équipe dynamique, rebelle et bagarreuse, refusant la fatalité et son cortège funèbre, initiée par les familles Hérault et Durieux, relayées ensuite par les frères Doré, n'est pas sans rappeler l'ARC-EN-CIEL à ses débuts. Mêmes lacunes, même foi contagieuse, même ténacité à ébranler des montagnes. Eux aussi veulent construire un établissement, pour des jeunes infirmes moteurs cérébraux, sur le chemin menant à l'autonomie : raison de plus pour les aider à prendre leur envol, et, partant, à quitter l'ornière de l'isolement.

(*) en Charente-Maritime

Martine Prieur, vous connaissez ?

Sept médailles aux jeux de Los Angelès en 84, trois médailles aux jeux de Séoul en 88. Tels sont, parmi bien d'autres performances, les principaux résultats à l'actif de Martine Prieur. Si nous prenons soin de préciser que les médailles glanées et bien gagnées par cette jeune athlète, l'ont été aux jeux olympiques " paralympiques ", le lecteur non averti devient branché et subitement accro, à l'évocation de ses exploits. Et pour cause. Ce n'est faire injure à personne que de constater, à la fin des années 80, l'indifférence quasi générale à l'égard des compétitions réservées aux seuls handicapés, et la médiatisation extra plate de leurs performances.
-" Vous avez appris la médaille gagnée par " X " aux jeux paralympiques de " Y " ? "-
Au pire la réponse donne :
-" Non, ça ne m'intéresse pas, je ne suis pas concerné(e) "-
Au mieux, on entend à peu près ceci :
-" Oui, c'est bien, mais c'est du domaine réservé à des handicapés entre eux et les résultats s'en trouvent diminués … "-
Pourquoi ne pas parler de jeux olympiques de patronage et de médailles attribuées au rabais ?

Et pourtant, en l'an 2000, un homme court le 100 mètres plat sur piste en moins de onze secondes. Banal ! Oui, s'il n'était pas appareillé de deux jambes artificielles sous chaque genou ! ! Qu'en serait-il s'il était " normal " ?
Heureusement, les mauvaises habitudes sont appelées à être bousculées, sous l'impulsion de pionniers, d'athlètes et de gens qui se moquent du " qu'en dira-t-on ". Parmi ces derniers, nous avons le bonheur de connaître –il est ami de l'ARC-EN-CIEL– le tourangeau André Auberger, dynamique président de la F.F.H. (fédération française handisports), lui-même passager de son fauteuil roulant. Désormais, les compétitions mettant aux prises les personnes défavorisées par le sort naturel ou accidentel, deviennent médiatisées à la hauteur de leur mérite pas plus, pas moins, et surtout pas différemment. L'action du service des sports de France Télévision mérite d'être mise en relief. Sportives ou pas, les personnes handicapées ne demandent ni pitié, ni aumône : une simple reconnaissance suffit à leur bonheur de citoyens très ordinaires.
L'efficace intervention, doublée de complicité, d'André Auberger, nous met en contact rapidement avec Martine Prieur. La championne a ratissé large, pas moins de trois médailles, à Séoul, l'année précédente. Assortissant les trois métaux et les trois couleurs, Martine a " raflé " le

bronze dans l'épreuve du lancer de disque, l'argent pour le 100 mètres sur piste et l'or au pentathlon, combinaison de cinq disciplines. Ce n'est donc ni une " has been " (*), ni une tocarde qui accepte, non seulement sans réticence mais avec enthousiasme, de parrainer notre compétition.
On ne peut rêver de concentration plus symbolique : une épreuve organisée par des parents et amis d'enfants handicapés mentaux, au bénéfice d'infirmes moteurs cérébraux, avec, pour invitée d'honneur, une vraie championne olympique.
Depuis la rénovation des jeux de l'ère moderne par le baron Pierre de Coubertin, la ferveur, couvée le temps d'une olympiade, soit quatre ans, connaît son paroxysme au moment du déroulement des jeux. Un titre de champion du monde, toutes disciplines confondues, n'est presque rien – excusez du peu–, comparé à un titre olympique.
Médaille d'or bien en évidence autour du cou, un(e) champion(ne) olympique habile gestionnaire, sait parfaitement monnayer l'éclat et le prestige du métal doré, et provoquer les retombées sonnantes et trébuchantes. A faire rugir le brave baron, dont les préceptes d'amateurisme ont pris quelques rides ! !

Nous sommes à des années-lumière d'un pareil thème de discussion le 10 septembre 1989. Toujours généreux, Helios nous gratifie sans réserve de tous ses rayons. Notre appel à la solidarité sportive a été plus qu'entendu par les adeptes de la randonnée courue.
Seule petite ombre, éclipse vite dissipée, notre amie Martine Prieur, en attente d'un heureux événement, ne peut venir nous conforter de sa présence effective et affective. Frappée par la polio depuis l'âge de dix mois, Martine, basée à Auch, nous adresse un mot d'encouragement, duquel nous extrayons quelques passages :
-" … surtout, ne baissez pas les bras, continuez à vous battre pour Hélène et pour tous ceux, qui, comme elle, ont un réel besoin, car, dans ce monde d'injustice, il n'y a qu'en se battant que l'on arrive au moins à être respecté … Sincèrement, j'admire le courage et la volonté des gens de votre association, et mon seul souhait est que vous puissiez toucher à votre but, la création d'une M.A.S. "-
Précision : personne n'a tenu la main et la plume de Martine pour lui permettre de s'exprimer. Une grande femme, que cette petite Martine, digne d'enfanter ! On la verra un peu plus tard, d'abord au pays de l'Armagnac, puis sur nos terres de Touraine.

(*) Has been : traduction littérale " a été ". Expression souvent employée dans le monde de la boxe, pour désigner un champion sur le déclin.

987 concurrents au départ ...
... et autant à l'arrivée.

Sous le titre " Près de 1000 participants à Truyes ", l'excellent et honnête chroniqueur de la presse locale, Gérard Mathieu, évoque dans la Nouvelle République du centre-ouest, " la solidarité qui a joué à fond pour les handicapés ".
Et de poursuivre (les termes sont reproduits à la lettre près) : -" L'ARC-EN-CIEL, fort de l'expérience et de la notoriété acquises, pouvait espérer améliorer le " score " de 88. De là à le doubler, il y avait un pas que seuls les athlètes de la région pouvaient franchir. Et le résultat est là, plutôt réconfortant dans un monde où chacun passe souvent à côté de l'autre dans se soucier de ses difficultés ... Hier, en tout cas, ils ont consacré la fête des handicapés. Une grande fête de l'espoir pour tous ceux qui n'entendent pas renoncer devant la fatalité "-

Qui sont ces 987 " croisés ", venus courir et guerroyer contre l'indifférence et la fatalité ?

Des champions, comme il se doit, en pleine ascension pour certains, tels Alex Vétillard, vice-champion de France du 1500 mètres et François Barreau, international sur 10 000 mètres et en cross. Notre propre neveu, Jean-Michel Adam, ancien international en demi-fond, avec son " vieux " compère Hervé Dion, qui a connu lui aussi les sélections tricolores, sont venus nous soutenir. Les épouses sont bien sûr au départ. Le vainqueur de l'an passé, Michel Bastard, ne s'incline que devant Vétillard. Les " palois du désert " ont à nouveau déserté le Béarn pour la Touraine. Bertrand Rouzier, champion de France junior des 25 kilomètres, gagne l'épreuve la plus longue. Nos camarades du club de Sainte-Maure participent, nombreux.

A toutes ces " locomotives ", indispensables pour attirer la masse, sont venus se joindre les " sans grades " infiniment respectables, accueillis avec les mêmes égards. Parmi eux, un magistrat, des élus, des chefs d'entreprises, une forte délégation (une compagnie) de l'école d'application du train, colonel en tête, les barrettes au vestiaire ; la compétition contre le handicap possède cette vertu de niveler les différences hiérarchiques. Beaucoup de jeunes, de moins jeunes, des sveltes, des bedonnants, et bon nombre de handicapés qui eux, sortent vainqueurs de cette manifestation. Un condisciple d'Henri, durant les années de collège, Michel Cozic, a fait l'aller-retour depuis La Rochelle, pour terminer dans les profondeurs du

classement, mais " si heureux ". Admirable de ténacité, après une enfance apprise dans la douleur et dans la peine, Michel, marié à l'exemplaire et discrète Marie-Antoinette, décrochera son agrégation de lettres à cinquante-trois ans. Chapeau bas !
Est-il nécessaire d'insister sur la participation spontanée et la prestation gratuite de tout ce beau monde, huppé ou non ? Mieux même, chacun verse son obole, en guise de droits d'inscription. Seuls, quelques petits " roitelets ", de valeur tout au plus régionale, ont tenté de monnayer leurs talents, de niveau mondial à les entendre. L'épiderme hérissé, colère difficilement contenue, Henri, qui exècre ce type de comportement, réplique sèchement :
-" Vous avez parfaitement le droit de chercher à tirer parti et profit de votre réputation. Pour notre part, nous avons le devoir de refuser, sauf à tromper nos enfants et outrager nos convictions. Et en prime, vous gagnerez et emporterez de Truyes la chaleur de l'accueil "-
D'aucuns ont boudé, d'autres ont compris le sens de la réplique. Tous sont venus les années suivantes, sans chercher à négocier ce qui n'est pas négociable. Et c'est tant mieux pour la transparence du sport amateur, pour le don de soi, le geste gratuit, le respect des autres. Pour bien montrer son attachement à l'union de fraternité de tous les concurrents, Henri se poste à un endroit précis du parcours pour applaudir et remercier tous les participants, individuellement. Le comble est d'entendre de la bouche de plusieurs compétiteurs :
-" C'est nous qui devons vous remercier "- Décidément, Henri en est tout bouleversé !
Et un père, venu courir avec ses fils, qui nous reproche, très justement au demeurant, quelques petites lacunes dans l'organisation, nous écrit textuellement :
-" J'ai la chance d'avoir trois beaux enfants en parfaite santé et je ne suis pas toujours conscient de ce privilège. Veuillez trouver ci-joint une petite contribution personnelle à votre admirable action "- Des mots sincères qui vous travaillent au plus profond du cœur et des " tripes ".
Un chèque qui, ajouté à beaucoup d'autres, alimentera l'escarcelle naissante du Mai des Handicapés.

Tee-shirt -coup-de-cœur

Déjà bien introduite dans les sphères dirigeantes, Mireille Malot, présidente de l'association française du syndrome de Rett, rencontre entre-temps un dirigeant d'Adidas, et le convainc tout bonnement de fabriquer

des tee-shirts pour l'ARC-EN-CIEL. Oui, mais quel dessin en guise de flocage ? Pas de problème ! Sollicité, un oncle de Lise, habillé d'or au bout de ses doigts de dessinateur, accepte de croquer un athlète tendu vers l'effort, le tout en trichromie tonifiante, loin des sentiers battus.
Voilà comment se construit un nouveau maillon dans une immense chaîne de solidarité, voilà comment fait irruption le désormais célèbre tee-shirt de l'ARC-EN-CIEL, né du fruit de l'amitié et de la solidarité. Le comble du bonheur est de voir régulièrement des garçons et des filles arborer dans les courses le maillot aux parements jaune, rose et bleu ciel de l'ARC-EN-CIEL, qui n'a jamais constitué de club affilié à aucune fédération sportive. Toujours cette farouche volonté d'afficher son indépendance !

Baisser le rideau

Renvoi d'ascenseur : les meilleurs athlètes de l'A3 Tours étant venus courir à Truyes, H et H participent à l'épreuve des 10 kilomètres, organisée le 1er octobre par le même club, la ville de Tours et le quotidien régional, déjà cité. C'est à nouveau l'occasion de faire savoir, par le biais du sport et de la course à pied, et non en versant des torrents de larmes, l'existence des personnes handicapées en général, et notre combat en particulier. Honni soit qui mal y penserait autrement, la prestation de notre tandem n'a pas d'autre motivation ni finalité !
Fin octobre, nous courons à l'occasion de la troisième édition de " Macadam Santé ", à la Ville-aux-Dames, sur le thème " courir plus vite que le cancer ". Pour bon nombre de concurrents, dont nous-mêmes, il s'agit de notre dernière participation. Soyons clairs : les invités vedettes, grands noms de la course à pied sur piste, route ou cross, viennent avec la certitude d'empocher un cachet, la seule " contrainte " étant de courir, sans obligation de résultat. Certes, le procédé est légal et nous comprenons le principe du défraiement, mais quel respect éprouve-t-on pour ceux qui suent sang et eau et dont les mérites sont aussi grands ? Sans aucun doute, nos professeurs d'éthique ne sont-ils pas issus des mêmes bancs. C'est décidé, H et H ne reviendront pas jouer les guignols et les gogos !

1990
La quête aux bisous ...

L'hiver n'a pas fini de boucler son cycle en ce mois de mars 90, qui n'a plus qu'un lointain rapport avec le ventôse de nos ancêtres républicains. Point

de vent, seuls le froid et le soleil sont au rendez-vous à la Riche, dans l'immédiate banlieue ouest de Tours, ce dimanche 4 mars, ainsi que des bipèdes à l'allure de coureurs. Pourquoi cette course ? A l'initiative de Michel Quénard et de ses amis, les organisateurs décident cette manifestation pour améliorer le sort, humain et matériel, des enfants hospitalisés au centre de pédiatrie Gatien de Clocheville, à Tours. Quénard, coureur qu'Henri connaît bien, aussi bourru que rigoureux, dur et généreux, offre la garantie de la transparence, à travers son objectif.
Et si, çà et là, on commence à copier l'initiative de l'ARC-EN-CIEL, il faut se réjouir de voir se généraliser ce genre de rassemblement à vocation sociale et humanitaire. Raison de plus pour se remettre aux commandes du fauteuil roulant, avec, grande première, Lise pour passagère, souvenons-nous, la gamine dont la maman est la cheville ouvrière de l'association qui lutte contre les méfaits du syndrome de Rett.

Première, dans le calendrier, des sept compétitions qu'Henri, associé à Hélène ou à Lise, va entreprendre dans la saison, la course " Clocheville en fête " offre un parcours totalement plat. Ce relief vierge facilite grandement la tâche du pousseur, d'autant que Lise, comparée à Hélène pourtant loin de la catégorie poids lourd, fait figure de poids mouche. Fauteuil léger, passagère ultra-légère, ustensile et personnages sont associés pour donner des ailes à l'embarcation. Lise et Henri, survoltés, laissent loin derrière eux bon nombre de coureurs " normaux ", sans doute endormis à l'heure précoce de l'épreuve dominicale.
Pour sa première compétition, Lise s'est remarquablement conduite, telle une (presque) vieille briscarde, ce qu'Henri explique à sa maman, morte de frousse, enfin rassurée de voir revenir l'attelage après la folle escapade. Sans concertation aucune, Lise adopte en course le même comportement qu'Hélène. Rotation du visage, tantôt à droite, tantôt à gauche, la petite, âgée de huit ans, demande en réalité un bisou à chaque fois, en forme d'encouragement à l'égard d'Henri qui se prête de bonne grâce, point du tout fatigué à ce jeu :
-" Ah, les sacrées filles, elles nous mèneront toujours par le bout du minois ! "-
Qui est le plus heureux des deux ce jour-là ? Inutile de chercher à savoir...

Chez Saint-Pierre

Afin de maintenir leur forme quasi olympique, H et H choisissent de galoper à l'est de Tours, cette fois, précisément à Saint-Pierre-des-Corps.

Pourquoi ce choix dans cette cité cheminote au nœud ferroviaire bien connu des utilisateurs du train ?
L'explication est simple : Michel Bastard, notre fidèle ami, court alors sous les couleurs du club local. Comme il participe, à Truyes, depuis le début, et de quelle façon, avec ses équipiers, il n'est que normal de renvoyer l'ascenseur, à cette différence que nous sommes venus pour participer, non pour gagner.
Circuit plat d'un bout à l'autre, public habitué à vibrer, prompt et prêt à se mobiliser pour ceux et celles qui véhiculent leur différence. Ici, on ne se pose pas de questions ; et puis, quelle ambiance. Aucun décibel ne fait défaut à l'applaudimètre. Seules les clés nous manquent pour entrer au paradis, chez Saint-Pierre.

Chez Richelieu (bis)

Peu avant l'admission d'Hélène à l'ARC-EN-CIEL, H et H vont à nouveau se faire les mollets dans la cité du cardinal. Celui-ci était-il un adepte du footing, le long des douves de la place forte ou dans les allées du château d'alors ? Les historiens, on peut les comprendre, fouettent d'autres chats et restent muets autour de cette question, assurément mineure à leurs yeux !

L'accueil de Maurice Talland et de ses amis nous va droit au cœur. Comme nous courons sous l'emprise de la drogue des … applaudissements, notre classement est habillé de la mention " très honorable ".

Chez Henri IV

Via l'Armagnac et Auch, où nous rencontrons Martine Prieur et sa petite famille, nous allons courir chez nos amis béarnais, aux 20 kilomètres organisés par l'ASC Bordes et Turboméca, à Meillon, dans la couronne immédiate de la ville chère au bon roi Henri IV. Parcours inconnu et prudence paternelle réunis ont convaincu le père de ne pas amener sa fille et l'exposer. Henri court donc sans Hélène, autant dire tel un albatros sans ailes, privé de sa motivation habituelle. A mi-parcours, l'artisan électricien souffre d'une " ampoule " (un comble !) sous la voûte plantaire et s'arrête chez une vieille dame béarnaise riveraine, quémander des soins de première urgence. Problème, la brave femme s'exprime surtout en patois et ne dispose, à défaut de sparadrap, que d'un rouleau de scotch. Pas question de faire la fine bouche, on désinfecte : le gave de Pau un peu éloigné à cet endroit, on se contente d'eau-de-vie et on enroule le bobo avec le papier collant. A la guerre comme à la guerre, mais Dieu, que la fin du parcours est difficile ! Merci, brave dame (merci Herra, Brave Hemma).

Promis, juré, on reviendra l'année prochaine, en binône, mieux entraînés et avec des équipiers.

Copie presque conforme, en Irlande

Au cours de notre balade estivale irlandaise évoquée dans un précédent chapitre, Henri tombe en arrêt sur une affiche annonçant une " human race " (course à caractère humanitaire), près de Killarmey, dans le comté du Kerry. Grâce à la guide qui nous accompagne, solide et joviale autochtone, rendez-vous est pris le soir même avec notre " collègue " organisateur, au pub de l'hôtel où séjourne le groupe de touristes.

Nos imaginions les irlandais solides gaillards, nous savions que leur boisson préférée ne dérivait pas directement de l'eau de mer, mais tout de même ! Autour d'un, puis de plusieurs " irish coffees " plantureux, la discussion démarre sur le thème de la course à pied, nos interlocuteurs et nous-mêmes bien calés (heureusement) dans nos fauteuils respectifs. Rassemblant héroïquement ses lointaines notions d'anglais grammatical, importées du collège, vapeurs de whisky et force gestes à l'appui, Henri comprend et se fait comprendre au mieux, pour sceller un accord de principe, au beau milieu du tangage. Le " traité de Killarmey " stipule la venue de concurrents irlandais à l'occasion de l'édition 91 d'ARC-EN-CIEL " Oxygène " et, bien sûr, de représentants français pour la " human race " suivante. Conclue joyeusement, à tout le moins, par un solide " shake-hand " (serrement de mains), la convention sera plus sérieusement peaufinée et confirmée dans un courrier, au retour sur le sol gaulois et suivie d'effet l'année suivante.

En passant par le Vermandois

Juin, juillet, août sans compétition, c'est trop peu pour le binôme, atteint de fourmis dans les jambes. Une invitation, en forme de renvoi d'ascenseur, nous attend pour une compétition organisée à Chauny (Aisne), par le délégué de l'A.P.F (association des paralysés de France), Henri Barbier. H et H, accompagnés de Valentine, épouse, mère et coach, et des amis Servais, parents d'Alban, prennent le départ de l'épreuve des 10 kilomètres. Arrivés trop tard pour reconnaître le parcours, ils en apprécient la difficulté sur le tas. Qu'importe, Hélène, habile à stimuler l'équipier, applaudit toujours son pauvre pousseur de père dans les moments difficiles. Notre petite délégation, coureurs et supporters confondus, manifeste ses encouragements. Par son excellente initiative, l'ami Barbier n'a-t-il pas fait participer, pêle-mêle, des valides et des moins valides ! Progressivement, des pans de murs d'incompréhension tombent, et c'est tant mieux.

Lèpre des temps modernes

Coup sur coup, deux articles de presse retiennent notre attention, dès les dernières brumes de l'automne et les premiers frimas de l'hiver.
C'est tout d'abord Cédric, gamin de quatorze ans, qui pousse un " coup de gueule ", dans notre quotidien régional, soutenu par la plume, le talent et le cœur de la journaliste Edith Van Cutsem :
-" Et ma maladie à moi ? … "-
Un petit corps rachitique, perché sur deux guiboles fragiles, surmonté d'une frimousse beaucoup trop sérieuse pour son jeune âge. Cédric a mal. Qu'il se griffe, qu'il se cogne, qu'il tombe, et sa peau vole en éclats. Reste-t-il inactif, d'affreuses pustules rouges apparaissent, rapidement sanguinolentes. L'épidermolyse bulleuse, puisqu'il s'agit d'elle, fait son œuvre sournoise, sans se presser. Maladie rarissime, elle n'a rien à craindre de la médecine qui baisse les bras, face à une lèpre d'un genre nouveau. Pensez donc, elle ne touche –que– dix mille enfants à travers le monde !
Cédric, dernier d'une fratrie de sept, rejette la fatalité, prêt à parier sur la recherche médicale. Et c'est précisément pour qu'on s'intéresse enfin à son mal que l'adolescent hurle, dans l'émission " C'est pas juste " sur France 3.
“Et ma maladie à moi, vous l'oubliez ? "-
Sa prime enfance s'est déroulée dans l'angoisse, pour lui et ses proches, à tel point que les médecins, le croyant perdu, ont conseillé aux parents l'ondoiement (*). La scolarité tourne à la galère, condamné qu'il est à rester dans son coin, à ne pas jouer, à ne pas courir, de peur de raviver les plaies. Un calvaire que Cédric, au seuil de l'adolescence, supporte de plus en plus mal :
-" Quand j'ai vu le téléthon pour les myopathes, je me suis dit : pourquoi pas pour moi. Et quand j'ai regardé l'émission, j'ai voulu raconter mon

(*) rite religieux du baptême catholique, dans lequel on se contente de la seule ablution

histoire pour aider les équipes de recherche à trouver de l'argent. Pour que tous les enfants comme moi se liguent au sein d'une association "-
Cri relayé en écho par deux adolescents, un frère et une sœur, Tiago et Maria,(*) qui, sur les bords de l'Indre, près d'Azay-le-Rideau, connaissent le même enfer quotidien. C'en est trop. Appel entendu du côté de l'ARC-EN-CIEL. A maladie épidermique, réaction épidermique de notre groupe : c'est décidé, nous courrons pour Cédric, ses camarades d'infortune, unis et groupés.

Doriss et Gaëtan - Gaëtan et Doriss

Huit jours avant Noël 89, le journaliste Marc Hennikinne évoque, dans les colonnes du Figaro, " le bonheur partagé de Doriss et Gaëtan, un curieux couple qui s'adonne au plaisir de la course à pied "-
Gaëtan, cinquante-quatre ans, exerce la profession de kinésithérapeute : bravo, mais des milliers d'autres ont épousé la même profession. Gaëtan s'adonne avec assiduité à la joie de la natation, du ski de fond, de la course à pied : bravo encore, mais c'est banal.
Oui, mais Gaëtan est aveugle ! Et s'il court, c'est grâce au concours et à la complicité de Doriss, magnifique chien Labrador de vingt mois. Là, c'est moins banal, convenons-en.
Quand nous tombons, admiratifs et bouleversés, sur l'article repris dans la revue des chiens guides d'aveugles de l'ouest, dont le siège est à Angers, nous entreprenons de contacter ce personnage hors du commun. C'est chose faite, très rapidement. Venant de courir le cross du Figaro, dans le bois de Boulogne, au milieu de milliers de concurrents, Gaëtan donne son accord, aboiement discret de Doriss en guise de confirmation, pour répondre à l'invitation et participer à l'édition d'ARC-EN-CIEL " Oxygène " 90 !

Un certain Marc Berger

On évoque au passage le nom de Martine Prieur, qui co-préside, en compagnie de Patrice Lagisquet, l'édition à venir. Gaëtan, volontiers disert, ajoute :

(*) Aujourd'hui, Tiago se bat toujours, animé d'un courage aussi exemplaire qu'effacé. Pied de nez décoché au destin, Maria a pris Christophe pour époux : une belle petite fille, Moea, inonde de joie leur foyer.

-" Je prête mon concours à l'équipe de France handisports, dont je suis le kiné "-
Et de poursuivre :
-" Je suis membre d'un club omnisports, l'élan sportif de Chevilly-Larue, en Val de Marne, et je me propose de parler de votre épreuve à mon président, Marc Berger.
Henri l'interrompt :
-" Marc Berger, l'ancien sprinter international ? "
-" Oui, vous le connaissez ? "-
-" Par ses exploits, bien sûr "-

Sans tarder, Henri va chauffer son stylo à courrier, et pianoter sur son téléphone, pour entrer en relation avec Marc Berger, aussi discret et réservé au quotidien que bouillonnant et performant dans les couloirs d'une piste d'athlétisme. Associé à Roger Bambuck, devenu, deux décennies plus tard, secrétaire d'Etat à la jeunesse et aux sports, à Jocelyn Delecour et à Claude Piquemal, Marc a participé au fameux relais qui a décroché le record du monde du 4 x 100 mètres, dans les années 60. Suprême et heureuse décision, Marc Berger a choisi d'unir sa destinée à une adorable tourangelle, richelaise de surcroît.
Sera-t-on surpris d'apprendre le débarquement d'un car complet de " touristes coureurs à pied ", le 16 septembre 90, à Truyes, sous la houlette de Marc ?

La joie des cent cinquante bénévoles fait plaisir à voir, en fin de matinée, à l'heure d'un premier bilan. Grâce à eux, grâce aux 1.390 concurrents, le record de participation est largement battu, l'épreuve de l'ARC-EN-CIEL devient, quant au nombre de coureurs, la deuxième du département.
Quantité de compétiteurs certes, mais aussi compétiteurs de qualité ; Michel Bastard, sur 20 bornes, devant l'inusable et talentueux Jean-Paul Gomez, Dominique Gerbron sur 10 kilomètres, Bruno Tejera, record à la clé, sur 5 kilomètres, ont tous gagné avec panache. Et que dire des filles ? Nathalie Bernard, future Madame Tejera, Patricia Sainton et Viviane Benamou ont non seulement remporté la victoire dans leurs distances respectives, mais plus encore amélioré sensiblement les performances établies les années précédentes. Bref, un grand millésime que le cru 90 !
La Nouvelle République du centre-ouest, dont le concours nous a été précieux au niveau de la communication, avant et après l'épreuve, commente en ces termes : " une vraie chaîne d'amitié et de solidarité s'est créée. C'était en quelque sorte la fête des handicapés, grâce à ceux qui ne le sont pas "-.

Parmi les personnes handicapées et participantes : Gaëtan, flanqué de Doriss, fait merveille, malgré une chute dont il se remet sans se plaindre, un autre aveugle, lié par un petit cordon à un coureur accompagnateur, une forte délégation de jeunes infirmes mentaux, en provenance de Montoire. Tous provoquent des tonnerres d'applaudissements sur le bord du circuit. Une profonde osmose unit tous les acteurs de cette belle journée.

Plaquage à retardement

Martine Prieur, la marraine, Patrice Lagisquet, le parrain, sont aux anges. Leurs filleuls d'un jour sont ravis de les connaître et d'échanger. Pourtant, Patrice, bien que plâtré à la suite d'une talonnade encaissée à l'entraînement, bien qu'ayant confirmé sa venue, a failli ne pas rejoindre Truyes, à son corps défendant.
Valentine et Henri, désignés " réceptionnistes " du rugbyman international, l'attendent de pied ferme, du moins le croient-ils, sur le quai de la gare, à Saint-Pierre-des-Corps. Sentinelles mal rompues à ce type d'exercice, les parents d'Hélène s'avèrent incapables de " prendre livraison " du trois-quart aile du XV de France, qui échappe au … plaquage de ses hôtes ! Qui plus est, Patrice, comme bon nombre de voyageurs, croit bon de prendre la navette pour gagner la gare de Tours et son cul-de-sac, ce que nous saurons beaucoup plus tard. Coups de fil à Bayonne, pas de réponse, coups de fil sur les lieux de la course du lendemain, pas de Lagisquet.
-" Nous voilà bien "- clame Valentine, vite pessimiste.

Sans le manifester, Henri commence à s'inquiéter et imagine déjà l'absence de l'invité d'honneur, le lendemain. Le retour à Truyes manque d'enthousiasme. La préparation des installations reprend le dessus quand un appel téléphonique, en provenance de François, frère d'Hélène, nous apprend l'arrivée de Patrice Lagisquet, qui nous attend … au buffet de la gare de Tours.
Bredouilles au premier tour, Valentine et Henri repartent gonflés, certains de récupérer l'invité plâtré.
-" Patrice, tu nous a donné des sueurs froides et nous avons même craint un accident "- lance Henri.

A la seule évocation du prénom de notre ami, une horde humaine fond sur le pauvre Lagisquet, privé de ballon, provoquant une mêlée dont il se sort habilement, après avoir satisfait à la séance des autographes. Henri aurait voulu intervenir qu'il eût été pris de vitesse et peut-être mis à mal sous le poids des admirateurs. Il comprend, un peu tard, que les chasseurs

d'autographes n'étaient autres que les garçons de café de l'établissement, informés par la presse locale.
-" On n'était pas très sûrs de l'avoir reconnu, alors on préférait attendre " … avant de porter l'estocade, auraient-ils pu compléter. Curieux toreros, les serveurs du buffet de la gare !

Nous passons deux journées pleines et entières avec nos parrain et marraine. Patrice hébergé sous notre toit, Martine chez son président national, André Auberger et son épouse. Les conversations nous amènent très vite à découvrir deux grands champions, bien sûr, mais aussi un homme et une femme à la tête bien faite, et au cœur gros comme ça.
Au soir de cette mémorable manifestation sportive placée sous le signe de la solidarité, le total des engagements laissés par les concurrents pèse 22.000 francs dans la balance. Convoyeurs du chèque, nos amis Servais, Bricot et leurs épouses remettent officiellement la précieuse " image " à l'équipe de recherche, à l'hôpital Saint-Louis, à Paris, en présence des responsables de l'association, autour de Cédric.

Courir le cachet ? …

Le calme revenu à Truyes, c'est à Tours de s'enflammer, le 30 septembre, pour les désormais classiques 10 et 20 kilomètres, disputés dans les rues du chef-lieu du département. Avec l'aimable autorisation d'Hélène, Henri a choisi de courir à nouveau avec Lise, l'épreuve des 10 kms. Selon une déplorable habitude, il s'est avéré impossible d'obtenir le même numéro de dossard, ce qui fait pester Henri, une fois de plus :
-" Parce que nous avons payé l'un et l'autre notre droit d'engagement, nous sommes considérés concurrents et adversaires, et non partenaires dans un même attelage "- Dur de se faire comprendre, au pays de Descartes !
La " colère " galvanise l'équipage qui termine en 1 h 00' 01" (le chrono aurait pu nous accorder un chiffre rond ! !), soit vingt-huit minutes après le vainqueur Eric Peinado, et une heure avant le dernier concurrent classé. Pour l'histoire, Lise occupe la 1.183ème place et son pousseur la suivante, sur un effectif total de 1.384 concurrents. Surprise de remporter la coupe offerte au premier handicapé, Lise monte sur le podium et accède au rang de vedette. Un chèque accompagne traditionnellement cette coupe, c'est écrit dans le règlement. Curieusement, les organisateurs restent de marbre et affichent un mutisme complet. Du coup, Henri n'y tient plus, qui interpelle puis apostrophe ces gentils messieurs osant mettre en avant l'âge mineur de Lise, pour ne rien verser. Au royaume du profit …

Le " driver " de Lise explose : -" Ce serait tellement simple ainsi, voyons, Messieurs les hypocrites. Vous versez le chèque à sa mère et point final "- Mireille, la maman de Lise, aura l'élégance de fractionner fifty-fifty, 500 francs pour le syndrome de Rett et autant pour l'ARC-EN-CIEL.

11 novembre à Niort

Sur un stade de Niort, c'est le jour de gloire pour plusieurs fous merveilleux qui ont choisi de courir vingt-quatre heures durant, excepté de brefs moments de repos, mis à profit pour souffler et panser les plaies. Valentine et Henri encouragent un tourangeau, Bruno Fougeray, dont on reparlera quelques lignes plus loin et quelques mois plus tard.

1991

Un courrier, fort aimable au demeurant, reçu début 91, nous révèle l'importance grandissante et l'impact progressif d'ARC-EN-CIEL " Oxygène ", y compris du côté des non initiés. Le maire d'une commune de l'agglomération tourangelle, en pleine expansion, nous propose d'accueillir, sur son territoire, la prochaine édition de notre épreuve. Dire que l'invitation nous laisse de marbre serait inexact. C'est la traduction d'un signe de reconnaissance de la justesse et de la noblesse de notre combat en faveur des autres et de nos enfants, par le canal du sport. C'est aussi la preuve de la place qu'occupe dorénavant notre manifestation, en Touraine.

Loin, très loin, derrière l'organisation pachydermique, ultra médiatisée, lourdement sponsorisée des 20 kms de Tours, notre association, forte de ses moyens incomparablement inférieurs, poursuit son petit bonhomme de chemin. De là à nous gonfler les pectoraux, il y a un pas que nous ne franchirons jamais, encore moins à la course. Nous demeurerons à Truyes, où nous restons nous-mêmes, frappés d'une identité qui nous est propre, au milieu d'une population qui nous a accueillis dès la première heure, qui nous aide à garder notre âme.

Poliment, nous déclinons l'invitation à émigrer vers d'autres cieux.
Ventôse et ses bourrasques ont encore droit de cité quand H et H enfilent leurs équipements, à l'aube d'une nouvelle saison, qui débute à la Riche, en mars. Fauteuil, passagère et pousseur testent leurs capacités à l'entame du calendrier des épreuves de courses à pied.

A Saint-Pierre-des-Corps, en guise d'assistance, Henri prête ses bras pour aider, et sa voix au micro, à l'occasion de l'épreuve qui sillonne les rues de la ville.

Un curieux tour d'Indre-et-Loire (27 avril - 4 mai)

Fort de son expérience de Niort et d'un raid à long métrage et kilométrage dans le désert mexicain, Bruno Fougeray nous a convaincu de courir, seul, le tour du département, sur ses guiboles, " pour faire connaître l'ARC-EN-CIEL ".
Rien de moins !
Autrement dit, 445 kilomètres en huit jours, avec, au programme, des étapes quotidiennes pouvant atteindre 60 kilomètres. Certes, l'expérience a pris vie, dix ans auparavant, à l'initiative de notre ami Hubert Santier, et plusieurs dizaines de coureurs téméraires ont réussi le pari de boucler le contour de notre beau département. Mais aucun personnage solitaire n'a réussi le pari jusqu'alors. Nous avons préparé de notre mieux ce fou courant qu'est Bruno à se lancer dans l'aventure. L'hiver a été mis à profit pour préparer itinéraire, sécurité, intendance et hébergement.
Cet original de Bruno a poussé la minutie jusqu'à " tangenter " à la perfection et à traverser toutes les communes de l'Indre-et-Loire, qui jouxtent un département voisin. Le maire de chacune des communes traversées a reçu un courrier destiné à l'informer de l'expédition. Comme souvent, certains réagissent en citoyens responsables, poussant la complicité jusqu'à organiser fête et réception en l'honneur de la " vedette ", certains, trop occupés à fouetter d'autres chats, restent calfeutrés dans leur carapace de solitude. Comme on les comprend, après tout, si " l'animal " s'avère dangereux ...

Alors président de la fédération départementale du bâtiment, qui aide le coureur à hauteur des frais engagés, et maire de Pouzay, commune où habite Bruno, Jean Savoie donne le départ à un cortège limité au seul aventurier et à un couple d'amis, au volant d'une voiture d'accompagnement. On sait rester simple et modeste au niveau du staff, quand les moyens financiers demeurent extra minces. Tout dérapage est immédiatement auto-sanctionné.

Chaque soir, le drôle de personnage et sa troupe sont accueillis et hébergés chez des amis ou relais, contactés à l'avance. Deux maires invitent le trio à leur table personnelle et le logent sous leur toit.

Chaque soir, Valentine et Henri vont à la rencontre du coureur et lui tiennent compagnie, Henri coureur bipède, dans les derniers kilomètres.
La dernière étape, samedi 4 mai, présente une scène particulièrement révélatrice de la ferveur qui monte. Chauffée par les médias, la population bouge, se déplace sur le bord de la route. A l'approche d'un bourg, le maire, qui connaît Henri, lui demande :
-" Dois-je porter mon écharpe tricolore quand " votre " coureur va passer ? "-
Un instant surpris, Henri n'hésite pas longtemps :
-" Bien sûr, Monsieur le Maire, c'est un champion ! "-

Dès le passage du héros du jour, le maire, écharpe en bandoulière, applaudit, les anciens combattants restent figés au garde-à-vous, et de vieux paysans, selon une coutume rurale bien ancrée, soulèvent leurs casquettes. C'est la France profonde qui se manifeste et apporte son salut, mêlé de respect, à l'étonnant personnage. Peut-on imaginer, à moins de rêver, une séquence identique dans Paris, Lyon, Marseille, ou tout autre grande ville de l'hexagone ? Le coureur se fondrait dans le décor.

Mort de fatigue, les pieds meurtris, les traits tirés et burinés, le visage ruisselant de joie, plus encore que de sueur, Bruno est accueilli en champion par la population, la municipalité et une grosse délégation de parents et de résidents de l'ARC-EN-CIEL, au cours d'une émouvante cérémonie. Et quand il prend la parole pour annoncer qu'il reverse à l'association les subsides récoltés à son corps défendant sur le bord du macadam, la salle explose. Sacré Bruno !

Pèlerinage chez Saint-Martin

Depuis longtemps, l'ARC-EN-CIEL s'était promis de rendre visite à son fidèle complice et ami Jean-Paul Gomez, en son fief de Ligugé. L'occasion nous est donnée, le 15 juin 1991, de visiter la magnifique abbaye bénédictine, là où Saint-Martin fonda, semble-t-il, le premier monastère en France, au quatrième siècle. Touristes et visiteurs nous sommes venus, touristes et coureurs nous repartons, après avoir satisfait à la rude épreuve des foulées ligugéennes sur sept kilomètres.
Bien structurée, notre délégation comprend à la fois des supporters crieurs, parmi lesquels André Bricot et Louis Marchès, et des coureurs, dont Bruno Fougeray, remis de son périple, Pascal Daguet, Jean Mercier et ses fils Christophe et Frédéric, et les inévitables H et H. Organisateur, Jean-Paul

ne nous a pas fait de cadeau ; le menu comporte un parcours tourmenté et vallonné à souhait, si bien que dix places seulement nous séparent de la lanterne rouge, à l'arrivée. Après tout, l'amitié doit-elle baigner dans la facilité, pour s'ancrer dans des racines profondes ?

Et de quatre ...

C'est le titre de l'éditorial d'Henri, à l'occasion de la quatrième édition de la course " oxygène ", qui écrit :
-" A trois reprises, nous avons couru pour des causes qui méritaient notre respect et provoquaient nos encouragements. Tour à tour,
- l'association française du syndrome de Rett, en 88,
- le Mai des handicapés, en 89,
- l'épidermolyse bulleuse, en 90

ont pu bénéficier, un peu matériellement, beaucoup plus solidairement, des efforts déployés par tous les concurrents.

Nous revenons en croisade dans Truyes qui nous accueille à nouveau. Une fois n'est pas coutume, nous invitons à courir, cette année, pour ... l'ARC-EN-CIEL. Devant l'énormité de nos besoins d'équipement, nous avons décidé d'affecter les droits d'engagement à l'achat de deux chariots lève-malades.
Amis sportifs qui mouillez votre maillot ce jour-là, amis bénévoles qui travaillez dans l'ombre, amis annonceurs qui versez généreusement, vous connaissez clairement, comme d'habitude, la destination de votre contribution. Au royaume de l'effort gratuit et spontané, vous serez tous payés de ... notre amitié, qui vous est acquise, avec une mention spéciale à Michaël O'Keeffe, champion vétéran d'Irlande, en provenance de Killarney ".

ARC-EN-CIELement vôtre.
Un rapt évité de justesse

Pour " réceptionner " l'irlandais O'Keeffe, invité d'honneur, François, frère adoré d'Hélène, qui manie bien la langue de Shakespeare (accommodée à la sauce irlandaise), attend notre gaillard à l'arrivée du vol Aer Lingus, à Orly. François ne fait pas exception aux nombreux agitateurs de pancartes et panneaux divers, qui fleurissent, quand les correspondants cherchent à " cueillir au vol " les passagers inconnus. Muni d'un panneau " Mike

O'Keeffe. Arc-En-Ciel and rainbow ", notre fils a aussi en mémoire une photo de Mike, pas très récente à la vérité, même si elle dépasse largement l'âge de sa première communion. Les séquences se déroulent très vite et se succèdent à un rythme soutenu. François croit reconnaître son client, accompagné semble-t-il, d'une jeune femme ... non prévue au programme. Dans la seconde qui suit, le " duo " est happé par un guide accueillant d'autres voyageurs. Décidément ...
-" C'est mal barré ", se dit François, toujours bredouille, qui se souvient de l'épisode rocambolesque de Patrice Lagisquet, l'an passé, en gare de Saint-Pierre-des-Corps.

Très déterminé à ne pas laisser fuir la " proie " supposée, notre fils fonce et fend la foule attroupée, pour interpeller et attraper " l'oiseau ", lequel décline son identité et s'appelle bien Michaël O'Keeffe, accompagné de sa charmante épouse Naureen. Nous ne connaissons l'un et l'autre que par courriers interposés, ils vont très vite se révéler gens adorables et bientôt amis profonds. Situation régularisée pour la réservation, avant de prendre pied dans le TGV, François débarque en compagnie de ses deux passagers, à Truyes. Voyant notre surprise –nous attendions une personne au lieu de deux– il glisse à son père : –" Mike est accompagné de ... sa femme "– Les salutations et les présentations peuvent suivre, ouf !

1.713 coureurs !

Après un bon repas, arrosé comme il est de tradition en Touraine, ne serait-ce que pour se remettre de leurs émotions, les deux insulaires se réveillent frais et dispos, par cette matinée dominicale du 15 septembre 91, au milieu d'un peloton de 1.713 coureurs, scindé en trois groupes. Afin de terminer à une heure raisonnable, nous avons pris la décision de diminuer les distances et de remplacer les 5 - 10 - et 20 par 2 - 5 et 10 kms.

Quelques faits marquent cette journée faste. Le nombre de concurrents constitue un record dans nos annales, le peloton de 1000 concurrents de l'épreuve des 10 kms met plus de trois minutes à quitter la ligne de départ ! Triplé pour Michel Bastard, déjà vainqueur en 88 et 90, exploit pour Jean-Louis Saumon, futur maire de Brouqueyran (Gironde), qui, second la veille lors du célèbre marathon (42,195 kms) du Médoc, termine 9ème de la course des 10 kms ! Quelle faculté de récupération, quelle classe et surtout, quelle gentillesse. Jean-Louis, en homme de cœur, offre sa coupe et ses bisous à Hélène.

La présence de Pierre Bataillé, vice-champion du monde handisport de ski nautique, à Detroit, nous encourage.
D'autres personnes méritent attention et respect.
68 ans séparent la benjamine de la course des 2 kms, Julie, âgée de 7 ans, et le doyen, Roger Guillon, notre fidèle participant sur 10 kms, qui promène allègrement ses 75 ans.
Lise, poussée cette fois par le pompier Francis Legrand, termine à la 21ème place sur 10 kms : fabuleux !
Jean-Paul Gomez, sur qui les ans n'ont pas de prise, occupe la cinquième place.
Deux marcheurs, Jean-Pierre Piraube et Jean-Yves Maitre, participent à l'épreuve, le dernier nommé venu, à pied bien sûr, de son domicile distant de près de 20 kms, et reparti … à pied.
Et que dire des nombreux amis handicapés physiques et (ou) mentaux, se propulsant ou poussés par d'autres ? !

Faux départ ! ! !

Comme il se doit, la courtoisie veut de faire donner le départ d'une manifestation au maire de la commune et à l'invité d'honneur. Pour l'épreuve des cinq kilomètres, Mickaël O'Keeffe, armé d'un " pétard " qui garnit une main sûre d'elle-même, s'apprête à officier, quand, un instant avant le lâcher des participants, un coup de pistolet pirate retentit, donné par un inconnu, libérant le peloton. Que faire ?
Henri, surpris et furieux, hurle au micro :
-" Quel est le c… qui a fait cette farce ? "-
L'effet de surprise passé, l'irlandais donne à son tour un coup de pistolet, dans le but de rappeler les fuyards, après le faux départ. Rien n'y fait, allez donc rattraper une horde galopante, déjà bien engagée ! Les liaisons radios n'en peuvent mais, les concurrents élancés en tête continuent. Après tout, la rage de courir les aiguillonnant, ils n'ont sûrement pas entendu le rappel des troupes et il nous appartenait de tendre une corde en aval pour parer à ce genre d'incident.
Que voulez-vous, nous n'avions pas imaginé un seul instant pareille mésaventure, pour le départ d'une course de longue distance …

Comme il faut faire et réparer sur-le-champ, la décision est prise d'intégrer, dans le premier tour des 10 kms, les frustrés de la course précédente. Hormis deux braillards incorrigibles et fort mécontents , –nous les remboursons et présentons nos excuses– tout rentre dans l'ordre et la bonne humeur. Par micro interposé, Michel Bastard et Jean-Paul Gomez montent au créneau, rappelant l'objectif premier de la manifestation. Avant le départ, sans bavure cette fois, donné par Hubert Bessé, maire de Truyes, l'hymne national irlandais, " the soldier's song " (le chant du soldat) est envoyé, suivi de la Marseillaise. Grâce à Patrice Lagisquet, la fédération française de rugby, l'ambassade d'Irlande du sud à Paris, nous avons pu trouver un CD. Désormais, l'ARC-EN-CIEL " oxygène " s'inscrit dans les épreuves du calendrier ... international.

Mais au fait, qui peut bien être le c... qui a donné le faux départ ?
Tout penaud, un gamin ... sexagénaire bien dans sa tête, vient voir Henri et lui explique avoir rempli normalement son rôle de starter officiel, désigné par le comité départemental, confessant, au passage, avoir seulement oublié de signaler sa présence.

Toute colère bue et toute sueur froide épongée, Henri le " punira " et le désignera grand maître de la cérémonie du lâcher des coureurs, à l'avenir. Depuis, Louis S. compte parmi les grands supporters de l'ARC-EN-CIEL.

A l'heure du vin d'honneur, après qu'un hélicoptère, piloté par Aimé Fabregat (*) a effectué plusieurs survols au-dessus du hameau, Henri prend la parole, au nom de celles et ceux qui ne peuvent le faire, condamnés qu'ils sont au silence :
-" En 1985, quand j'ai couru et poussé Hélène pour la première fois, on m'a traité de fou. Aujourd'hui, 1.713 fous ont uni leurs efforts pour lutter contre l'indifférence et niveler la différence. L'épidémie de folie progresse, et c'est tant mieux "-
Si elle pouvait parler, Hélène ajouterait : -" Papa, soudain, eut la voix cassée et une larme perla sur son visage ... "-
Bien sûr, une telle participation, de sueur et de cœur réunis, permet l'équipement immédiat de deux chariots lève-malades, pour le foyer.

Une chute de plus, spectaculaire

C'est tout naturellement à Tours, le 29 septembre, que H et H clôturent la saison de fréquentation du bitume, sur 10 kilomètres. Un entraînement

(*) Pris en otage avec sa famille, plus tard , pour héliporter, sous la menace des armes, des bandits soucieux de faire évader un détenu de la centrale de Saint-Maur, près de Châteauroux.

intensif, des conditions atmosphériques idéales, un public aux mains chauffées pour applaudir, tous les ingrédients sont rassemblés pour accomplir un bon chrono. Nous descendons nettement sous les soixante minutes de l'an passé, non sans difficultés, à la suite d'un incident survenu au cours du franchissement d'un trottoir.

Le fauteuil bascule, la passagère, solidement harnachée, chute lourdement sur le sol. Vexé, honteux, responsable et coupable, le père-taxi constate les dégâts, une fois l'équipage remis d'aplomb. Joue tuméfiée, lèvre ensanglantée, Hélène, dure au mal depuis longtemps, ne bronche pas et invite son piètre pousseur de père à poursuivre l'expédition. Tout de même, Hélène, patience !

A proche distance, des secouristes heureusement placés au bon endroit, nous apportent les premiers soins. L'arrêt au stand n'a pas dépassé les soixante secondes, et déjà le " bolide de formule 10 " repart.

Un problème va se poser, à résoudre très vite. Il s'agit de passer en un point stratégique où se trouve Valentine, pas rassurée du tout, venue surveiller plus qu'encourager. Si l'épouse mère poule voit sa fille dans cet état, c'en sera fini de l'aventure, carton rouge et retour au vestiaire garantis. Or il reste encore une bonne fraction à avaler. Que faire ? Classé brillamment et courant à notre rencontre à l'issue de cette même épreuve, Jean-Michel Adam, notre neveu, est rapidement mis au parfum et chargé de faire diversion auprès de sa tante, lors du passage du pousse-pousse. Stratégie savamment orchestrée par tous les acteurs mobiles, Henri poussant la mise en scène jusqu'à essuyer la sueur (sic) sur le visage de sa fille à l'aide d'une serviette. Trois kilomètres plus loin, mission remplie, l'affaire est dans le sac !

Au début de leur " carrière ", les deux protagonistes avaient connu une première chute au cours de laquelle ils avaient abandonné un peu de relief cutané. L'accident du dernier dimanche de septembre 91 en précédera d'autres. L'un des plus mémorables s'est déroulé en Charente-Maritime, près de Marennes, quand H et H, unis dans un vélo de style tri-porteur, ont fini leur randonnée au beau milieu d'un fossé truffé ... d'orties. Là aussi, Valentine n'apprit le scoop que beaucoup plus tard, à chacun de nous juger en son âme et conscience, sans haine et sans crainte. Nous attendons le verdict de nos lecteurs.
Mais, de grâce, que personne ne taxe Hélène de fille douillette ou de poule mouillée !

1992 - Année olympique, chargée pour nous
Entre Béarn et Bigorre

Si la saison démarre timidement, vers " ventôse " à la Riche, et en plein " germinal " à Saint-Pierre-des-Corps, pour la traditionnelle et nécessaire remise en jambes de l'équipage, c'est en " floréal " qu'elle s'accélère. L'invitation nous vient à nouveau du Béarn, où Henri a souffert mille bobos voilà deux ans. N'avons-nous pas promis à nos amis de revenir en force ? Nous apportons dans nos bagages quantité, six coureurs dont H et H, et, grâce à l'un d'entre eux, qualité.

Michel Bastard, s'agissant de lui, affiche au quotidien le comportement d'un homme parfaitement équilibré, serein, courtois, chaleureux, consciencieux. Ses élèves partagent sûrement cette appréciation portée sur leur instituteur. Par contre, dès qu'il prend le départ d'une course à pied, le contact du bitume lui transmet la rage de vaincre et le catapulte souvent en tête du peloton, ses poursuivants accrochés à ses basques. Point de haine dans son attitude, simplement l'engouement pour la compétition, exercice dans lequel il s'agit de gagner.

Bien renseigné sur le niveau des coureurs locaux, Henri espère secrètement une place sur le podium pour notre meilleur représentant, qui court, c'est nous faire beaucoup d'honneur, sous les couleurs de l'ARC-EN-CIEL. Son inscription est enregistrée dans la plus grande discrétion. Pas de fuite dans les colonnes de la presse locale, qui ne connaît pas l'oiseau.

Et c'est parti pour un tour de 20 kilomètres. Henri, très en verve pour brouiller les pronostics, fait annoncer au speaker, volontiers crédule, le nom de l'un des nôtres, en réalité accompagnateur, parmi les outsiders de l'épreuve, afin de créer une diversion.
Michel, très en jambes, s'installe, bien calé dans le groupe de tête, puis, trouvant l'allure un peu lente à son gré, tire sa révérence et prend le large assez tôt. C'est la surprise, pis, la consternation dans les rangs. Pensez donc, un inconnu montrant son train arrière aux grosses " pointures " du Béarn et même de Navarre (nous sommes près de la frontière espagnole), et de surcroît sur leurs terres !

Parti un peu vite, Michel est rejoint dans les derniers hectomètres par un coureur palois, revenu, de façon peu élégante, dans le sillage de deux compères cyclistes, mais trouve la volonté et la force de gagner au sprint. Morale et justice sont sauves. Les commentaires vont bon train, sur la

ligne d'arrivée, témoin ce dialogue surpris entre deux autochtones :
-" Ce Bastaro " (sic) - Michel a le teint basané et on le prend sans doute pour un sujet espagnol- " il les a tous mis à la raison "-
-" Eh bè ! c'est bien fait pour leurs pattes ! "- (vive la charité).
Stop, arrêtons dans le registre de la suffisance, par coureur interposé, notre modestie pourrait en souffrir. D'autant que H et H, assez loin dans les profondeurs du classement, sont tout heureux de voir venir à leur rencontre les autres membres de la délégation, y compris le vainqueur, pour les encourager dans les dernières difficultés. Le père et la fille ont connu une grosse frayeur, quand, embarqués à une allure vertigineuse dans une descente prononcée, l'intrépide Maïté Steyer à leurs côtés, ils ont évité de justesse la collision avec une voiture, laquelle venait d'échapper à la vigilance du service d'ordre.

Si le gendarme et la gendarmette, au demeurant négligents, lisent ce passage, qu'ils pardonnent le vocabulaire assez vert et fleuri employé par Henri et Maïté, à leur adresse, ce jour-là.
Délicate attention au moment de la remise des récompenses : une belle coupe, témoignage de l'amitié qui nous unit aux béarnais, est offerte à notre équipe, pourtant pas mal bigarrée. Qu'importe, nous venons de franchir une étape de plus dans l'acceptation et la reconnaissance des personnes handicapées.
Il n'est jusqu'à nos collègues Agrifor du club Béarn-Bigorre qui nous remettent un joli trophée, par l'entremise de Roland Estellat. Merci à eux, merci à Michel Bastard qui va gagner, dans la foulée, confortablement et démocratiquement élu, ses galons d'administrateur de l'association ARC-EN-CIEL. C'est une première au sein de notre groupe, s'agissant d'un membre non parent d'enfant invalide.

Tours - Brest - Tours

Le temps de mettre en route la machine administrative pour la cinquième édition d'ARC-EN-CIEL " oxygène ", via le concours d'un agent publicitaire et l'organisation d'une conférence de presse, nous voici à nouveau propulsés sur la chaussée, en vue d'une épreuve pas banale du tout.
Deux habitués de notre compétition, cadres à la base aérienne (B.A. 705), près de Tours, ont convaincu plusieurs de leurs collègues de rallier Tours à Brest et … retour. Le milieu cycliste évoque volontiers le souvenir de la course, un peu folle, Paris-Brest-Paris (vraiment pas du gâteau), qui

laissait des traces durables dans les organismes et mollets des coureurs. Ce raid a trépassé depuis belle lurette.
Finalement, après consultation de la hiérarchie militaire, une solution aussi médiane que sage est adoptée : ralliement de Tours à Brest en voiture – plusieurs résidents, encadrants et familles de l'ARC-EN-CIEL participent à l'expédition– retour Brest-Tours, à la course et à pied. C'est plus prudent, même si l'armée, de tout temps, est autorisée à un pourcentage de pertes sur les territoires des opérations. En la circonstance, il faut savoir raison garder !

Le voyage automobile effectué sous la conduite de nos amis Bodilis et Desjardins, le plus dur reste à faire, en ce dimanche 31 mai. Brest et le centre de contrôle de Daoulas ralliés sans problème, salamalecs vite expédiés, une première épreuve nous attend, avant le départ, autour d'une table abondamment garnie. Dans ce domaine, les tourangeaux montrent leur savoir-faire aux bretons, sauf qu'Henri a décidé, depuis longtemps, de tenir compagnie à un coureur militaire au cours du premier relais de 10 kilomètres, dans l'immédiat prolongement du copieux repas, café prestement avalé. Il est 22 heures.

Oh ! le piège ! Henri s'en souvient :
-" J'ai d'abord connu une rébellion de douleurs au niveau de l'estomac, puis l'armistice revenu, le conflit s'est réveillé sous la forme d'une révolte de crampes dans les guiboles "-
Bref, si la phase préparatoire, peu propice, est vite oubliée, la nuit, bien que plus tardive dans l'ouest, a la bonne idée de tomber et cacher ainsi le désarroi du papa d'Hélène ; très fair-play, son accompagnateur réduit la voilure et freine l'allure.

Nuit courte en Bretagne pour Henri, avant une rapide et courte escapade qui le ramène en Touraine, rejoindre l'assemblée générale de la chambre de Métiers. Le contact est renoué le lundi soir, avec les relayeurs et la délégation ARC-EN-CIEL. C'est l'occasion pour trois bons copains qui formeront désormais un trio célèbre dans notre microcosme de découvrir souvent deux églises, y compris dans les petites communes, en Bretagne. Difficile, là-bas, de fixer rendez-vous sur la place de l'église. Laquelle ?

C'est aussi l'occasion pour Philippe Boireau, directeur de l'ARC-EN-CIEL, de montrer au grand jour tout son savoir-faire, appris dans son parcours d'éducateur, auprès de nos enfants, un peu perturbés et si heureux de l'expédition.

Moment fabuleux au point de convergence, avant Tours quand les revenants de Brest retrouvent leurs collègues aviateurs de la base d'Orléans. A partir de là, l'organisation militaire prend l'affaire en mains, à la perfection : la horde multicolore de civils, de coureurs harassés, de militaires de tous grades, escortée par la gendarmerie, puis par la police dans Tours, atterrit sur le tarmac de la B.A.705, à Parçay-Meslay, siège d'une école de chasse aérienne réputée.

Quand l'armée invite et orchestre, elle a coutume de ne pas lésiner et de mettre les petits plats dans les grands. Qui voit-on ? Des généraux, en plusieurs exemplaires –la race n'est pas en voie de disparition–, des colonels à ne pas les compter, des poitrines constellées de décorations ! Où sommes-nous tombés, pauvres de nous ? Que peuvent bien faire ici, sinon de la figuration, le caporal-chef Henri Gaumé, ancien de l'infanterie de marine, et ses collègues, guère chargés de " sardines " (galon de caporal ou de sous-officier), perdus au beau milieu de cet imposant aréopage sapé et galonné ?

La chevalerie a ses règles

L'essentiel est de garder son calme, son naturel et la maîtrise de sa condition … subalterne. On nous convie à prendre place pour un sacré repas –la Touraine sait faire– et, comble du supplice, des bristols imposent à chacun la place à occuper. Pas question de changer les étiquettes, l'étiquette veille ! Valentine, figée –pas forcément au garde-à-vous– et Henri " encadrent " un général à cinq étoiles (général d'armée). L'affaire paraît bien engagée, la fin du repas approche, on va se saluer et prendre congé … Pas si vite !
Le colonel commandant la base prend la parole et prononce un bref discours, précis autant qu'opportun. Bravo, c'est fini, le moment de la séparation approche.
Moins opportune est l'invitation, transmise aussitôt à Henri, à prendre la parole à son tour. Plus qu'un souhait, c'est un appel, plus qu'un appel, c'est une exhortation, plus qu'une exhortation, c'est un ordre, et un ordre, ici moins qu'ailleurs, ne se discute pas.
-" Le colonel a peaufiné son discours et préparé son coup ", se souvient Henri, " mais moi … je me retrouve planté sur ma chaise, le nez et les yeux fixés sur le contenu de mon assiette, aussi vide que mon imagination "-
L'honneur et la réputation de l'ARC-EN-CIEL en jeu, l'attente ne saurait durer plus longtemps, au risque de se transformer en déroute. " Allons

enfants de l'ARC-EN-CIEL, le jour de … honte est arrivé ", jetons-nous à l'eau, emparons-nous du micro à défaut du drapeau, et surtout, laissons parler notre cœur. A Dieu vat !

En quelques mots, le responsable de l'association remercie les acteurs pour ce qui a été entrepris, on ne peut dire moins, et surtout salue le noble comportement du personnel engagé dans l'aventure :
-" Mon colonel, vos hommes sont des gens de classe et de cœur, et se sont conduits tels des Chevaliers des temps modernes "-

Les choses auraient pu en rester là, à l'heure des embrassades et de la séparation, le quotidien reprenant ses droits et ses devoirs …
… sauf que, dans le numéro suivant du journal interne de la base aérienne, le brave colonel, point sourd et la mémoire en alerte, croit bon de rappeler à ses troupes son approbation des propos tenus par Henri. Le patron de la base, en guise de conclusion, précise : -" la chevalerie, messieurs, a ses règles et ses obligations "-

Toutes oreilles tendues et bien décrassées, les hommes ne peuvent qu'accuser réception. Message reçu cinq sur cinq, à vos ordres, mon colonel !
Le résultat de ce raid pédestre de quarante-huit heures tient dans une excellente opération de communication, entre l'armée –de grâce, cessons de l'appeler la " grande muette "– et les personnes handicapées mentales. Rigueur, organisation, discipline représentent les vertus répandues par les militaires chez celles et ceux qui, invalides, leur offrent en retour leur souffrance, leur isolement, leur courage. N'est-ce point là toute la richesse d'un vrai partenariat ?

Sur le chemin de Barcelone

Appelés à se disputer chez nos voisins catalans de Barcelone, les jeux olympiques d'été mobilisent bon nombre de populations à travers le monde. Parmi les initiatives engagées, celle déclenchée par Marc Berger et les adhérents du club de Chevilly-Larue.
Connaissant la bonne introduction de Marc auprès des instances internationales et olympiques de l'athlétisme, ses équipiers l'invitent à trouver des billets d'accès au stade olympique. Aussi fin éducateur que vieux baroudeur, le président donne son feu vert, assorti d'une condition, et rebondit sur la proposition :

-" D'accord, mais on rallie Chevilly-Larue à Barcelone, en ... courant et en se relayant "-
Ce qui fut dit fut accepté et accompli dans l'enthousiasme.
Pour grossir la maigre cohorte de supporters sur le bord de la route, en pleine nature, entre Vierzon et Bourges, une petite troupe de l'ARC-EN-CIEL nourrit de ses applaudissements le remarquable engagement de ces athlètes. Foi de Berger, ils iront jusqu'au bout de l'entreprise, sous la houlette de Marc, pour rejoindre le grand rassemblement quadriennal.

Balade irlandaise

En vue de la cinquième édition " d'oxygène ", nous avons, tant pour alléger notre tâche que par attachement social, créé un poste de secrétariat, dans le cadre d'un C.E.S. (contrat emploi solidarité), confié à l'aimable et souriante Valérie. Aussi réservée que volontaire, la jeune tourangelle, peut-être gagnée par le virus de l'ARC-EN-CIEL, pousse l'audace jusqu'à donner un prospectus de notre course, au chanteur Rock Voisine, en représentation à Tours.
Dommage qu'il ne puisse venir courir. Au moins aura-t-il appris que l'épreuve 92 est destinée à faire connaître la courageuse décision d'un groupe de familles, appelé " Espoir Touraine ", de créer une structure originale et venir en aide à la détresse des malades mentaux.
Patientons quelques lignes pour en savoir plus.

Rien d'aussi tonique et bénéfique qu'une nouvelle escapade en Irlande pour provoquer le dépaysement et recharger les accus.
Un autocariste tourangeau –rien du tour operator– ingénieux et riche de bonté, a mis sur pieds, sur roues et sur cale, un déplacement à Killarney et une participation à la fameuse épreuve " human race " qui se dispute le premier dimanche d'août. Fort de ses quatorze membres, dont Hélène, notre groupuscule comprend quelques coureurs, de très modeste valeur, un " coach " improvisé et bien sûr des parents et amis, inconditionnels supporters. Le car et sa bande prennent pied et position, le 30 juillet, sur le quai du Havre, à bord du St Killian II, de la compagnie Irish Ferries et débarquent à Cork le lendemain, après une nuit et un voyage sans problème. Juste le temps d'entamer un léger footing sur le pont du navire.

Un peu réfractaire à la conduite à gauche, notre chauffeur français cherche à quitter Cork et gagner Killarney, au plus tôt. Le hic, c'est l'absence de panneaux de signalisation dignes de ce nom : vivent la France et les

pancartes de la D.D.E ! Profitant d'un feu rouge, notre excellente interprète emmenée dans nos bagages, Nadine, parvient à convaincre un chauffeur de poids lourd de nous précéder jusqu'à la sortie de l'agglomération. Quelle gentillesse, chez les irlandais ! L'affaire dans le sac, nous revenons à la hauteur du camionneur, qui, tout en roulant, a baissé sa vitre. En guise de remerciement et de maigre pourboire, Henri balance au vol, pêle-mêle, un fromage de Sainte-Maure et un pin's de l'ARC-EN-CIEL au routier sympa ! Chaleureusement accueillis par nos amis O'Keeffe et O'Mahoney, nous logeons dans un guest- house à Killarney et profitons du samedi pour connaître les charmes de l'anneau du Kerry et faire plus ample connaissance avec le peuple irlandais.
C'est presque jour de deuil national d'apprendre, ce jour-là, la quatrième place (appelée aussi médaille de chocolat) de Sonia O'Sullivan, à Barcelone, sur 3 000 mètres. Qu'à cela ne tienne, le peuple irlandais noie sa déception par bière et whisky additionnés !

Human race

La matinée dominicale consacrée à la messe, à la promenade en calèche et à quelques emplettes, nous amène à reconnaître le parcours de la compétition, prévue dans l'après-midi. Départ d'un point A, arrivée en un point B distant de 3,1 miles (1 mile terrestre = 1 609 mètres), et, au bilan du relief, une légère déclivité. Deux cents concurrents au départ, dont cinq sous les couleurs de l'ARC-EN-CIEL, en pleine route et en rase campagne ; les irlandais ne connaissent pas les vestiaires, en dehors des fossés. Le mari de l'éminente traductrice s'appelle Patrick. Avec un pareil prénom, il s'est laissé convaincre de courir pour son saint patron. Un irlandais, assis dans son fauteuil roulant, avance à la force de ses biceps : chapeau ! Louis, notre célèbre coach, nous distille ses derniers conseils avant l'heure H. Nul besoin de préparation psychologique, le trac n'a pas de prise sur les touristes - coureurs français. Les autres membres de la délégation opèrent la jonction à la marche.

A l'arrivée, l'équipage H et H, profitant d'une légère pente, s'offre le luxe de coiffer au sprint sur le poteau un irlandais, et de grapiller une place. Résultats honorables pour la sélection française :

Pascal	90ème
Christophe(r)	102ème
H and H	141 et 142ème
Patrick	144ème

Le coach est d'autant plus satisfait que nous gagnons moult coupes, dont celle réservée à la première équipe étrangère. A la vérité, nous sommes les seuls participants non irlandais ! Henri est invité à monter sur le podium, Hélène dans ses bras, et remercier en anglais, brièvement pour éviter la fuite de l'auditoire à l'écoute de son mauvais accent.

3ème mi-temps !

Fatigués, les " héros " du jour s'apprêtent à regagner leur pension. Nenni, nous font comprendre nos hôtes, " just to drink " (juste pour trinquer). Le verre unique initialement prévu fait école et des petits … agrémentés, heureusement, de quelques mets plus solides, susceptibles de garnir les parois de l'estomac.
Hormis le chauffeur, resté sagement au volant, les " frenchies " font honneur au menu, tant dans sa version solide que liquide. Vers vingt-trois heures, alors que la fête bat encore son plein, retentit brutalement le signal du proche départ.

L'hymne national irlandais s'élève, entonné –le mot est de circonstance– plus que chanté par nos gaillards amis, tous au garde-à-vous. Solidarité nationale oblige, les moins allumés serrent leurs camarades qui ne peuvent tenir debout par leurs propres moyens. C'est l'Irlande du Sud, la verte Erin !

Remontés dans notre bus, nous sommes encore tout renversés (sic) du spectacle et de l'ambiance offerts et vécus. Notre entraîneur distingué se révèle sans doute le plus lucide pour faire remarquer que nous aurions dû chanter la Marseillaise. C'est vrai. Il nous faudra revenir.

Tempête à bord

Nostalgiques, nous quittons le sol d'Irlande, à Rosslare. A peine embarqués sur le St Patrick d'Irish Ferries, la mer se manifeste à notre bon souvenir. Compte tenu du cap observé par le navire, c'est le tangage qui préside aux ébats des vagues. Cependant, les couchettes disposées à la perpendiculaire de l'axe du bateau provoquent un effet de roulis pour les occupants. Dans ces conditions, mieux vaut s'abstenir de prendre tout repas, ce qui gonfle, ni la chiffre d'affaires du restaurant de bord, ni les estomacs. Curieusement, seules, Hélène la benjamine, que la tempête amuse, et Marie-Joseph, la doyenne du groupe, restent stoïques et dignes, dans la bataille livrée contre la mer déchaînée. Vieux loups de mer, les marins de l'équipage, au teint couperosé irlandais bien gravé, nous impressionnent par leur calme olympien.

Course pour l'espoir

L'édition 92 " d'oxygène " se dispute au bénéfice " d'Espoir Touraine ", méritante association de familles dont les proches, souvent leurs enfants, sont touchés par la maladie mentale. Bien que très éprouvés par l'infortune qui les frappe, ces vaillants pionniers caressent l'espoir de créer un foyer, sorte de centre intermédiaire entre l'hôpital psychiatrique et le milieu familial.
Si tout un chacun, vous et nous, peut venir au monde porteur d'un handicap mental, ou le devenir, aucun être humain ne débarque frappé de l'étiquette " malade mental " lorsqu'il pousse son premier cri . Viennent ensuite, hélas, des prédispositions, des circonstances, des accidents d'ordre familial, social, professionnel qui provoquent dérapages et plongeons.
Curieusement, dans l'esprit de la plupart de nos concitoyens, si l'on commence à se pencher, à s'apitoyer par voyeurisme indigeste, bref à tenter d'améliorer le sort des personnes handicapées mentales, il n'en est rien à l'égard de la condition des personnes malades mentales. La souffrance de ces dernières, hélas, " ne fait pas recette ". A croire que les uns portent un germe non contagieux et les autres véhiculent la peste.

Résumée, c'est la parfaite illustration du combat contre l'injustice qu'entend mener l'atypique et anti-conformiste association ARC-EN-CIEL. A une délégation d'élus locaux qui lui demandent, lors d'une séance de travail, de quel côté politique se situe l'association, Henri, qui n'a que faire de ce positionnement à cent lieues de ses préoccupations quotidiennes, répond sèchement : -" du côté de ceux qui souffrent, et notamment de l'injustice "- La conversation en est restée là.

" Quand on n'a pas de jambes, on a une tête "

Pour convaincre et draîner le flot habituel de militants-concurrents acquis à notre cause, nous avons bien sûr un invité d'honneur. Fou de sport, Ludovic pratique très jeune le football, le judo, la natation. Puis il découvre le ski à l'âge de vingt ans, prend une licence à l'ASPTT de Lyon, ce qui n'a rien de très original et ne mérite pas de fouetter un chat. Si l'on ajoute que le garçon en question dévale les pentes enneigées à plus de 90 km/h, on sort déjà de la banalité, mais on peut rétorquer que beaucoup de compétiteurs atteignent et dépassent cette vitesse. Alors ? ...

Du calme, de la patience, et surtout pas de suffisance, amis lecteurs. Accrochons-nous à nos fauteuils et prêtons attention à l'article consacré à " Ludo la glisse " par John Sutton, dans la revue de la Mutualité française : -" Le 21 septembre 1981, à 7 heures 30, en gare de Lyon-Perrache, pressé de se rendre à un examen, Ludovic veut prendre le train en marche. Il grimpe sur le marchepied, tente d'ouvrir la portière, perd l'équilibre. Il est happé sous le train. Bilan : plus de jambes, double amputation fémorale au ras du bassin, à 16 ans ! ! Là où d'autres auraient renoncé à leur passion du sport, Ludo l'intrépide entame une autre vie : la course aux défis "-

D'abord champion de France de natation, usant de ses seuls bras pour se propulser, en brasse et en dos, Ludovic Rey-Robert entreprend une première, en 1985, ralliant Lyon à Marseille, en fauteuil roulant, sur neuf jours. Aidé par un fabricant, il conçoit un prototype d'uniski en France. Amputé des membres inférieurs, l'athlète skie à la force des bras, assis dans un siège-baquet prolongé par un monoski, des bâtons-spatules au bout de ses mains pour guider l'équipage.

Attachant personnage, tel est bien le parrain qu'il nous faut pour remonter le moral des familles effondrées. Surnommé " the crazy frenchman " (le français fou) par ses concurrents américains, Ludovic commente : -" Je n'aime pas particulièrement le ski, mais j'aime gagner. Je me suis mis à ce sport dans la perspective des jeux paralympiques de Tigne-Albertville -" A son palmarès tout récent, il accroche déjà la médaille d'argent de vice-champion du monde 90, en descente, super géant et combiné.

Succès habituel pour l'épreuve programmée le dimanche 13 septembre 92, avec pour seul regret l'organisation autorisée, par un comité départemental laxiste, d'une autre course, à sept kilomètres de Truyes, qui ne réunit que ... trente concurrents. Dommage pour tout le monde, à condition de savoir gérer efficacement un calendrier. Au niveau des bénévoles, de nouveaux venus, membres de CI-BI handicapés. Postés en des endroits stratégiques du parcours, ils relaient l'information en direct, ce qui facilite grandement la tâche du speaker et lui permet d'enrichir ses commentaires. Le même animateur, oncle d'Hélène, chargé des sports au conseil général de l'Allier, amène dans ses " valises " une pléiade d'athlètes du Bourbonnais, leur entraîneur et chef de file Michel Claire, en tête.

Main dans la main

Deux athlètes de haut niveau vont emballer la course des cinq kilomètres, sur un rythme endiablé, sans parvenir à se départager, en vue de l'arrivée. Sans ralentir l'allure, les deux concurrents, Thierry Quiret, de Moulins-Yzeure et Hamid Belhaj de Tours, décident de pactiser dans les derniers mètres et terminent main dans la main ; le geste chevaleresque des deux garçons leur vaut un tonnerre d'applaudissements. Qui, le premier, a pris la décision ? Ont-ils pris la décision ensemble et en même temps ? Qu'importe, la réponse est rangée dans un tiroir secret, il serait malséant de vouloir l'ouvrir.
Au moment de se quitter, Henri, très ému, affirme n'avoir jamais soufflé cette conduite aux deux compères, qui ont tout compris de la philosophie et de l'esprit de la course. En tout état de cause, bravo à vous, bravo à Khelil Benhalima, vainqueur aisé sur 10 kilomètres, à Michel Bastard (toujours là) sur 20 kilomètres, au marcheur Guy Chipon, qui a tourné en solitaire vingt-quatre heures durant, versant un franc par kilomètre parcouru.
Venant d'un homme aux faibles moyens financiers ...

Merci, PIEM

Il séjourne souvent près de Tours, il possède de l'or au bout des doigts, il a l'obligeance de répondre à notre invitation. C'est Piem, le célèbre dessinateur , c'est aussi le père rebelle qui soutient notre lutte et crie à l'injustice face à une société laxiste et hypocrite et au sida pernicieux qui lui ont enlevé sa fille, partie trop jeune. Pierre de Montvallon (alias Piem) en profite pour croquer, l'espace d'un instant, un magnifique dessin illustrant un coureur aux jambes démesurément longues, assorti de ce commentaire :-"Quand on a du cœur, on a des jambes"-
Poursuivant la conversation, Piem se livre :-"Ce qui m'agace le plus dans le monde actuel, c'est l'égoïsme exacerbé de trop de nos concitoyens-"

Le préfet aux champs et à table

Cultivant en permanence l'osmose et l'ouverture sur l'extérieur, l'association convie le préfet Cyrille Schott, accompagné du nouveau directeur de la DDASS, à une visite du hameau, suivie d'un traditionnel repas, légèrement amélioré.

D'origine alsacienne, comme le préfet, Maïté Steyer, épouse de Marc, notre vice-président, voisine à table à côté du représentant de l'Etat et ne manque pas de parler du pays d'Alsace.

Au cours du dîner, les projecteurs sont braqués sur les deux gentlemen, vainqueurs de concert, souvenons-nous, des cinq kilomètres, présents ce soir-là, et sur deux élèves de l'école primaire de Truyes, tirés au sort et très fiers autant qu'impressionnés, car assis à table face au préfet !

1 chèque et 1.573 diplômes

Parce que basée à Ballan-Miré, près de Tours, l'association "Espoir Touraine" nous invite en mairie pour la remise du chèque. Heureux de nous accueillir dans ses murs, le maire, Michel Lezeau, met en relief l'action courageuse des animateurs de l'association, soucieux d'améliorer le sort et la condition de personnes elles aussi différentes et peu reconnues.

Président d'"Espoir Touraine", André Lefèvre reçoit un chèque de 20.000 francs, remis par Joël Guérin, trésorier de l'ARC-EN-CIEL. Cette précieuse image représente le fruit de l'effort déployé par les 1.573 concurrents. Tous reçoivent un diplôme les remerciant pour leur contribution. Chiffon de papier, penseront d'aucuns. Pas du tout, certains, concurrents qui ne l'avaient pas reçu, ne manqueront pas de le réclamer !

Des poèmes et une injustice

Invité à prendre la parole, Henri insiste sur le noble et généreux comportement d'un conseiller municipal de Ballan-Miré, Jean-Claude Damon, son vieux condisciple au collège, père de Nicolas, traumatisé crânien à l'âge de seize ans, à la suite d'un accident en vélomoteur.

Depuis plus de quatre ans, le père se bat, comme il est de son devoir, pour obtenir un avenir simplement décent à son fils. Douze ans après le drame, à l'heure où nous écrivons, Nicolas n'a toujours pas trouvé de solution durable, même si la voie se dessine et se décrasse à l'horizon. Véritable S D F du handicap, trimballé d'établissements en familles d'accueil, tantôt trop handicapé, tantôt pas assez, Nicolas ressemble à une balle de ping-pong renvoyée en permanence dans le camp d'en face ou à un sac d'ordures jeté par-dessus le mur du voisin.

Honte à notre société, honte à nous tous !
Et pendant ce temps, son père écrit des poèmes, vendus au profit de l'ARC-EN-CIEL !...

1993, année charnière

Année de transition et traditionnelle reprise de début de printemps, à la Riche, pour H et H.
Fin mars, le Béarn invite Michel Bastard à remettre son titre en jeu. Michel prend soin de convier son camarade de club, khelil Benhalima, meilleur régional, à se joindre à lui. Rafler la mise est l'objectif caressé. Hélas, c'est compter sans le talent de l'international portugais Cunha, licencié à Bordeaux, qui coiffe nos deux compères.

A la lecture du palmarès, énorme est surprise quand le speaker annonce la victoire de l'ARC-EN-CIEL, au classement par équipes. Après tout, l'erreur est humaine. L'explication est simple et limpide : outre Khelil et Michel, deux autres amis, de Pau, pas des tocards, ont couru brillamment sous nos couleurs.

Décidément, on aura tout vu au paradis de la mise en scène, même une association de jeunes polyhandicapés remporter une épreuve de course à pied.
Personne ne bronche, pas même Henri, épuisé par l'efficace coopération de Marc Steyer, sans pitié pour son aîné, les deux poussant Hélène à tour de rôle.
Trois épreuves successives au menu printanier de H et H. L'une, près de Châtellerault, en avril, avec Maïté Steyer "co-pousseuse". Une autre, au parcours connu de nous, le 2 mai, à Richelieu, soit très précisément le jour des 21 ans de miss Hélène. On ne badine pas avec un programme pré-établi, dans la famille. En tout cas, Hélène remporte un gros succès à l'applaudimètre, lorsque l'animateur révèle son anniversaire. Enfin, troisième compétition, près du Loudun, début juillet, sur un parcours à rendre jalouses les montagnes russes.

C'est la relâche jusqu'à la mi-septembre. On peut aimer fouler le goudron, on peut tenter à chaque fois de niveler le fossé entre les pliés, les courbés, les tordus et les bien portants, pour autant il faut savoir raison et sagesse garder et s'éloigner de l'esclavage issu de la routine.
Lentement, sûrement, le message fait son bonhomme de chemin.

-"...... Comment, vous ne connaissez pas l'association" Donne-moi la main ?"-
- "Non..."-
Manifestement, les animateurs d'ARC-EN-CIEL sont pris en flagrant délit d'ignorance quand un ami, Jean Marquis, l'un des pionniers d'Emmaüs en Touraine, nous parle des méritoires et difficiles débuts de ce lieu d'accueil implanté depuis très peu en Touraine, à deux pas de l'ARC-EN-CIEL.
Ecoutons Etienne Milot, l'initiateur :
-"Depuis un an ,nous accueillons cinq à six jeunes, qui, par définition, vont mal. Le type d'adolescents accueillis et le travail que nous entreprenons supposent, au-delà de l'accompagnement éducatif, un notion de réparation du corps, donc de thérapeutique"-
Enfants à problèmes, parfois aussi enfants à problèmes de parents à problèmes, ces jeunes "cas sociaux", comme on les appelle pompeusement et souverainement, affichent souvent une différence révélatrice d'une richesse cachée.
L'infatigable animateur croit bon de préciser :- "Au plus profond de chaque être se trouve la pureté. Il faut prendre le temps de la chercher, de la découvrir, afin de la faire émerger"-

Voici le groupe et sa mission, voici la cause pour laquelle nous décidons de courir le 12 septembre 1993. Atypiques nous étions en 92, en décidant de courir en faveur d'aliénés mentaux, qui cherchaient à se positionner entre la structure que l'on appelait "asile" jusqu'en 1938, et le milieu familial. Atypiques nous demeurons en 93, en conviant les compétiteurs à courir pour des "marginaux".
C'est en effet le terme employé, çà et là, par des esprits bien pensants et certainement de "qualité supérieure", appellation plus couramment utilisée dans les milieux vinicoles.
Oui, on nous reproche tout simplement, rarement de face, qui, notre anticonformisme forcené, qui, notre choix précipité en faveur d'une cause peu... convenable, défendue par des gens trop... ceci ou pas assez... cela.
Une personnalité, aussi bien en vue qu'en cour dans le gratin tourangeau, va jusqu'à dire à Henri :-"Vous auriez du nous interroger avant d'opérer votre choix en faveur de "ces gens-là !..."
Trop c'est trop, le bouchon est suffisamment poussé loin. Reproches et menaces font moins que calme et détermination. Stop, nous courrons pour défendre la noble cause de "ces gens-là". Rien, ni personne n'y changera. Les aboiements cesseront vite dans le microcosme décideur de

l'intelligentsia tourangelle.
De qui et de quoi avez-vous peur, hypocrites qui vous cachez derrière votre petit doigt ? De vous-mêmes peut-être, de votre ombre, sûrement.

Une très jeune marraine

Une fois n'est pas coutume, une jeune athlète, encore junior, préside la manifestation, cuvée 93. Vice-championne de France de cross dans sa catégorie, bourbonnaise d'origine, Cécile Tricot (*), fille aussi saine de corps que d'esprit, accepte cet honneur. Il est très heureux et surtout symbolique de voir une jeune athlète "parrainer" une manifestation destinée à relever d'autres jeunes.
Cécile, chef de file incontestée chez les féminines, accompagne une forte délégation de l'Allier. Le leader masculin, Thierry Quiret, associé cette fois à notre cher Khelil Benhalima, renouvelle son geste de l'an passé, pour terminer main dans la main et nous faire vivre un grand moment d'émotion.
1.500 cœurs, soit 1.300 coureurs et 200 marcheurs randonneurs –c'est une innovation–, participent à "oxygène 93", édition marquée par une très forte convivialité. Parmi tous ces concurrents, deux conseillers régionaux et deux conseillers généraux (ce qui donne un total de deux et non de quatre, car l'un et l'autre cumulent les deux mandats), nous font l'amitié de participer.
Sur cinq kilomètres, le challenge "Elle et Lui", réservé aux couples, est remporté par Michel Bastard et son épouse Hélène, décidément habitués au podium, devant H et H, déguisés et grimés. Quant à l'inusable Roger Guillon, ses 77 printemps n'ont aucune prise sur lui.

Marcheur original

Le temps d'aller encourager Jean-Louis Saumon, brillant troisième sur six mille coureurs, lors de l'indescriptible –il faut le vivre et pas seulement le narrer– et fabuleux marathon du Médoc, et de remettre, comme il se doit, une "image" d'encouragement à nos amis de "Donne-moi la main", nous

(*) Mal être ? Mal de vivre ? Peur de l'avenir ? Cécile, que nous aimions beaucoup et que nous avions accueillie sous notre toit, s'enlèvera la vie trois ans plus tard +

pensons en avoir terminé avec la saison et aspirons à profiter de la trêve hivernale.
Pas vraiment, quand le marcheur et ami Guy Chipon nous invite à lui emboîter le pas, et de quelle manière ! Emule de Bruno Fougeray, ce garçon intrépide nous propose, lui aussi, une idée un peu folle.
Comme lui, Guy nous parle d'un projet un peu bizarre, mais si entraînant, un peu farfelu, mais si généreux.

Comme lui, ce diable d'homme, qui cherche à engranger les kilomètres destinés à lui alimenter son quota pour le célèbre raid Strasbourg-Paris, parle de tangenter, à son tour, l'Indre-et-Loire à la marche. Rien de moins, question de goût.
Comme lui, il appelle l'ARC-EN-CIEL à l'aider dans sa démarche visant à servir notre cause.
On peut lui faire confiance : si tous les partenariats affichaient des objectifs aussi limpides et transparents, ce serait le paradis !

A quelques bornes près, ses mollets vont avaler le même kilométrage que son collègue coureur et pionnier. Notre fantassin pousse l'originalité à choisir la fin de décembre pour accomplir son périple et, mieux encore, prendre le départ de son odyssée le lendemain de Noël, dimanche 26 décembre 93. On peut difficilement faire mieux au royaume de l'inédit. Comment résister à l'enthousiasme d'un pareil militant, de condition si modeste par ailleurs ? Il a pris sur le temps de ses congés.
Quant au sponsoring espéré, il se limite à la portion congrue.

La solidarité va apparaître pleine, entière et spontanée sur la route. Des points de chute ont été prévus pour accueillir Guy et son couple accompagnateur. A la vérité, la qualité de l'hospitalité, gîtes et couverts réunis, se révèle supérieure aux prévisions, seraient-elles les plus optimistes. Chaque soir, Valentine et Henri, responsables de la logistique, rejoignent les membres de l'expédition avant la pause prévue et partagent le repas, avant de regagner leur domicile, fort tard. Et rebelote le lendemain.
Point du tout appréhendée de nous, parfaits incompétents, une difficulté surgit au niveau du véhicule d'accompagnement. Vitesse moyenne à 8km/heure, vitesse de pointe à peine supérieure à 10-12km/heure chez le marcheur, représente une allure de sous-régime infernal du côté de l'automobile. Tant et si bien que la calèche motorisée affiche un appétit plus féroce pour l'eau que pour le carburant. N'eût-il pas mieux valu prendre une roulotte hippomobile carburant au picotin ?...

Côté sécurité, Henri pousse un "coup de gueule", quand, un soir, il surprend le trio, réfractaire aux gyrophares, et prend la décision, dans une autre circonstance et en plein accord avec le responsable de l'Equipement, de rallonger le circuit pour ne pas exposer nos braves sur une voie trop fréquentée ce jour-là.

L'accueil dépasse à ce point la perfection qu'il piétine parfois sur les brisées de l'abondance. C'est le cas, lors d'une étape à l'issue de laquelle un bon repas réparateur apporte une plus-value aux mécanismes éprouvés. Hôtes d'un soir, un couple de nos collègues , non contents d'offrir leur toit et un bon lit, croient utile et nécessaire de charger le contenu du petit déjeuner du lendemain matin, à faire rager nos voisins britanniques. A côté, le célèbre breakfast fait figure de visage pâle.

Deux médailles d'or

Nous découvrons le "raté" quand, le lendemain, nous localisons l'expédition très en retard sur le tableau de marche. La halte est prévue, ce soir-là, à Château-Renault, où nos amis Laballe, parents de Bruno, résident de l'ARC-EN-CIEL, se transforment en parfaits aubergistes. Fief de Jean Delaneau, sénateur-maire et président du conseil général, la cité, autrefois célèbre pour ses tanneries, déploie des efforts de gentillesse pour fêter l'événement.

Notre illustre marcheur qui devait arriver de jour, affiche une bonne heure de retard. Pas question de déroger à l'itinéraire ni au tableau de marche. C'est la nuit bien tombée que Guy Chipon pénètre dans les murs de la ville, incapable, et pour cause, de combler le dépassement d'horaire occasionné la matin, par la générosité débordante d'un couple d'artisans, du côté de Château-la-Vallière. Coupables ou seulement responsables, ceux-là se reconnaîtront .

Point rancuniers, les édites municipaux poussent la courtoisie jusqu'à décerner la médaille de la ville à l'athlète courageux ainsi qu'au président de l'ARC-EN-CIEL, très ému, qui la déposera ensuite dans la vitrine, au siège de l'association, pour rejoindre coupes, trophées et breloques.

La tournée et l'année prennent fin, le jour de la saint Sylvestre 93, en la mairie de Sublaines, commune de résidence de Guy Chipon, un brave au grand cœur, qui a bien mérité de l'ARC-EN-CIEL.

1994
On souffle un peu

Pluie glaciale, et vent violent, sont au rendez-vous de la course de reprise, à la Riche. En pareil cas, H et H ne connaissent qu'une seule conduite : courir plus vite que par temps calme et conditions clémentes.
-"C'est toujours par temps médiocre que nous avons réussi nos meilleures perfs'"-, clame fièrement Henri, sous le regard approbateur d'Hélène. De là à souhaiter la pluie et le froid, il y a quelques flaques d'eau glaciale à franchir !

Une nouvelle invitation, fin mars, à courir à Pau-en-Béarn, sur la route qui mène vers Lourdes et la Bigorre, et nous resterons calmes jusqu'en septembre. Nous délaissons la compétition pour nous contenter des vertus bienfaisantes de l'entraînement, quand Hélène rejoint le domicile familial, chaque quinzaine.

En vue de l'accueil de jour...

Au fil des jours, le noyau dur de bénévoles remet l'ouvrage sur le métier, en vue de la septième édition. Sait-on que la préparation de l'épreuve "oxygène" demande, chaque année, une gestation dont la durée est en tous points comparable à celle d'un petit d'homme, futur petit homme ? C'est une lourde machine, bien rôdée, parfaitement lubrifiée, qui atteint son plein régime le jour "J", grâce au concours incroyable de cent cinquante bénévoles, parents, amis, dont un effectif respectable en provenance de Sainte-Maure de Touraine. Quant au travail administratif et de secrétariat, nous avons pu obtenir le concours d'une personne en recherche d'emploi, Odile , à qui nous offrons un contrat de six mois.

Si besoin est, la preuve est apportée, tangible, des vertus de la cohabitation bénéfique entre le handicap, le sport et l'emploi. L'imagination explore, la foi fait le reste et... la décision !
Qui plus est, cette fois, nous allons courir en vue de financer l'équipement nécessaire à "l'accueil de jour". Décryptons un instant, le temps d'apporter la lumière au lecteur.

Depuis quatre ans, quarante jeunes polyhandicapés sont accueillis au quotidien, et autant de familles soulagées d'avoir trouvé une digne solution, à la hauteur de leur espérance, à l'issue de notre combat.

Pour permettre à des parents anxieux et fatigués de n'avoir pu placer leur fils ou fille dans un lieu d'accueil, le conseil d'administration, sur une excellente idée de Philippe Boireau, directeur , décide d'accueillir, "à la journée", cinq ou six résidents. Convaincus du bien-fondé de la démarche, les partenaires institutionnels donnent leur accord... de principe. A la clé de cette négociation, la création de deux emplois à temps plein. Quand ? Tout le problème est là. Si la DDASS est prête à prendre le départ, la DPAS prend froid et s'enrhume dans ses starting-blocks (*)
Du côté de l'ARC-EN-CIEL, la crainte se fait jour à l'idée de ne pouvoir disposer de l'équipement nécessaire, quand Madame-autorité-de-tutelle va donner le feu vert.

Voulant échapper à ce piège, les gens de l'association décident d'affecter au foyer les bénéfices espérés de la course, pour financer les installations nécessitées par la prise en charge de résidents externes, comme on dit dans le jargon scolaire.

Un illustre et attachant parrain

Appel largement entendu par l'imposant peloton des engagés, dont un gros contingent de marcheurs. Parfaitement informés, très motivés, les concurrents répondent spontanément.
Parmi eux, un nombre inhabituel d'élus locaux, appelés à courir par le président et le directeur de l'association des maires, qui nous ouvrent toutes grandes les colonnes de leur feuille mensuelle.
Parmi eux, un effectif grandissant de jeunes handicapés de Loudun, touchés par une infirmité motrice et cérébrale.

Parmi eux, aussi une forte délégation de l'Allier qui amène dans ses valises de jeunes virtuoses du trampoline, sport spectaculaire à bien des égards, tant pour le pratiquant que pour le spectateur.
Parmi eux enfin, le toujours jeune et jovial Claude Piquemal, qui retrouve son compère et ami Marc Berger, fidèle de notre rencontre annuelle.

Des amis communs, dont les Chatry et les Anis, d'Azay-le-Rideau, nous mettent en relation avec Claude Piquemal qui débarque, avec sa charmante

(*) Plots de départ, dans les courses de sprint, en athlétisme, permettant aux concurrents de prendre appui, avant de s'élancer.

épouse, parrainer notre édition 94. Porteur, à quarante-neuf reprises, du maillot de l'équipe de France d'athlétisme, champion d'Europe du 100 mètres en 1962 à Belgrade, Claude fait vibrer la Marseillaise au-delà du rideau de fer. Deux fois champion de France du 100 mètres (1960 et 1963), recordman de France du 200 mètres en 1965, le vif argent préside en Touraine "un très joli jour de joie", selon l'expression du journaliste François Lebeau.

La présence de Marc Berger à ses côtés, l'autre relayeur de l'équipe de France des années 60, nous permet de reconstituer 50 % du relais 4x100 mètres détenteur du record du monde en 1967, après avoir raflé la médaille de bronze aux Jeux de Tokyo et Mexico, respectivement en 1964 et 1968. Manquent à l'appel Jocelyn Delecour et Gérard Fenouil que nous n'avons pu joindre, ainsi que Roger Bambuck, devenu quelque temps secrétaire d'Etat, indisponible ce jour-là. Dommage pour les absents, tant mieux pour Piquemal, Berger et leurs épouses. Au chapitre des retrouvailles, nous réussirons un "joli coup" avec les filles d'un certain relais, deux ans plus tard et 4x400 mètres plus loin...
Jour de joie aussi pour les parents d'Hélène qui ajoutent, ce même jour, un maillon supplémentaire à leur parcours commun.

Deux jours avant Noël, H et H affrontent le froid, huit kilomètres durant, à Saint-Pierre des Corps. Ça suffit pour la saison, les deux complices remisent les équipements au vestiaire.
Fidèles à leur engagements face à l'objectif visé, les dirigeants de l'ARC-EN-CIEL investissent l'argent récolté dans l'acquisition de matériel adéquat, autorisant l'accueil de plusieurs jeunes. Dans le camp de l'action sociale on met en avant des difficultés budgétaires. C'est nouveau dans le langage, car nous avons évoqué ce projet bien avant la discussion du budget. C'est nous faire vraiment beaucoup d'honneur que d'avancer une soudaine et futile difficulté, au niveau départemental, liée à la création de deux emplois, déjà en grande partie financés.

Pas battus, encore moins résignés –ce n'est pas le genre de la famille ARC-EN-CIEL–, les animateurs de notre association, gens citoyens et responsables, proposent de faire l'avance d'un an de salaires et de charges en regard des deux postes à créer, au conseil général d'Indre-et-Loire. Situation tellement peu banale que nos interlocuteurs, pour le moins surpris de cette offre inhabituelle, à la limite de la provocation, finissent par rétorquer :-"Si on vous accorde cette libéralité (sic), on sera contraint d'agir de même avec d'autres..."-

Argument suprême. Fermez le ban !

C'était fin 1994. Six ans plus tard, alors que nous donnons vie à cet ouvrage, six jeunes et leurs familles attendent toujours. Sus à la honte !
Pourquoi diable les grecs ont-ils un jour inventé les calendes du même nom ?

1995 ARC-EN-CIEL "oxygène" huitième !

Les années se suivent et des événements aiment à se ressembler : pluviôse, ventôse et frimaire poussent la malice à se réunir, le 19 mars, quand H et H et le fauteuil reprennent du service, à la Riche. Cette fois, le tandem se transforme en trio, puisque Vincent, frère de Xavier handicapé, prête sa jeunesse et son cœur à la propulsion de l'embarcation et de la passagère.

Un jeune père de famille, touché au troisième degré

5 mars 1994. Philippe Croizon, 26 ans, croque la vie à pleines dents, entouré de son épouse et de son fils. Un deuxième enfant est attendu. Tout sourit à ce jeune chef de famille qui travaille dans une usine voisine de son domicile, dans le calme du Poitou.
Et puis tout bascule le samedi 5 mars. Occupé à réparer l'antenne de télévision sur le toit, Philippe, sans lâcher prise, perd le contrôle de l'antenne et du mât qui entrent en contact avec une ligne électrique de 20.000 volts. Aussi rapide que violent, le choc laisse le garçon électrisé, brûlé, carbonisé au troisième degré. Le jeune homme doit la vie sauve à l'intervention courageuse d'un voisin. Au bonheur qui inondait le foyer l'instant précédant la tragédie, succède une détresse aussi profonde que l'avenir devient sombre.
Conséquence corporelle immédiate : Philippe connaît la frustration de l'amputation des quatre membres. Conséquence morale : l'apparition, sans tarder, d'un tunnel au relief de parcours de combattant, des projets envolés, l'angoisse et l'incertitude du lendemain, une vie à réorganiser. Bref, des parties de bras de fer avec l'administration, pour celui qui précisément n'a plus ni bras ni jambes.
A vrai dire, le refrain est familier pour les militants de l'ARC-EN-CIEL, souvent confrontés aux difficultés relationnelles et parfois à l'incompréhension. Si certains appareils classiques, ainsi baptisés parce que figurant

sur une liste préétablie, sont pris en charge par la sécu, d'autres le sont peu ou pas du tout, dès lors qu'ils n'entrent pas dans la même nomenclature. A la douleur physique de la personne concernée, touchée dans sa chair, se juxtaposent sa souffrance psychique, humaine et celle de ses proches, frappés dans leur dignité.
A l'actif de l'entourage de Philippe, la constitution d'une association destinée à l'aider et le soutenir, financièrement et moralement et, ce faisant, récolter les fonds nécessaires, imposés par l'urgence de la situation. Si l'administration, retranchée derrière le sacro-saint règlement se fait attendre et tirer l'oreille, des initiatives se font jour, tous horizons confondus, appelées à recueillir les dons et permettre le financement des appareillages.
Passé maître, et pour cause, dans l'art de susciter l'enthousiasme et la solidarité pour les combats justes, l'ARC-EN-CIEL prend fait et cause et met tout son poids aux côtés de l'association de soutien à Philippe. L'objectif est de lui permettre d'acquérir l'appareillage qui l'autorisera à remarcher.

Comédienne, actrice et... marraine

Réalisé par Christian Zerbib, un film, "Dernier stade", sorti sur les écrans en 1994, traite avec courage et lucidité du danger et des ravages provoqués par le dopage, dans les milieux sportifs. A moins de jouer les "faux culs", tout le monde sait, beaucoup feignent de ne pas savoir. A tel point que vouloir s'interposer, c'est un peu mettre sa main au feu. Au royaume de l'hypocrisie, où sont et qui sont les responsables ? Les compétiteurs ? Les entraîneurs ? Les médecins ? Les parents ? Les managers ? La société ? Allez donc savoir ! Qui refuse de botter en touche, dans le camp du voisin ?

C'est pour en débattre et tenter d'apporter un éclairage objectif que l'ARC-EN-CIEL, quarante-huit heures avant la course annuelle, organise, avec le concours de partenaires, la projection du film, suivie d'une discussion et d'un échange. Sur une très bonne idée de Jean-Marie Pontcharraud, cadre à France Telecom, qui nous apporte son soutien technique et logistique, notre association retient une salle à Tours, susceptible d'accueillir plus de trois cents invités.
Entre-temps, nous avons rencontré l'actrice principale du film, la jeune comédienne Anne Richard (*), et l'avons persuadée de nous rejoindre, tant

(*) On voit régulièrement Anne Richard dans la distribution de télé-films.

pour cette manifestation que pour la course. Le réalisateur Christian Zerbib, peu suivi par le ministère dans son entreprise, nous accorde spontanément la totale gratuité des droits de projection. Sollicitée par nous, la direction départementale de la jeunesse et des sports accepte de payer la location du film, ainsi que l'impression et l'envoi des invitations. Seul, le comité départemental olympique et sportif, pourtant partenaire au départ, figure aux abonnés absents, quand il s'agit d'ouvrir le... robinet.

"Dernier stade"

Outre l'actrice, deux sélectionnés olympiques, Jean-Paul Gomez, déjà cité au début de ce chapitre, et le nageur Christophe Bordeau, ainsi qu'un médecin et des entraîneurs participent au débat qui suit la projection. Jean-Charles Gaumé joue le rôle de l'animateur. Au cours de la discussion qui n'a certes pas la prétention de refaire le monde, un athlète de haut niveau va jusqu'à évoquer, calmement, sobrement, "la réalité quotidienne dépassant la fiction du film". Un autre intervenant de citer la réflexion du sprinter Jean-Charles Trouabal, champion d'Europe de relais :- "Quand je vois le cas Ben Johnson (alors recordman du monde du 100 mètres), je comprends tout. Le canadien a été le seul à avouer s'être dopé et on lui a tout retiré : titres, records, médailles, sponsors. L'exemple et le message sont clairs. Ne dites rien, sinon on vous dépouille de tout."-

Un invité évoque des rencontres où d'aucuns sont subitement et bizarrement blessés au moment de disputer la finale, où d'autres exigent une garantie de... non contrôle, avant de se rendre à une compétition.

Ne tenant plus devant cette énumération de faits peu glorieux, Jean-Paul Gomez, athlète doué il est vrai, qui n'a jamais triché, donne de la voix et s'emporte contre le fric-dictateur :
- "Chacun sait la brièveté de la carrière d'un sportif de haut niveau, on peut comprendre son désir de se constituer un trésor de guerre si un accident survient. On ferait beaucoup mieux de l'accompagner sur une double voie, sportive et professionnelle, préparer sa sortie de carrière et son entrée dans l'activité économique"-
Comme lui, un responsable de fédération déplore de voir des "petits bras" régionaux s'adonner au dopage. Comme lui, un médecin souligne l'extrême danger lié à la dépendance de produits porteurs de mort. Comme lui, un conseiller technique souligne, exemples célèbres à l'appui, la durée de vie très courte des "accros" de la drogue nommée dopage. Comme lui

enfin, le journaliste Gérard Mathieu dénonce, dans les colonnes de la Nouvelle République, la responsabilité de la société dont nous sommes tous membres, ne l'oublions pas :- "pour tout le bien qu'elle ne fait pas, au niveau de l'éducation et de l'information, pour tout le mal qu'elle fait, avec la dénaturation du sport par l'argent, la gloire ou la surmédiatisation"-
Bref, si les bonnes idées ne manquent pas, c'est leur application qui fait cruellement défaut, et, dans ce domaine, nous avons tous tendance à botter en touche. "C'est pas moi, c'est l'autre. C'est pas à Tours, c'est à Paris. C'est pas en France, c'est ailleurs". Pour un peu, ce serait nulle part...

Un grand bol d'air pour le préfet

Parmi les très nombreux réfractaires à la fatalité, venus soutenir le combat de Philippe Croizon et des siens, un coureur aussi discret dans le peloton qu'important commis de l'Etat, en la personne du préfet d'Indre-et-Loire, Daniel Cadoux. Fervent supporter de l'ARC-EN-CIEL et de la cause des invalides, il nous l'a montré et démontré, le haut fonctionnaire arrive discrètement, au volant de sa voiture personnelle. Pas d'abus de biens sociaux chez cet homme.
Dès l'arrivée du concurrent-préfet au parking, Henri prévenu par le service d'ordre de l'épreuve, vient l'accueillir comme il se doit, au volant d'une vieille et rutilante 4 cv prêtée par les enfants de l'ami René Maquignon (décédé), accompagné du maire de Truyes, Jean-Claude Landré et de l'actrice Anne Richard. Le maire et Henri à l'avant, le préfet et l'actrice à l'arrière : la voiture à l'habitacle exigu affiche complet. Henri précise :
-"Nous avons déposé le préfet sur la ligne de départ, il a couru le 10 kms, n'a pas voulu répondre aux interviews, acceptant seulement que je le raccompagne jusqu'à son véhicule"-
Merci à vous, Monsieur le préfet, merci à tous les participants, merci aux jeunes qui ont animé ce jour-là le mur d'escalade, merci aux bénévoles et à tous les partenaires. Sans vous, rien ne serait possible, vous avez tous mérité de l' ARC-EN-CIEL.

Une sacrée valse, inoubliable

Et surtout, le cœur de Philippe Croizon a battu un peu plus fort, lui qui a retrouvé bras et mains, jambes et pieds (artificiels), lui qui accordera, un an plus tard, une valse à la maman d'Hélène, plus qu'émue, lors d'une soirée récréative. Chapeau à toi, Philippe, et à tes proches. Ta victoire, d'abord la tienne, vous unit et vous conforte ! !

1996 = de Mexico à... Truyes, via Atlanta

Le rideau de la saison 96 se lève à nouveau, en mars, à l'occasion de la course de la Riche, organisée par Michel Quénard et ses amis gaziers, en soutien des enfants hospitalisés à Clocheville. Comme l'année précédente, H et H reçoivent le soutien de Vincent, qui progresse à vitesse grand V, presque trop vite pour Henri.

Cette épreuve est la première des trois courses à figurer sur le " planning " de H et H en 96. Le poids des ans commence lentement son travail de sape.

Charléty, février 96

Qu'importe, l'essentiel n'est-il pas de préparer avec rigueur, sérieux et enthousiasme la neuvième édition d'ARC-EN-CIEL "oxygène", prévue le 15 septembre. Année olympique par excellence que ce millésime 96, avec des jeux d'été qui se déroulent chez l'oncle Sam, à Atlanta, dans l'état de Georgie. Déjà médaillée d'or à Barcelone, en 92, la française Marie-José Pérec focalise regards et pronostics, concernant les épreuves du 200 mètres et surtout du 400 mètres. Dans notre esprit, un rapprochement s'opère très vite avec une autre fille, médaillée d'or à Mexico en 68, et restée très populaire dans le cœur de nos compatriotes, Colette Besson. Aussitôt pensé, aussitôt écrit, presque aussitôt fait.

Grâce à l'efficace et bénéfique intercession de notre fidèle ami Jean-Paul Gomez, en sa qualité d'ancien membre de la grande famille olympique, une délégation de l'ARC-EN-CIEL gagne Paris le 22 février, avec mission de contacter et convaincre Colette, sous la neige qui couvre le stade de Charléty. Au menu de l'entretien, défilent de nombreux souvenirs pour lesquels Colette Besson, en pleine forme, fait assaut de mémoire et nous raconte, force détails à l'appui, les mois qui ont précédé Mexico.

La F.F.A. (fédération française d'athlétisme) croit si peu en ses chances d'honnête figuration –ne parlons pas de succès–, qu'elle lui refuse toute aide matérielle au stage de Font Romeu (Pyrénées-Orientales). Un entraînement soutenu à l'altitude de ce site, laisse espérer de bons résultats en vue de la compétition qui va se dérouler à 2.260 mètres, à Mexico, soit à un niveau voisin, voire légèrement supérieur à Font Romeu.
Il en faut manifestement beaucoup plus pour rebuter l'ancienne élève des

"goélands" de Royan, qui part à ses frais, couchant sous la tente dans la montagne pyrénéenne. Conseillée par son entraîneur, Philippe Durand Saint-Omer, la petite brunette réussit un temps qui oblige la fédération à la sélectionner.

Colette garde un souvenir intact de l'épopée :

-"Je me suis envolée pour Mexico, avec l'espoir de ne pas connaître l'humiliation de l'élimination dès les séries. Viennent ensuite les quarts de finale que je franchis à ma grande surprise. Pareil en demi finale, cela tient du miracle"-
Nous nous risquons à l'interrompre et lui poser une question :
-"Les autres filles ne commencent-elles pas à se méfier de vous ?"-
-"Non pas, elles ne me connaissent toujours pas et je ne souffre ni du stress ni du poids de la course. Ne pas terminer dernière de la finale est mon seul objectif avoué !"-
On connaît la suite : dans une finale qui l'oppose à sept concurrentes, sa dernière ligne droite d'anthologie, où elle remonte toutes les autres une à une, et l'anglaise Board dans les derniers mètres, demeure gravée dans les mémoires des téléspectateurs amenés à passer une nuit blanche, pour cause de décalage horaire. Rares sont alors les foyers qui peuvent s'autoriser l'achat d'un magnétoscope !
Marseillaise à la clé, la France et les français vivent un grand moment de bonheur national et n'oublieront pas de sitôt Colette pleurant de joie.
Bien sûr, les mêmes qui lui mégotaient le moindre soutien se bousculent au portillon pour le partage des lauriers. Scénario connu !...

Ca suffit pour les souvenirs, nous retombons les pieds sur terre pour évoquer nos projets. Colette, toujours aussi aimable et spontanée, nous donne d'autant plus son accord que nous lui expliquons le but de notre manifestation.

La Nuitée

Depuis un an environ, un groupe de garçons et de filles, étudiants de première et deuxième année de l'école supérieure de commerce de Tours, caresse un projet digne d'éloges. Sous l'appellation de la "Nuitée", ces jeunes rament et galèrent, les mots ne sont pas excessifs, à seule fin de créer une structure d'accueil, la nuit et en période hivernale, et d'héberger les femmes à la rue, dans Tours intra-muros. Généreuse entreprise qui n'est pas sans provoquer des interrogations, voire des doutes, autour du dessein.

Comme bien souvent, des âmes bien pensantes mettent en avant l'extrême jeunesse des initiateurs du programme pour loger des bâtons dans les roues.
-"Ils vont se casser la gueule…"-, entend-on çà et là. D'autres couplets du même acabit fleurissent.

Ces réflexions, ô combien vertueuses et courageuses, ont pour effet salutaire de provoquer des éruptions d'acné, encore suffisamment juvénile, chez les membres de l'ARC-EN-CIEL, toujours prêts à défendre ceux que l'on maltraite et à faire décoller un si beau projet.
Henri, en particulier, fonce "dans les plumes" d'un respectable décideur, pris d'une soudaine "quinte de toux" et lui balance :
-"Aviez-vous atteint la perfection, quand vous aviez vingt ans ?"-
-"Oui, mais, de mon temps…"-

Jusques à quand resterez-vous le postérieur calé dans votre fauteuil, tigres de salon qui jamais ne commettez d'erreurs, et pour cause ?
Le la et le ton sont donnés, suffisamment fort pour que l'ARC-EN-CIEL décide d'appeler à courir pour la "Nuitée", soutenue aussi par d'autres organismes dont Emmaüs, et magnifier une initiative toute de courage et de grandeur. Quand des jeunes, garçons et filles, entreprennent de belles choses, le devoir des adultes, eux-mêmes anciens jeunes ou jeunes anciens, est de les mettre en relief.

Pour les méfaits et les dérapages, le quotidien se charge de les diffuser…
Retour de Paris, ravis d'avoir rencontré Colette, il nous reste à confirmer l'information et à remettre en route les préparatifs habituels. Aux côtés des bénévoles, toujours aussi nombreux que fidèles, Nathalie a gagné ses galons de secrétaire, en C.D.D. (contrat à durée déterminée), afin de nous aider.

Joie partagée

Au milieu du printemps, une lettre nous fait chaud au cœur, en provenance d'un fidèle participant, depuis la deuxième édition d'"oxygène" :
-"En septembre 1989, j'effectuais ma première course, 10 kms de l'ARC-EN-CIEL, à Truyes.

Le 21 avril 1996, j'ai effectué ma 61ème compétition et mon premier marathon, à Paris, sous la canicule et avec une bronchite.
Je me suis accroché... et j'ai terminé en... 4 heures 18 minutes et 53 secondes.
Nous étions 22.000 au départ, 18.000 à l'arrivée et j'ai fini 12.139è .
Je suis très fier de moi et je tenais à vous faire partager ma joie, à vous qui m'avez donné le goût des épreuves populaires. C'était grandiose, malgré la difficulté. Je ferai mieux l'année prochaine.
Amicalement"-

Jean G.

Quand les personnes handicapées et celles qui ne le sont pas se rapprochent, se comprennent et s'aiment, l'osmose fait son chemin vers des jours meilleurs.

Relais original, en Bourbonnais

Le traditionnel relais d'Yzeure, près de Moulins, se dispute le premier samedi de septembre, sur 50 kms et par équipes de trois coureurs. Celle présentée par l'ARC-EN-CIEL ne manque pas d'originalité, puisque l'association tourangelle aligne au départ trois... maghrébins, amis de longue date des enfants différents, d'autant que l'un d'eux connaît le handicap à travers un frère.
Nos trois lascars font exploser la course dès le départ, conservent longtemps la tête, mais s'inclinent sur la fin, victimes du rythme initial infernal imprimé à l'épreuve. Médaille d'argent et bonne opération de promotion pour notre ARC-EN-CIEL. Merci à Khelil, Tayeb et Mustapha.

La bande à Colette

Tantôt adversaires en courses individuelles, tantôt partenaires s'agissant de relais, plusieurs filles ont fait briller les trois couleurs nationales vers la fin des années 60 et le début des années 70. Outre Colette, toute auréolée du prestige de la médaille dorée olympique, Nicole Duclos, la corrézienne un moment recordwoman du monde du 400 mètres et championne d'Europe à Athènes, en 69.
La troisième, Monique Noirot, aussi discrète que chaleureuse, a trusté plusieurs titres et records de France de la même spécialité. Les épreuves de l'existence n'ont pas épargné Monique, dont le mari a perdu la vie dans un

accident et dont le fils, l'aimable Olivier, toujours détenteur du record de France du 400 mètres, s'est remis avec difficulté.

Trois autres athlètes composaient ce relais qui décrocha le record du monde du 4x400 mètres en 69 : Eliane Jacq, Martin et Patricia Dabonville. A ce stade, une explication s'impose : au cours d'une saison, il est nécessaire de prévoir un effectif initial de six membres, pour espérer en aligner quatre au départ. Malgré nos recherches auprès de la fédération, compliquées par le changement de nom des demoiselles à l'état civil, quand elles choisissent de prendre un époux, nous désespérons de trouver au moins la quatrième. Nous rageons encore de buter si près du but, quand nos amis Collin, dévoués secrétaires du comité d'Indre-et-Loire de la F.F.A. nous apportent la clé et la délivrance.

-"Nous connaissons Patricia Lorenzo (ex-Dabonville), elle habite Blois"- Autant dire qu'elle réside à côté. Record battu pour établir le contact avec Patricia, ravie à l'idée de compléter le quatuor, à l'insu des trois autres, pour le dimanche des retrouvailles !

Deux champions olympiques à l'ARC-EN-CIEL

Chaque veille de rendez-vous annuel, il est de coutume d'accueillir nos invités et les convier à une visite du hameau, suivie d'un repas convivial. C'est l'occasion d'un échange très riche et tisseur de liens.
Si les athlètes français, filles et garçons, toutes disciplines confondues, se sont bien comportés à Atlanta, atteignant un total de 37 médailles (15 d'or - 7 d'argent - 15 de bronze), deux d'entre eux ont brillé, pas forcément les plus connus du grand public. C'est Claude Issorat, qui gagne le 1.500 mères, en fauteuil roulant, et c'est surtout –merci de nous pardonner notre chauvinisme– notre compatriote tourangeau, Luc Raoul, qui l'emporte dans la course cycliste sur route, réservée aux infirmes physiques.

Non seulement, Colette, Monique, Nicole et son mari sont là, mais aussi
- André Auberger, président de la fédération handisport, et son épouse
- Jean-Louis Saumon, le marathonien du Médoc, et son épouse
- Michel Buton, directeur départemental de la jeunesse et des sports
- Miloud, jeune éducateur stagiaire, concepteur de l'affiche officielle
- des jeunes champions de trampoline, venus exporter leurs talents
- Luc Raoul, venu avec sa charmante épouse, ses adorables fillettes, et... sa belle médaille !

Atmosphère très chaleureuse autour d'une table au menu légèrement amélioré. Point culminant quand Colette Besson raconte "son" 400 m. historique de 68. C'est ensuite le tour de Luc Raoul de relater l'annonce de la victoire, à sa famille, en pleine nuit, du fait du décalage horaire, Tours étant une lointaine banlieue d'Atlanta.
-"j'ai gagné une médaille…"-
-"Laquelle ?"-, interroge son épouse.
-"La plus belle !"-
Un tonnerre d'applaudissements, nourris d'une grande chaleur humaine, envahit la salle à manger du hameau. Que dire de plus de ces moments inoubliables, qui ont réuni deux champions olympiques sous notre toit ? Sauf que Luc nous a quittés en avril 1999, nous laissant son sourire et sa bonté en héritage…

Retrouvailles sur les bords de l'Indre

Comme d'habitude, notre maison se transforme en dortoir pour héberger tout ce beau monde. Pour nous aider, un hôtelier de Sainte-Maure nous offre même des chambres gratuites, ainsi que plusieurs amis de notre commune.
Nous sommes obligés de repartir à Truyes, après une nuit plus que courte, pour rejoindre les équipes de bénévoles . Le petit déjeuner, regroupant une vingtaine d'invités, est pris en commun chez le restaurateur sympa. Le maire de Sainte-Maure vient saluer l'ancienne championne olympique. Notre camarade Hubert Santier, co-fondateur du semi-marathon, rejoint le groupe.

Ecrire et dire la joie des quatre filles qui se retrouvent, trente ans après leurs exploits, à la faveur d'une épreuve organisée par des parents d'infirmes pour des femmes à la rue, relève d'un exercice trop difficile pour s'y livrer. Les verbes et les mots qui nourrissent les conversations se conjuguent plutôt au passé qu'au présent et plus encore qu'au futur. Laissons les filles, devenues femmes et mères, dans leur champ secret et remercions-les de nous avoir permis de reconstituer un relais historique, ce que nous n'avions pu réaliser pour les garçons, deux ans auparavant.
Merci, les filles !
Quant à la "nuitée", après un départ courageux et chaotique, plus forte du coup médiatique que nous lui apportons que des quinze mille francs que nous lui versons (grâce aux concurrents), elle continue sa "petite bonne femme de chemin", soulageant bien des misères.

Fin septembre, dernière compétition de la saison, sous forme d'incursion, en Normandie, à la faveur d'une course organisée par le "Home Nathalie", à Gouville, dans l'Eure, où nous faisons équipe avec Georges et Lise. Saison terminée, rideau baissé.

1997 - La der des der

Premier anniversaire à deux chiffres. Dixième et dernière édition d'ARC-EN-CIEL "oxygène", seule course à figurer sur le calendrier de H et H en 97.

A la vérité, la décision, d'abord secrète et limitée aux seuls parents d'Hélène, puis étendue et partagée avec nos amis du noyau dur de l'organisation, est prise depuis l'an passé. Gérer une pareille manifestation, éloignée de nos bases de résidences à tous, monopolisant cent cinquante bénévoles le jour "j", provoque des difficultés qui nous laissent sur les rotules et finiraient par casser le ressort collectif. Contrairement aux boxeurs qui livrent parfois le combat de trop ou aux hommes politiques qui mènent la dernière campagne inutile et catastrophique, nous avons décidé collectivement d'arrêter. Pour autant, innover et terminer en beauté nous impose de donner le meilleur de nous-mêmes pour le dernier assaut.

Henri propose en effet une nouvelle formule, ce qui n'est pas gagné d'avance, quand la précédente a drainé la foule des participants, neuf années durant. Et puis, après tout, quels risques prend-on, dans un environnement qui nous confronte, dans le quotidien du hameau, au goût de l'effort permanent et de l'innovation mesurée et réfléchie ? Pour cette raison, nous expliquons et proposons à la grande famille de nos amis coureurs, notre volonté de lancer une épreuve basée sur des relais, par équipes de quatre coureurs, sur des distances hétérogènes (5, 10, 20, et 1 km). Ce nouveau mode d'expression, nécessitant un effort collectif et solidaire, plaît au-delà de toute espérance, à regarder la quantité et la qualité des quatuors engagés.

Cette nouveauté attire d'autant plus que le conseil d'administration, sur une excellente idée du directeur du hameau, Philippe Boireau, programme la construction d'une ferme-loisirs, destinée à motiver encadrants et résidents, bref à donner plus encore vie et joie au sein du foyer. Et pour amorcer la pompe à financer l'équipement de la future mini-ferme, rien de tel que d'informer les compétiteurs qui bondissent sur l'opportunité.

Deux cerises sur le gâteau pour agrémenter l'ultime manifestation. C'est d'abord la commune de Truyes qui met à notre disposition le cadre et les installations du magnifique château de Bel Air, récemment acquis pour y développer des activités culturelles, sociales et associatives. C'est ensuite l'arrivée de la flamme du gaz naturel, allumée par le maire avec la responsable Gaz de France, qui dessert depuis peu la bourgade, et partant le hameau ARC-EN-CIEL.
Une seule petite déception, Michel Jazy, longtemps espéré, n'a pu se libérer.
A l'opposé, des joies toutes simples, qui, additionnées, finissent par provoquer une grande allégresse et grossissent notre réseau d'amitié.

Peut-on passer sous silence la complicité spontanée d'Alain Comte, trois fois vainqueur, consécutivement, du marathon du Val de Loire, chef de file du relais victorieux, et de Catherine, son épouse, qui prennent fait et cause pour l'ARC-EN-CIEL, dans leur vie quotidienne et professionnelle ?
Peut-on taire les chaleureux adieux que nous réservent Marcel Blondeau († en septembre 99) et ses amis cibistes handicapés ?
Peut-on oublier de mentionner le comportement de Nicolas, jeune détenu visité par Henri à la maison d'arrêt de Tours, qui, l'espace d'une permission, aide le père à pousser sa fille Hélène ?

Peut-on enfin ne pas souligner l'exemple d'un groupe très important de scolaires du secteur, encadrés par leurs parents et maîtres, et les nombreux résidents du hameau, accompagnés de leur éducateurs pour participer à l'équipement de la future ferme ?
Et que dire, sinon se réjouir, de notre fidèle ami Khelil, prenant pour épouse la ravissante Kheira, le 11 octobre,

Dans le rétroviseur

-"Vous auriez dû continuer, c'est dommage d'arrêter…"-
Encore aujourd'hui, il nous arrive fréquemment d'entendre ces propos, prononcés sur le ton du reproche le plus amical.
Sachez, amis nombreux et supporters fidèles de l'ARC-EN-CIEL et de la course "oxygène" que vos chaleureuses paroles nous persuadent du bien-fondé de notre décision. Grâce à vous, nous conservons le meilleur souvenir de dix éditions de fraternelles rencontres. Puissiez-vous, de votre côté, garder la même image !
Que n'aurait-on pas dit, si…

Il faut savoir négocier un virage. Avec sagesse, les responsables de l'association ont appelé les coureurs à prendre leurs chaussures de randonneurs.
La course à pied a vécu, vive la randonnée pédestre !

Au bilan du compteur de H et H

Treize années de "pousse-pousse" ont à coup sûr scellé et construit un "binôme" un peu fou et sans doute insolite, composé d'un père bien ordinaire, pas toujours raisonnable, et d'une fille extraordinaire, véritable "passionnaria" de la bande, instigatrice en silence des folles invasions du tandem sur le macadam.
Quarante-cinq épreuves officielles, en plusieurs endroits de l'hexagone et au-delà de nos frontières, près de cinq cents kilomètres, plus ceux consacrés à l'entraînement figurent sur le cadran du totalisateur. Henri prend soin de préciser :

-"C'est bien peu, et presque ridicule pour des athlètes chevronnés qui ne verraient pas dans ce bilan matière à fouetter un chat. C'est beaucoup pour les atypiques "saltimbanques" de notre espèce. Hélène, à n'en pas douter, demeure l'inspiratrice de ma décision de courir en sa compagnie"-

Hélène, l'initiatrice de la course ARC-EN-CIEL "oxygène", Hélène, l'ambassadrice de ses camarades résidents, Hélène, la complice de son père, Hélène, parce que "sous-douée", l'égérie, le mot n'est pas trop fort, du clan familial.
-"Dans les moments difficiles", clament en chœur ses parents, "Hélène nous apporte plus qu'un réconfort, un stimulant et un dopant"-

Enfin quand on demande à Henri qui, de la fille ou du père, a pris la décision d'arrêter les expéditions conjointes de course à pied en fauteuil roulant avec pousseur, l'année des 25 ans de la fille et des 55 ans de son papa, le père d'Hélène reste de marbre.
Motus et bouches cousues, la fille et le père savent, mais personne n'en saura davantage !
Domaine réservé !

CHAPITRE 10

HÉLÈNE CHEZ HIPPOCRATE

Première mise à l'épreuve

Les personnages admirables que sont nos maîtres d'école nous ont un jour appris, entre autres leçons de choses, la crainte de "nos ancêtres les gaulois" de voir le ciel leur tomber sur la tête.
Dès la naissance de leur troisième enfant, les parents d'Hélène n'ont pas le temps d'éprouver quelque crainte. Se gardant bien de prévenir, le plafond leur dégringole sur le crâne, peu après l'arrivée du bébé.
A peine sortie du ventre de sa maman, terme de son premier voyage, Hélène goûte, malgré elle, la joie d'un deuxième voyage, qui la conduit d'est en ouest de Tours, de la clinique Saint Augustin vers l'hôpital Gatien de Clocheville.
Sans doute soucieuse de tester sa propre résistance physique, volontiers décidée à mesurer la solidité morale de ses géniteurs, la nouvelle-née se conduit déjà en chef d'orchestre affirmé. Agée seulement de quelques heures, la fille met à l'épreuve ses parents.
Discrète jusqu'à crier faiblement à la sortie utérine, elle nous offre une cyanose, après un court répit de quatre heures. Deux faits miraculeux se succèdent alors, sans doute opérés d'en-Haut.

Tour à tour, son papa, dont la vigilance, s'agissant d'un troisième enfant, s'est un peu relâchée, voit le visage d'Hélène virer du rose initial au brun, avec un détour par le violet. C'est un premier miracle qui survient ; une inattention pas forcément coupable, et Hélène serait partie… Dans la foulée, la sage-femme, qu'Henri est allé quérir dans le couloir, à la course, "kidnappe", le mot n'est pas trop fort, le bébé et l'embarque de toute urgence, pour tenter de réussir l'impossible exploit. Car, au passage, Henri, qui a surpris sa fille inanimée et presque déjà feuille morte, fait une moue significative à l'adresse de Valentine, à défaut d'un discours inutile.

Un deuxième miracle est programmé dans le "livre de vie" d'Hélène. Quelle n'est pas la surprise de Valentine de voir à nouveau surgir, paisiblement, quelques minutes plus tard, le trio, sage-femme –Sœur Marie de Saint-Georges devenue notre fidèle amie–, père et surtout fille. Hélène a repris son teint d'origine, comme si de rien –attention à la suite–, n'était.
Que s'est-il passé entre-temps ?

Henri l'explique encore avec fidélité :
-"Admirable de sang-froid, de dextérité et de rapidité, notre amie, dans sa course contre la montre où chaque seconde pèse atrocement lourd, introduit là où il faut, des sondes qui amènent Hélène à cracher des glaires obstruant les voies respiratoires"-
Encore aujourd'hui, quelque vingt-huit ans après, Henri demeure admiratif devant le savoir-faire de cette personne, même si sa mission quotidienne le lui commande, même si elle a déjà assisté plus de trois mille "tandems" mère-enfant à la naissance, même si le Ciel s'en est sans doute heureusement mêlé.
Onze jours durant, notre fille est hospitalisée en réanimation, entourée de praticiens et personnels, attentifs et compétents. Hélène, déjà mobilisatrice !

En plein brouillard

Cette escapade terminée, Hélène retrouve tous les siens et fait connaissance avec le foyer familial qu'elle ne connaissait, jusqu'alors, qu'à travers les échos sonores perçus dans le ventre de sa maman.
La joie de reconstituer la famille au complet est vite, et en permanence, contrebalancée par l'incertitude et l'inquiétude du lendemain Nous souffrons d'abord et surtout de ne rien savoir.
Bien sûr, le test de Guthrie (*) a été pratiqué, comme pour tout nouveau-né, bien sûr la sage-femme, qui mérite notre confiance, nous a signalé une anomalie…

De quoi demain et surtout après-demain seront-ils faits ?
Plus abattu que nous est notre médecin de famille, excellent et dévoué praticien au demeurant. Il ne décolère pas après le sort qui nous a infligé un tel camouflet. Il crie à l'injustice, persuadé "que rien ne pouvait arriver à un jeune couple avec de si beaux aînés". En vérité, pourquoi serions-nous immunisés contre la cruauté du destin, nous, citoyens très ordinaires, quand les de Gaulle ou les Ventura, personnages moins lambda que nous,

(*) Test de Guthrie : méthode de diagnostic précoce, pratiqué par prélèvement du sang du nouveau-né, au niveau du talon et visant à connaître d'éventuels symptômes de phénylcétonurie. (Le "Petit Robert" précise : "trouble héréditaire qui se manifeste par l'élimination urinaire de produits toxiques, dont l'accumulation dans le cerveau peut entraîner une arriération mentale".)

pour ne citer qu'eux, ont connu l'infortune de l'adversité ? Nous attendons de notre médecin qu'il nous donne non pas tant des remèdes que des indications sur notre conduite à tenir, sur les orientations à prendre. Pour un peu, il nous appartiendrait de le réconforter !
Simple constat et non jugement de valeur, accentué par le recul : nous pouvons affirmer, près de trente ans plus tard, l'incapacité et le trouble, chez la plupart des généralistes, à dialoguer avec les familles écrasées par le handicap.
Puissent la génération actuelle et celles à venir, combler cette lacune en matière d'échange et de communication ! Peut-on nous affirmer, aujourd'hui, que les étudiants en médecine reçoivent cette formation dans les travées des amphis ? En matière de thérapeutique, les soins somatiques ne sauraient suffire s'ils ne sont accompagnés de remèdes de cordialité et d'affectivité.
Entre deux grands "patrons", entre deux chirurgiens, entre deux médecins, entre deux kinés ou infirmiers, tous diplômes égaux par ailleurs, nous choisirons toujours, si cette faculté nous est offerte, la personne qui affiche les plus grandes qualités de chaleur humaine. Car le cœur organe central des voies circulatoires, présente un lien de proche parenté avec son cousin germain ,siège des sentiments humains.

Coopération

Pour notre part, hormis quelques ratés, dont celui évoqué dans l'introduction de cet ouvrage, nous n'avons eu qu'à nous louer de nos rapports avec le corps médical et para-médical. Dans l'intérêt de notre chère Hélène, il est vrai, nous avons toujours, cherché à faciliter la tâche des chercheurs, chirurgiens, médecins, kinésithérapeutes, infirmiers, aide soignants.
Nous les avons toujours écoutés, d'abord, nous avons cherché à répondre, à notre niveau, à leurs questions. Par contre, nous n'avons jamais voulu nous substituer à eux et proposer une compétence illusoire et mal fondée. A quoi sert-il de poser des questions et donner dans le même temps les réponses, comme le font assez souvent, nous pouvons témoigner, certains parents ?
Ils ne réussissent alors qu'à irriter leurs interlocuteurs, à ébranler leur confiance. Complicité, oui ; duplicité, non. C'est le rôle du médecin de poser des questions en vue d'établir un diagnostic, c'est le rôle du patient, ou de son représentant en l'occurrence, d'aider dans cette voie, ce qui n'a rien de réducteur ni d'humiliant, bien au contraire !

Parcours chaotique

Bien des cheminements comportent un itinéraire parsemé de hauts ou de bas, de montées ou de descentes, de situations confortables ou incommodes, de conduites responsables ou perverses.
Dans le registre de la stupidité, nous sommes confrontés assez vite à des comportements et situations pour le moins bizarres.
Au hasard de nos lectures et de nos rencontres, nous glanons, pêle-mêle, des informations qui nous conduisent tantôt vers des pistes ouvertes, tantôt vers des impasses.
Ainsi, nous apprenons, par hasard, la possibilité, qui nous est offerte, de solliciter l'attribution d'une carte d'invalidité pour Hélène. A deux ans, elle ne marche ni ne parle, pas plus qu'elle ne se tient assise. Parmi les menues "libéralités" apportées grâce à cette carte, la possibilité, théorique et cyclique, d'obtenir une place assise dans les transports en commun et lieux publics, ainsi que l'accès prioritaire aux parkings "handicapés", quand l'emplacement n'est pas occupé par un "squatter" ; Très grand seigneur, le législateur accorde aussi la gratuité de la vignette automobile (aujourd'hui supprimée).

Il est vrai que dans un pays où les inégalités sont monnaie assez courante, pareille faculté pourrait nous être opposée.
A l'intention des lecteurs insuffisamment éclairés, il faut préciser que la plupart des parents d'enfants handicapés sont contraints d'acheter un véhicule plus haut, plus large, souvent du genre monospace, ce que nous avons dû faire pour Hélène. Cette différence entraîne un surcoût de prix et de T.V.A. non négligeables, dont sont bénéficiaires- à quelque chose différence est bonne - l'activité économique et surtout monsieur Trésor Public, toujours en embuscade. De grâce, qu'on ne crie pas au scandale, et encore moins au favoritisme, quand on voit la "chose publique" redonner partiellement d'une main, ce qu'elle a largement engrangé de l'autre ; A de très rares exceptions près, ni les personnes handicapées, ni leurs proches, ne sauraient être taxés de profiteurs.
Mais avant de bénéficier d'une carte d'invalidité, encore faut-il l'obtenir. Une expédition à donner le vertige !

Des bas...

Accompagnée, bien sûr et pour cause, de ses parents, Hélène atteint presque ses deux ans lorsqu'elle est priée de subir l'examen médical de contrôle. Mandatée par la DDASS, madame le médecin expert débarque, toute de blanc vêtue, aussi maquillée qu'une voiture volée, les lèvres bien surlignées, les ongles plus que faits, chargée lourdement de bijoux ! Nous sommes-nous trompés d'adresse ? Les premiers propos échangés et le dossier entr'aperçu montrent, à l'évidence, qu'il s'agit d'un pédiatre chargé d'examiner l'enfant Hélène Gaumé.

Attendons...

Au fil de l'investigation et de la conversation, le médecin affiche son optimisme pour l'avenir d'Hélène, nous croyons rêver, mais après tout, pourquoi pas ? Notre naïveté reste grande, comme notre stupeur, quand, l'instant d'après, l'expert nous invite à asseoir notre fille sur le lit d'examen...

-"Mais, docteur..."-

-"Asseyez-la, je vous dis !"-

Par miracle, Hélène se tient assise une fraction de seconde, temps mis à profit par "l'examinatrice" pour proclamer, haute, superbe et sûre d'elle-même, sans vergogne aucune :

- "Elle se tient assise, votre fille !"- (*)

Coup de grâce ? Coup de garce ? En tout cas, merci !

De quoi nous plaignons-nous, de quel droit réclamons-nous une carte d'invalidité, sur quels arguments nous appuyons-nous ? A ce train, l'administration va bientôt nous sanctionner pour recours abusif !

Stop, ça suffit ! Hélène et sa petite tête dodelinante viennent de choir sur le ring. Valentine prend dans ses bras notre petit pantin de fille, l'embrasse, la rhabille en silence. Toujours en silence, nous nous regardons, soudain écrasés par le poids de la honte. Serions-nous pestiférés ?

Nous n'avons plus rien à faire ici, nous saluons et prenons congé. Une pantalonnade se joue habituellement au théâtre, pas à l'hôpital.

Si nous ne sommes pas vraiment surpris d'apprendre ensuite le refus d'attribution de la carte, étant donné la curieuse attitude du médecin, nous sommes révoltés devant tant d'injustice. Une chance : dans notre foyer l'iniquité a toujours déclenché la rébellion et l'envie de nous battre !

A ce stade, une réflexion s'impose. Quand cessera-t-on, dans notre pays, de confier la tâche d'une expertise, y compris dans le domaine de l'assurance, à un personnage à la fois désigné et rémunéré par le

(*) Hélène se tiendra assise, seule, à près de trois ans et se relèvera à quatre ans et demi. Quant à la marche autonome, sauf miracle, elle demeure du domaine d'un rêve à tout jamais éloigné.

demandeur-père-nourricier ? On enlève aux experts l'essentiel de la neutralité qui sied à leur mission.

Des bas... (bis)

Il est écrit que le feuilleton relatif à la fameuse carte d'invalidité n'est pas terminé. Dès que nous avons connaissance, par voie de courrier officiel, du veto de l'administration, son laquais d'expert ayant parfaitement servi les intérêts du maître, nous partons récupérer les pièces fournies pour la constitution du dossier, au siège de la DDASS.
De bureau en bureau, nous finissons par atterrir chez un inspecteur, courtois mais embarrassé.
Le brave homme, dernier fusible avant le sommet de la hiérarchie dans la boutique, nous explique, avec sérieux, l'interdiction réglementaire de nous rendre les documents, dont la plupart sont pourtant des originaux. Voyant notre difficulté à dissimuler notre étonnement, le fonctionnaire confirme ses propos.
- "Vous plaisantez ?..."-, dit Henri.
- "Non, pas du tout"-, répond notre interlocuteur.
Cette fois, les derniers doutes sont levés, nous ne sommes pas en présence d'un plaisantin style pince-sans-rire, mais d'un serviteur zélé, à la remorque de l'administration-employeuse, au garde-à-vous, les doigts sur la couture du pantalon. Point.
Trop c'est trop, au pays de l'humour noir, on fait fort, mais il faut s'en sortir, sinon on va bientôt nous admettre en psychiatrie adulte, voire sénile.
Henri lui explique longuement, avec calme et détermination, que les originaux nous appartiennent. Si nous sommes tout disposés à verser au dossier les photocopies que dame Administration souhaite obtenir, nous sommes non moins décidés à occuper les locaux de la DDASS, tant que satisfaction, légitime à nos yeux, ne nous sera pas donnée.
- "Et s'il le faut", ajoute Henri, tranquille, "l'un de nous va sortir, le temps d'appeler la presse locale"-
L'inspecteur comprend parfaitement notre résolution, qui a pris soin de laisser entr'ouverte la porte de son bureau. Sage précaution pour lui, pense-t-il .
- " Soyez rassuré, cher monsieur, si nos propos sont vifs, nous contrôlons nos gestes " -, heureuse opportunité pour la suite de l'entrevue.
Le temps d'un éclair, Henri aperçoit dans le couloir le docteur Bernard Rivière, son ancien professeur de sciences naturelles (aujourd'hui les choses de la vie), déambulant les bras chargés de documents. Une intuition

lui laisse à penser qu'il travaille dans la maison. Pressentiment confirmé aussitôt, car l'ancien maître du collège Saint Grégoire a reconnu sans difficulté son élève de 1960 et pénètre, sans frapper, dans le bureau.
-"Que foutez-vous là, Gaumé ?"-, interroge l'ancien prof., dans le style atypique et assez peu académique qui le caractérise.
Henri, prévenant, –plus que de coutume–, lui présente sa jeune épouse et répond, franc-parler pour franc-parler :
-"Et vous ?"-
- "Je suis médecin contrôleur de la DDASS... Passez dans mon bureau avant de partir"-
Nous comprenons parfaitement le retournement de situation, du genre "Deus ex machina" (*), nous nous engouffrons dans la brèche, saluant brièvement l'inspecteur qui reprend du souffle et des couleurs.
Entrevue rapide chez le médecin contrôleur qui a saisi le côté ubuesque de la situation et donné son absolution à notre démarche. Hors de toute combine, magouille ou passe-droit, nous obtenons, dans les semaines qui suivent, d'une part la restitution des fameux documents, d'autre part l'attribution, avec mention "validité permanente", de la carte d'invalidité refusée "sine die", lors de la première tentative. Nous passons sur les termes employés par le médecin pour qualifier pareille incohérence. Justice nous est rendue, c'est tout, nous n'en demandons pas plus.

Toujours des bas...(ter et fin ?)

Le handicap génétique dont souffre Hélène l'amène à conserver, notamment en phase de sommeil, la position fœtale qui est celle du bébé abrité chez sa maman, avant de lui "fausser compagnie". Assise ou itinérante, notre fille adopte des postures qui lui façonnent progressivement une scoliose profonde.
Avant de décider une éventuelle opération, nous sollicitons des avis autorisés.
Nos multiples pérégrinations nous amènent un jour dans le service orthopédique d'un grand hôpital parisien, qui nous a été recommandé. Survoltage, entassement, nervosité sont, hélas, le lot quotidien dans cette unité. Une petite pièce dans laquelle la superficie s'avère insuffisante pour loger un patron tendu, des carabins stressés, Hélène nerveuse et agitée, ses

(*) "Deus ex machina" (un dieu amené sur scène, à l'aide d'une machine. Personnage dont l'intervention, peu vraisemblable, apporte un dénouement inespéré à une situation sans issue.

parents inquiets. Le tout constitue un mélange détonant qui effraie Hélène, perdue dans ce milieu surexcité et bruyant. Notre petite ne trouve d'autre solution que de s'agripper au médecin qui la repousse brutalement.
Dommage que l'approche humaine et relationnelle du praticien ne soit pas à la mesure de sa compétence.
Il nous faut ensuite " crapahuter " dans Paris, nous rendre chez un prothésiste appelé à prendre les empreintes, pour confectionner un corset. Deux voyages sont nécessaires. Nous nous apercevons vite que Tours possède de très bons prothésistes et d'excellents chirurgiens ? A notre porte !

Des hauts !

Hélène venue au monde, les premiers obstacles apparus ont provoqué en nous un sacré penchant à la bagarre. Nous battre contre le silence, contre l'ignorance, pis encore contre l'indifférence et la suffisance, constitue notre plat de résistance.
La lecture, le courrier, la communication orale nous servent d'outils.
Par voie épistolaire, nous entrons en contact avec le professeur Robert Debré, père de l'ancien premier Ministre, qui a de solides attaches en Touraine. L'illustre pédiatre n'exerce plus, certes, mais il nous adresse à deux reprises un courrier manuscrit, nous invitant à nous rapprocher d'un de ses anciens élèves, exerçant à Tours.

Hélène n'a pas deux ans quand, sur recommandation d'amis tourangeaux, co-fondateurs de L'ADAPEI locale, nous la conduisons en consultation à l'hôpital des Enfants Malades, à Paris, dans le service de cyto génétique dirigé par le professeur Lejeune, l'un des inventeurs de la trisomie 21. Les membres de la " bande à Jérôme Lejeune " sont d'abord et avant tout des chercheurs, donc des théoriciens, qui finissent par trouver. Ils sont aussi des médecins qui consultent, qui soignent. Les mêmes refusent enfin la solution trop facile –quand elle devient systématique– de l'avortement, qui ne doit rester qu'une mesure extrême dans la détresse.
Est-ce plus élégant de faire mourir de jeunesse, aujourd'hui, un bébé dans sa prime enfance intra-utérine que de faire périr par étouffement les enragés entre deux matelas, dix ans seulement avant la naissance de Pasteur ?

Certes pas, mais c'est légal ! Et tellement plus facile pour donner bonne (?) conscience à notre société quand le cœur et la raison s'engourdissent aux abonnés absents.

A notre connaissance, Pasteur ne comptait pas au nombre des membres du corps législatif qui avait légalisé la mort par asphyxie sous le premier Empire. Et les successeurs et proches de Jérôme Lejeune ne composent point le cortège des parlementaires qui , demain, allongeront à douze semaines le délai autorisé pour recourir à l'avortement.

Qu'il s'agisse de la recherche médicale, animale ou végétale, pour ne citer qu'elles, le monde de la recherche, parfois rêveur, parfois plaçant la réflexion un peu haut, comme une barre inaccessible pour un athlète, a l'immense mérite de faire avancer les choses et les gens. Gratifiés souvent de salaires de misère, les chercheurs se nourrissent du seul plaisir de l'investigation.

Peut-on jeter l'anathème sur celles et ceux qui expatrient, outre Atlantique notamment, leurs talents mieux reconnus et rémunérés ?

La jeune femme médecin qui nous reçoit le 7 mars 1974 nous démontre vite ses qualités, tant au niveau de l'accueil que de l'écoute et des conseils. A nos côtés, une famille d'Amérique latine accompagne son fils trisomique. Peut-être ces gens n'ont-ils guère mis plus de temps à venir d'un coup d'aile, que nous-mêmes, pauvres provinciaux éloignés et crottés que nous sommes, en voiture. Désormais, pour assurer les nombreuses liaisons entre la Touraine et la rue de Sèvres, nous prendrons le train, nettement plus pratique.

Plus difficile est l'utilisation du métro qui met à disposition des bien-portants ses "wagons à bovidés", mais pose problème pour les personnes handicapées, au niveau des couloirs et des escaliers. Très souvent, des clochards nous prêtent spontanément leur concours, sans sollicitation aucune de notre part, nous aidant à transporter Hélène et son " carrosse ", à travers les marches. Certains blessés de la vie ou de la société dévoilent des qualités intactes de cœur ! Merci, amis inconnus.

Une grande dame

Ce jour-là, alors que, la consultation terminée, Valentine donne à Hélène sa "collation de quatre heures", une femme apparaît, aimable, prévenante, souriante, sobrement habillée en blanc, et se dirige paisiblement vers notre trio. Un détail nous frappe : elle porte ostensiblement une croix sur sa blouse.

La même personne nous gratifie d'un sourire chaleureux et discret à la fois, caresse Hélène et se présente :

- "Je suis le docteur Marie-Odile Réthoré…"-

… C'est le premier épisode d'une longue série de rencontres qui nous

amèneront à fréquenter la consultation de cette grande dame, à de multiples reprises.
Dès notre deuxième visite à Necker Les Enfants Malades, nous "tombons," heureuse chute, sur Marie-Odile Réthoré, très proche collaboratrice du professeur Lejeune. Blouse et pantalon blancs, cheveux coupés courts, avec des yeux qui, pour être perçants derrière les lunettes, se veulent rassurants. Bref, un regard et une voix qui "savent ce qu'ils veulent" et ne font point appel à des tiers pour s'exprimer. Et toujours cette croix qui nous intrigue.

Après l'incident de la carte d'invalidité, une question nous vient à l'esprit : la sobriété et la discrétion seraient-elles l'apanage des grands patrons, l'extravagance et l'excentricité le privilège des roitelets ? Notre parcours aux côtés de la gent médicale et para médicale nous autorise à confirmer globalement cette approche, un quart de siècle plus tard. Mais au fait, pourquoi la médecine ferait-elle exception aux travers de la société dans son ensemble ?

Les premiers mots prononcés, et ceux qui suivent dans notre échange, nous mettent en présence d'un médecin de classe, au savoir-faire reconnu, et surtout d'une interlocutrice à la qualité d'écoute exceptionnelle. Au cours de cette visite du 8 mars 1975, nous rencontrons, tour à tour chez cette seule personne, le chercheur et praticien qui nous explique avec simplicité des choses compliquées pour nous, la militante qui nous tonifie, la "sœur aînée" qui nous révèle la richesse d'Hélène.

Plus que des sentiments, la croix traduit une conviction et un comportement chrétiens profonds.
Telle est Marie-Odile Réthoré, qui deviendra notre amie, notre confidente, nous parlant de génétique avec tendresse. Incroyable ! Même ses pairs sauront reconnaître son talent et son atypisme, qui l'éliront, quelque vingt ans plus tard, à l'Académie de Médecine, suprême honneur dans un milieu éminemment machiste ! (Marie-Odile Réthoré y est la troisième femme admise, depuis la création de cette assemblée. Parmi ses rares et illustres consoeurs : Marie Curie)
Pour l'heure, elle nous dit, avec tact et délicatesse, la fin du rêve qui nous habite encore un peu, de voir Hélène se livrer à la marche. Notre fillette réussit cependant à se mettre debout, seule et pour la première fois, le 15 octobre 1975, cesse totalement pendant un an, pour enfin décrocher son bâton de maréchal et le faire régulièrement en octobre 1976.
Marie-Odile Réthoré prescrit des séances de kinésithérapie, sans retenue.

Kiné plus +++

C'est ainsi que quatre années durant, deux masseurs kinésithérapeutes viennent tenir compagnie à Hélène, pas toujours coopérante, en vérité. C'est d'abord Hubert Santier qui vient lui prodiguer ses soins, presque tous les jours, à notre domicile. A peine plus âgé qu'Henri, Hubert a reçu voilà bien longtemps la redoutable mission d'apprendre les rudiments de la lecture au père d'Hélène. Comme dans la plupart des écoles de France et de Navarre de l'époque, l'école Saint-Louis, à Sainte-Maure de Touraine, regroupait tous les élèves en une classe unique, et les aînés avaient charge des plus jeunes, en qualité de répétiteurs officieux. Fait-on mieux et les résultats enregistrés sont-ils meilleurs aujourd'hui ?
Madame la Ministre Ségolène Royal, un temps en charge de l'enseignement primaire, n'a-t-elle pas repris partiellement cette heureuse initiative lorsqu'elle a créé, aidée et poussée par un groupuscule de pionniers, tels, Mireille Malot et José Puig, les A.I.S. (auxiliaires d'intégration scolaire), chargés d'épauler des enfants en difficulté scolaire ?

Hubert –qui connaîtra plus tard le sort du fauteuil roulant au quotidien et "ad vitam aeternam"– se dépense corps et âme, afin d'améliorer les articulations de notre fille, susceptible d'être atrophiée dans sa souplesse infantile.
En alternance, Olivier, partenaire d'Henri dans le double de tennis de l'équipe locale, vient relayer le travail pratiqué par Hubert, dont il est associé.
L'un et l'autre ne manquent aucune séance. C'est une patiente, pas toujours complice, mais à la souplesse très nettement enrichie, qu'ils sont fiers d'adresser à leurs collègues hospitaliers, quand Hélène débarque à Saint-Benoit la Forêt, pour douze années de son parcours terrestre.

Chaude alerte

Prise de vomissements et de forte fièvre, le tout accompagné de diarrhée, Hélène nous cause une grosse frayeur en mars 75, ce qui provoque son hospitalisation d'urgence au centre de pédiatrie Gatien de Clocheville, à Tours. Six jours durant, un personnel admirable procède à toute une série d'examens et assure les meilleurs soins. En guise de remerciements, l'ingrate fille déclenche la panique à bord, touchée en plein milieu de séjour par une brutale déshydratation, avec diarrhée profuse en prime. Le spectre de la toxicose plane sur son lit, heureusement repoussé, mais

Hélène a frôlé le pire.
Les selles redevenues normales, notre fillette nous est rendue. Comme si de rien n'était, Hélène reprend ses habitudes dans son territoire familial. Encéphalopathie et gastro-entérite associées composent le menu des conclusions médicales. Nous avons éprouvé une sacrée frousse, pour ne pas dire plus.

Contrôle de routine

- "Je vous prie de vous présenter devant le médecin-conseil de la C.P.A.M. (caisse primaire d'assurance maladie), le 2 septembre 1975, à 10h10, munie de la présente convocation et de toutes les pièces médicales en votre possession"- Un tampon au texte pré-imprimé précise : "veuillez apporter la liste de vos médicaments"-
Tel est le courrier reçu par Hélène Gaumé en personne, qui ne possèdera jamais la capacité d'accéder à la lecture. C'est lui faire beaucoup d'honneur, ainsi qu'aux auteurs de ses jours, amenés à ouvrir et découvrir le courrier, par délégation ! Sans doute nécessité par de basses contingences matérielles et financières, ce type de démarche génère un sentiment d'humiliation chez des parents déjà touchés dans leur dignité. Bien sûr, on peut comprendre le souci d'une caisse d'assurance maladie de contrôler ses ressortissants, bien sûr, cet organisme a pour mission de distribuer et gérer des fonds collectés, sous forme de prestations, bien sûr, de temps à autre des brebis galeuses se présentent au portillon.

Mais tout de même, ne pourrait-on pas éviter ce déplacement coûteux pour tout le monde, à commencer pour la caisse primaire, la… bien nommée ! A quoi servent les examens antérieurs, pratiqués à moult reprises sur le corps et la personne d'Hélène ? N'est-ce pas infliger un camouflet à tous les spécialistes qui ont déjà établi un diagnostic unanime (hormis le médecin expert de la DDASS, il est vrai), révélant un grave déficit chromosomique. Et qui pratique l'examen de contrôle ? Un simple généraliste, si responsable soit-il ! Heureusement, son verdict rejoint celui de ses confrères spécialisés. Une manifestation de mauvaise humeur, une réaction épidermique de la part de ce médecin contrôleur et nous aurions pu connaître la guillotine !
Courtoisement et fermement, le père d'Hélène invite le praticien à ne pas renouveler trop souvent cette épreuve, à la limite du ridicule. Message sans doute bien réceptionné : jamais plus nous n'avons reçu de nouvelle invitation !

Une "consœur" pour un vilain chromosome

Pour tenter de sortir de notre relatif isolement, nous cherchons à savoir si d'autres sujets connaissent ou ont connu la même perturbation chromosomique.

Pour l'heure, les renseignements glanés çà et là, notamment auprès des chercheurs, se révèlent maigres et évasifs. Nous comprenons l'embarras des généticiens à nous répondre, bridés qu'ils sont par le secret professionnel. Pour ne rien cacher, le mutisme qui nous est opposé nous paraît quelque peu suspect. Ce "silence dans les rangs" cacherait-il à la fois la gêne à nous répondre et le vilain gène chromosomique, aux effets ravageurs ? En un mot, les sujets atteints de délétion d'un bras court du chromosome 5, puisque telle est l'appellation officielle, sont-ils condamnés à un très bref passage terrestre ?

Notre pèlerinage en fouille chromosomique atteint bientôt son but. Nous profitons des colonnes du mensuel "Epanouir", revue de l'UNAPEI (union nationale des amis et parents d'enfants inadaptés), pour lancer un avis de recherche et tenter de trouver des parents d'enfants touchés par la même anomalie. Appel sans doute très lu. Très peu d'échos en retour, et pour cause, ce qui confirme notre crainte de nous trouver en présence d'un dysfonctionnement rarissime. Après le tri de quelques courriers émouvants et chaleureux, mais manifestement hors sujet, nous nous contentons d'un seul contact, pleine cible. Et quel contact !

Après quelques échanges épistolaires et téléphoniques du côté de Dijon, nous faisons vite connaissance de Béatrice et de ses parents, qui deviennent et resteront nos amis d'infortune, grâce à la "différence identique" de nos filles respectives. Jeune aînée d'Hélène, Béatrice n'a pas été cyanosée, et, de ce fait, marche et parle, imparfaitement, mais perturbe son entourage. A travers notre petite amie bourguignonne, nous imaginons "l'autre Hélène", celle qui n'aurait pas connu ses gros ennuis dès après sa naissance. Avec des si…

Nous informons nos amis dijonnais, venus nous rendre visite en Touraine, de la qualité de l'accueil et du travail fourni, dans le service de cyto-génétique, à Necker. Dans la foulée, les deux familles et leurs rejetons de filles retrouvent pour l'une, trouvent pour l'autre, le chemin du labo de Marie-Odile Réthoré, avec la joie que l'on devine.

Une colonne tordue

Couchée, assise, debout ou en mouvement sur les genoux et les fesses, Hélène adopte des positions qui, si elles lui conviennent parfaitement, n'en restent pas moins très éloignées de l'attitude idéale. Plusieurs radios révèlent, à l'évidence, une colonne vertébrale qui prend des aises avec la tolérance habituelle et s'apparente plus à un double virage routier qu'à une épine dorsale classique.

-"... la décision vous appartient"-
Courtois, poli, prévenant, fournissant force explications et réponses à nos questions, le docteur Père nous inspire confiance, son visage respire la franchise. Nous avons récolté de très bons renseignements sur son savoir-faire.
Heureusement, car notre marge de décision est quasi inexistante.

Le chirurgien ne nous cache pas l'importance et la difficulté de la manœuvre :- "Comme dans toute intervention visant à réduire une scoliose profonde, il existe un danger, mais si nous ne faisons rien, votre fille risque de voir ses poumons comprimés et asphyxiés !..."-
Les parents d'Hélène ont foi en la compétence du chirurgien. Feu vert accordé, docteur.

La couronne d'épines d'Hélène

Pareille opération nécessite une préparation avec mise en élongation. Des poids sont accrochés aux pieds et surtout à la tête, par le biais d'une couronne vissée - oui - autour du crâne. Rassurant, le chirurgien nous affirme qu'Hélène n'en souffre pas. A la vue du faciès buriné de notre patiente de fille, qui n'est pas sans rappeler celui du Christ avec sa couronne d'épines sur la croix, nous peinons à le croire, d'autant que son visage semble nous exprimer des reproches...

Valentine accompagne notre petite durant la quasi-totalité de l'hospitalisation qui dure trois semaines, couchant sur un lit de camp, rudimentaire mais bienvenu, mis à disposition par l'établissement. La maison des parents, voulue et créée par François Lemiale et ses amis, au terme d'un montage exemplaire, n'avait pas encore vu le jour. Même si Hélène ne parle pas, elle se manifeste à sa façon. Pour décrypter ses sentiments et ses gestes, Valentine met bout à bout tous ses talents de

maman interprète, pour rapprocher Hélène et le personnel.
Elle se souvient :
- "Je n'ai jamais observé une pareille lueur dans le regard de ma fille. Etait-ce un reproche qu'elle m'adressait ? Etait-ce un encouragement qu'elle sollicitait ? Etait-ce un appel pressant à lui parler, à elle qui précisément ne s'exprime pas par la parole ? Je n'oublierai pas de sitôt son courage extraordinaire, moi qui commençais à en manquer "-
Nos enfants polyhandicapés nous surprendront toujours et, en matière de communication, nous n'avons jamais percé totalement le mystère des échanges. A travers des séances de signaux fort peu conventionnelles, des grandes manœuvres d'émission-réception se développent, force gestes, touchers et baisers à l'appui. A coup sûr, Hélène a révélé de grands talents de formatrice dans l'art de correspondre. Nous croyions savoir, nous ne savions rien, nous savons un peu plus.

A la date du 3 février 1984, Henri note sur son agenda quotidien, textuellement :- "Notre petite Hélène subit une importante opération de la colonne vertébrale. Son courage, le talent du docteur Père, nos prières, l'aident à surmonter l'épreuve, Valentine est admirable, à son chevet."-
En dépit de grosses difficultés respiratoires rencontrées le lendemain de l'intervention, l'état d'Hélène s'améliore sensiblement au fil des jours, et c'est une gamine bien remodelée - la scoliose est réduite de 90° à 30° - , harnachée d'un corset qu'elle déteste, qui regagne son port d'attache.

Un œil en moins...

25 décembre 1992. L'hiver pousse aux oubliettes un automne trop pluvieux. C'est Noël, célébré dans un rassemblement familial, joyeux, simple, sans débordement. Si nous ne sommes pas réfractaires à partager un bon repas et savourer le contenu d'une vieille bouteille, nous détestons et fuyons les festins pantagruéliques où les convives s'empiffrent à se faire "péter la panse"-
Anne-Marie fait manger sa petite sœur. Pourquoi regarde-t-elle Hélène avec une attention plus soutenue que de coutume ? Non, elle ne rêve pas.
-"Maman", s'exclame Anne-Marie, "viens voir l'œil gauche d'Hélène : la pupille est dilatée, anormalement"-
Constat établi, Valentine appelle aussitôt le parrain d'Hélène, médecin généraliste. Echange de questions-réponses au téléphone, prise de rendez-vous chez un ophtalmo qui annonce une cataracte et nous invite à consulter d'urgence un "patron", à l'hôpital régional, à Tours.

Une nouvelle sentence nous tombe dessus le 7 janvier 1993, et principalement sur Hélène, dont l'œil gauche est déclaré inapte à tout service, le nerf optique brutalement et totalement défaillant...
Annonce d'autant plus pénible à entendre, et plus encore à supporter, que cette situation nous était parfaitement inconnue et imprévisible quinze jours auparavant. Sans la perspicacité de sa sœur, aurions-nous connu ce nouveau fardeau qui charge Hélène, une fois de plus ? Un peu de son patrimoine envolé, notre fille aurait pu poursuivre son pèlerinage, sans rien voir ni savoir...

Au-delà de la souffrance d'Hélène, privée d'un œil, désormais borgne, notre douleur est grande, aggravée par l'ignorance totale de la cause et surtout de l'origine de cette nouvelle affection. Sus à la malédiction ! Si au moins nous savions pourquoi ? Au plus profond de notre mémoire, nous n'avons pas souvenir de choc, même lointain, bien sûr Hélène reste muette, les médecins, guère bavards, ne s'expliquent pas, parlent vaguement de source neurologique. Nos yeux pourtant bien décrassés, nous naviguons en plein brouillard... Saurons-nous un jour pourquoi ?
Bien sûr, les deux yeux interfèrent dans leurs champs de vision réciproques, bien sûr la perte effective de l'usage d'un œil ne réduit pas de moitié l'acuité visuelle. Il convient cependant d'assurer une protection rapprochée à l'œil encore valide. Plusieurs handicaps pèsent déjà suffisamment lourd, pour ne pas surcharger le carrosse ou le "cas rosse" d'Hélène...

Une conférence décentralisée

Nous en parlions depuis longtemps. Marie-Odile Réthoré nous avait annoncé son accord pour venir donner une conférence, en Touraine. Oui, mais voilà, notre amie risque l'écartèlement à chaque instant , demandée sur tous les continents. Un cours par-ci, une intervention par-là, les pages de l'agenda, trop petites et pas assez nombreuses sans doute, sont noircies de très longue date. Et la Touraine ne dépasse guère le diamètre d'une tête d'épingle, à l'échelle du globe !
A côté de nombreux défauts, la persévérance demeure une vertu de base au sein de la famille de l'ARC-EN-CIEL. Dès que la date du 13 juin 1993 nous est proposée, nous nous attelons à diffuser l'annonce de l'événement. Directeur de recherches à l'I.N.S.E.R.M. (institut national de la santé et de la recherche médicale), professeur associé à l'université René Descartes, Marie-Odile Réthoré ajoute :

- "Toute ma carrière a été consacrée à la génétique humaine, d'abord à l'hôpital Saint-Louis et à l'hôpital Trousseau, dans le service du professeur Turpin, puis, depuis la retraite de ce dernier, dans le service du professeur Jérôme Lejeune à l'hôpital des Enfants Malades"-
Ses cours la font débarquer souvent au Niger et en Tunisie. Ses interventions et rapports dans les congrès internationaux l'appellent à Montréal, à La Haye, à Berlin aussi bien qu'à Vienne, à Florence, à San Remo ou à Beyrouth. Nous mesurons le profond honneur qu'elle nous fait d'accepter d'animer la rencontre organisée par une modeste association de parents d'enfants blessés, dans une petite ville de province. Mais il est dit, notre devoir est de l'écrire, que Marie-Odile Réthoré ne mégote pas son amitié. C'est l'apanage de ceux et celles qui jouent dans la cour des grands, des vrais !

Sur le thème "l'enfant handicapé mental, ses parents, ses amis, ses médecins, ses éducateurs", elle intervient dans un amphi –vieille habitude pour elle– aimablement mis à notre disposition par un établissement bancaire, capable, c'est tout à son honneur, de verser aussi dans le social.
- "Parce qu'ils m'ont appris des tas de choses, je suis un peu le porte-parole des enfants handicapés"-

C'est en ces termes que commence la conférencière, qui ajoute qu'aucun parent n'a jamais choisi d'être père ou mère d'enfant handicapé. "Par contre, nous, les professionnels, on a choisi, on a été formés"-
Elle réfute le terme, malheureux à ses yeux et à ses oreilles, de "travail de deuil", utilisé çà et là, et lui préfère de loin le "travail de découverte" qui incombe aux parents des enfants retardés mentaux.

Les auditeurs présents entendent des informations lumineuses, dites avec simplicité. Un participant résume l'opinion générale des parents :-"Nous pensions connaître, nous ne connaissions pas grand'chose"-
Clôturant la séance, le papa d'Hélène remercie au nom de tous et lance, à l'adresse de l'orateur :- "Vous êtes une grande dame qui a bien mérité de la cause des personnes handicapées mentales en général, et de l'ARC-EN-CIEL en particulier"-

Chevalier de la Légion d'Honneur depuis quelques années, Marie-Odile Réthoré vient d'être promue officier dans l'ordre national du Mérite. Et si d'aventure la rosette venait s'ajouter sur sa croix de " légionnaire ", personne n'en serait choqué, parmi les très nombreux amis de cette bienfaitrice du genre humain. L'appel est lancé …

Epileptiquement vôtre...

Depuis 1996, sans raisons ni origines connues, Hélène affronte des crises d'épilepsie.

Très brèves, le temps de quelques secondes, les convulsions qui l'agitent se limitent à des manifestations observées sur son visage et à partir de ses mains et avant-bras. Ses mains deviennent des poings, ses mâchoires se ferment, hermétiquement closes, ses yeux remontent dans leurs cavités, son visage traduit la révolte qui s'opère en elle, gémissements à l'appui. Le tout accompagné systématiquement de miction (Hélène ne maîtrise pas son contrôle sphinctérien). La crispation passée, Hélène respire un grand coup, reprend des forces après l'alerte et vaque à nouveau à ses " occupations ", comme si rien ne s'était passé, dans l'attente de la prochaine secousse.

Les mouvements ainsi observés apparaissent actuellement lors de ses repas, dont le contenu, écrasé ou mixé, puisqu'Hélène ne sait pas mastiquer, lui est présenté à la cuiller. Trois, quatre ou cinq crises ne sont pas rares, au cours d'un seul repas.

Pour autant, notre chère Hélène n'a jamais perdu connaissance pendant les périodes d'agitation.

Jusque là, aucune réponse n'étanche notre soif de savoir. Les embryons d'explications qui nous sont fournis ne satisfont pas, mais pas du tout, une curiosité bien légitime. Le silence embarrassé qui nous est opposé finit par apparaître aussi suspect que les perturbations sont rapprochées : une crise à la minute, une heure durant, le 14 juillet 2000. Somptueux tableau de chasse, un jour de fête nationale !

Nous serions, nous ses parents, indignes d'Hélène si nous refusions notre collaboration aux médecins et infirmières. A nous le devoir d'informer nos interlocuteurs avec le maximum de renseignements quant à nos observations, à eux l'obligation de nous livrer les résultats de leurs investigations, quand bien même l'avancée ne serait pas celle escomptée.

Jamais, nous n'avons reproché le moindre échec au corps des praticiens, dès lors que les efforts entrepris tendent à vaincre l'obstacle qui peut se dresser. De plus, le personnage qui sait reconnaître sa défaillance et (ou) son erreur, n'en sort, à terme, que grandi. Car le temps est largement révolu, où quiconque, pensant posséder la science infuse, s'abstenait de communiquer.

Des recherches sont entreprises, dans cette quête de la vérité, du côté du nerf optique de son œil gauche, peut-être touché par une tumeur maligne et pernicieuse. Faudra-t-il faire appel à la neurochirurgie ?

Hélène et ses parents voudraient tant savoir...

CHAPITRE 11

DEUX SACRÉS COMPLICES

A sa naissance, cinquante-sept printemps séparent Hélène et son grand-père paternel. (*)

Sorte de paterfamilias, la tyrannie en moins, doté, si l'on croit ses trois fils, d'une ferme autorité naturelle, Henri né en 1915, fils d'Henri né en 1889, et père d'Henri né en 1942, apparaît plutôt du genre "brut de fonderie"

On peut s'interroger devant cette avalanche programmée et ininterrompue du prénom Henri, frappant trois générations successives. Nous avons pris soin de puiser l'information à la source. Toute simple est l'explication : autrefois, en Touraine en général et particulièrement en milieu rural, il était de tradition de donner à l'aîné mâle d'une famille, le prénom de son père. Cette habitude prenait force de loi quand le père, absent du foyer lors de la naissance, devait rejoindre le front des combats et servir son pays. Ce fut le cas en 1915, quand Henri, le deuxième du nom, vint au monde. Son père guerroyait alors et creusait des tranchées sur le front de l'est, participant ensuite à la bataille de Verdun.

Henri, le père d'Hélène, ajoute :
- "Maman, née elle aussi en 1915, a perdu son père, blessé mortellement par des éclats d'obus en Alsace, et sa mère, foudroyée par la grippe espagnole, deuxième source de mortalité durant la première guerre mondiale"-
Ce devait être la der des der. On sait qu'il n'en fut rien. A la venue au monde du troisième Henri, en 1942, son père, revenu vivant des combats de la Somme et de la campagne de Norvège, se trouvait présent, presque par hasard, prêt à regagner le "théâtre" des hostilités.

Et si le frère d'Hélène a été baptisé François, et non Henri, c'est d'une part parce que son rang d'arrivée ne le place pas en position d'aîné, d'autre part un peu par superstition, quand on se rappelle la triste fin de Henri IV dans notre histoire et surtout pour éviter des confusions cocasses à l'ouverture du courrier, les destinataires vivant sous un même toit !

(*) Hélène n'a jamais connu Jean Bonnet, père de Valentine, enlevé trop tôt à l'affection des siens, en 1952, à l'âge de 51 ans, sans doute victime de trop d'altruisme.

"On l'aimera comme elle sera"

Trois fois père et quatre fois grand-père, le papy montre tour à tour sa joie de connaître une troisième petite-fille, après Anne-Marie notre fille, et Jennifer notre nièce, et sa tristesse à l'annonce du handicap qui frappe Hélène et la famille.
Très vite, cet homme, dur avec lui-même plus encore qu'avec les autres, va littéralement craquer pour sa petite-fille différente, si pauvre en esprit (encore que ?) et si riche d'innocence. Pourquoi ce chef de famille, craint autant que respecté, plus sévère qu'austère, va-t-il prendre fait et cause sans retenue pour sa petite-fille, Hélène ?

S'il aime beaucoup, c'est incontestable, dans l'ordre d'arrivée, Anne-Marie et François, nos enfants, puis Jennifer et Benjamin, enfants de Gérard et d'Elisabeth, et ensuite Adrien et Amaury, fils de Jean-Charles et Michèle, il manifeste adoration, passion et surprotection pour Hélène. Pourquoi ?
Pour tenter de comprendre ce comportement, nous croyons utile et nécessaire, par égard envers le lecteur, d'évoquer rapidement le parcours de celui que l'on va appeler Henri le papy, pour la clarté du texte.

Henri le papy

Le vingtième siècle vient d'atteindre ses quinze ans quand débarque l'aîné d'une future fratrie de deux garçons. D'un caractère affirmé, voire indépendant, déjà porté vers le commandement, Henri fait ensuite peu de cas de son petit frère, Roland, né six ans après, et qui pourtant adore son aîné.
Elevé dans l'amour d'un couple très uni qui s'aimera jusqu'au bout, comme au premier jour de sa rencontre, il bouscule tout le monde sur son passage, devient le leader de sa classe. Vif d'esprit et curieux de tout, il rejoint l'école de musique du village voisin, dont il suit les cours deux soirs par semaine, "qu'il pleuve, qu'il neige ou qu'il vente", avalant à chaque fois quatre kilomètres à pied, seul, dès l'âge de huit ans. Nous apercevons les mères d'aujourd'hui lever les bras au Ciel et les entendons pousser des cris d'orfraie !
Très vite, il comprend que la faible superficie de la ferme parentale ne pourra subvenir, à l'avenir, aux besoins normaux de la famille qu'il espère fonder.
Pour sortir du rang et de la grisaille, la nécessité apparaît progressivement de se livrer à la pratique du sport et de l'activité culturelle. Pour s'élever

dans la hiérarchie sociale, lui, le fils de cultivateurs (pourquoi ce noble mot n'est il plus utilisé de nos jours, au profil du terme d' "exploitant agricole" ? Vivent la complication et l'orgueil !) va s'adonner à la culture de l'esprit. Très fier de ses origines paysannes, il ne reniera jamais avoir été élevé "dans l'odeur et au cul des vaches", il se montre volontiers provocateur : Henri, le père d'Hélène est un jour témoin privilégié d'une scène vécue au bord d'un champ cultivé par un client, qui peine à "labourer droit, :-". Henri le papy le fait remarquer au cultivateur, qui lui rétorque, à son tour :
- "Je voudrais bien vous voir à l'œuvre…"-
Provocation réussie, n'attendant que cette réponse, le père tombe la veste, crache dans ses mains, prend le manche de la charrue, commande le cheval (qu'il ne connaît pas) et creuse un sillon aller et retour, rectiligne comme une règle. Le tout dans un silence aussi profond que la terre labourée. A défaut de commentaires, le brave cultivateur fait une moue traduisant un grand respect.
Pour ce qui est du naturel et de l'anti-conformisme, ses trois fils ont semble-t-il hérité de la graine du paternel.

Marche et musique

Est-ce vraiment une surprise d'apprendre l'affectation du sportif, marcheur et musicien, au 8è B.C.P. (bataillon de chasseurs à pied), à Toul dans la formation musicale de cette unité ? Ses supérieurs ne traînent pas les pieds pour remarquer le jeune tourangeau.

Trombone solo au bout d'un an, son chef de musique, sous-lieutenant Mathieu, l'inscrit au conservatoire de musique de Nancy, où il se déplace chaque semaine pendant un an. Impressionné par l'aisance et les progrès de l'élève, son professeur lui propose un poste d'instrumentiste au… théâtre municipal de la capitale Lorraine ! La perche est sans doute trop grosse pour la saisir. Craintif à l'idée de quitter sa famille et sa petite brunette de fiancée, Henri décline l'offre. Pensez donc, à l'époque, quitter la Touraine pour la Lorraine prenait l'allure d'une véritable expédition, pis, une désertion à l'échelon familial. Autres temps, autres mœurs !

Cent jours et puis s'en va-t-en guerre

Les cumulonimbus qui s'accumulent dans le ciel de l'Europe lui laissent à peine le temps de prendre femme, et d'unir sa destinée à celle qui deviendra mamy Esther, et de couler une centaine de jours de bonheur partagé. Déjà le canon tonne à l'est. Henri sème de l'avoine quand un gendarme lui présente l'ordre de mobilisation. Henri ne discute pas, mais un semis ne s'interrompt pas. Roland, son frère, prend le "paillon" (semoir en osier) et le relais. Homme de devoir, comme beaucoup d'autres français, Henri gagne la croix de guerre sous la mitraille, échappant de peu à la captivité, lors de la bataille de la Somme, en juin 1940. Entre deux opérations, il participe à des concerts et devient sous-chef de la musique du 19è B.C.P.

Miraculé une première fois

Vers la fin des hostilités, le jeune chef de famille (deux garçons sont nés entre temps), qui travaille alors dans une compagnie privée distribuant l'électricité, avant la nationalisation du réseau en 1946, est victime d'une grave électrocution, en haut d'un pylône et ne doit son salut qu'à sa robuste constitution. C'est un premier miracle.

Mise en demeure à l'odeur de chantage

Son activité professionnelle prend un tournant décisif en 1947, puisqu'il se met à son compte en qualité d'artisan, trimballant sa caisse à outils, son savoir-faire et son courage sur son vélo. Comment en est-il arrivé là ?
D'abord, une folle envie de faire ses preuves et aussi et surtout une personnalité diamétralement opposée au comportement idéal du parfait fonctionnaire, abrité sous le parapluie de la sécurité de l'emploi et de la responsabilité limitée. Il n'est surtout pas homme à dire ce qu'on lui dit de dire, il est encore moins enclin à voir ce qu'on lui ordonne de voir. En un mot, il est tout le contraire d'un inféodé -le -doigt -sur- la - couture - du - pantalon.
Ensuite, un "incident", en partie provoqué par notre héros de père. Pour améliorer l'ordinaire et faire "bouillir la marmite", il anime, avec quelques copains, des bals populaires et de noces, dont le pays raffole au lendemain de la libération. Or, il le sait, les statuts de la compagnie interdisent tout autre activité, même déclarée. Son supérieur le met donc en demeure de cesser de "musicaliser" au noir, selon son interprétation, ou de donner sa démission, avant que la hiérarchie ne le démissionne. Pour la forme et pour la frime, Henri le rebelle demande quelques jours de réflexion, qu'il met à profit pour contacter ses futurs premiers clients !

La mère consultée pour le principe et pour se donner bonne conscience, un carnet de commandes garni pour huit jours seulement, voilà comment le papy d'Hélène prend une importante décision à l'automne 1947, avec cinq bouches à nourrir (un petit Jean-Charles vient de naître) et l'incertitude de l'avenir en ligne de mire, à l'horizon. Certes l'époque était favorable, certes le pays connaissait le plein emploi, certes… Au fait, pourquoi beaucoup d'autres n'ont-ils pas agi de même dans une semblable situation, à pareille époque ?
Parallèlement, il déploie une grande énergie dans le domaine musical – l'argent des bals lui permet d'acheter sa première camionnette– et devient le chef de la musique de Sainte-Maure, qu'il unifie en 1945.
Ce père extraordinaire conduit la destinée de l'union musicale durant quarante ans et forme, au passage, plus de trois cents élèves, dont ses futurs petits enfants. Son immense dévouement à la cause de l'art musical populaire lui vaudra, outre les palmes académiques en 1961 (mention dans un chapitre précédent), la croix de chevalier des arts et des lettres, en 1986. D'importantes responsabilités lui seront confiées au sein de la musique départementale des prisonniers de guerre et de la fédération des sociétés musicales et artistiques.

Stomisé, et miraculé une deuxième fois

A peine entré dans la dynastie des quadragénaires, il doit combattre un vilain mal qui le ronge, du côté des intestins. A la suite d'une intervention chirurgicale à hauts risques, remarquable pour l'époque, qui le mobilise six heures sur le "billard", Henri ressort diminué, amoindri et infirme à jamais. Devant l'ampleur des dommages, le professeur Pierre Vialle, éminent chirurgien et sauveur, n'a d'autre recours que de provoquer une dérivation dans le parcours d'évacuation des matières fécales, par le biais d'un anus artificiel.
Il s'agit bien d'un deuxième miracle.
Infirmité déjà lourde à supporter aujourd'hui, elle l'était encore plus voici près d'un demi-siècle, provoquant des nuisances et dégâts occasionnels chez le sujet et autour de lui. Mais il est écrit que le "paternel" ne baisse pas les bras sans lutter.
Là où d'autres patients capitulent parfois dans le corps et dans l'esprit, le père se bat, comme il l'a toujours fait, comme toujours il le fera.
Il est difficile de se faire une idée, si on ne l'a pas vécue, de la souffrance, au moins morale et pas seulement morale, des personnes stomisées : invalidité d'autant plus dure à vivre qu'elle ne s'affiche pas, ce qui éloigne

tout début de compréhension de la part des gens qui ne savent pas.
L'un des deux auteurs du livre, son fils aîné, se souvient :-"j'ai vu à maintes reprises mon père, lourdement handicapé, grimper en haut des poteaux ou descendre dans des puits, pour effectuer des réparations. Il ne voulait surtout pas que l'on évoque son infirmité. Et malheur à qui le plaignait.".
Est-il nécessaire d'ajouter que la population des gémisseurs et des pleureurs n'était guère en cour auprès de lui.
Tel fut ce héros, tout à tour léché au plus fort de son rayonnement, lâché quand on le bouta sans ménagement de la formation musicale, enfin lynché par de petites gens qui le traînèrent injustement dans la boue. Décidément, l'espèce humaine se révèle souvent incorrigible, dans sa constance à encenser les vainqueurs et à se détourner des mêmes, quand ils ne connaissent plus les faveurs publiques

Pourquoi une telle complicité ?

Sont-ce toutes les raisons et tous les faits évoqués ci-dessus qui amènent le papy d'Hélène à se rapprocher de sa chère petite-fille ? A la vérité, Henri le papy, terrassé par un vulgaire cancer de la prostate, salue son monde le 21 janvier 1993, soit très exactement deux siècles, jour pour jour, après Louis XVI. Il emporte son secret, si secret il y a, avec lui. Le saura-t-on jamais ? Car il n'y eut pas de troisième miracle.

On peut imaginer un lien très fort, causé par son infortune, survenue au milieu de son parcours terrestre, et celle de sa petite fille, blessée dès avant son apparition.

Un rebelle au grand cœur

Lui, l'écorché vif depuis septembre 1956, se console-t-il de sa détresse ?
Lui, le balafré intérieur, pense-t-il partager sa souffrance ?
Lui, le guerrier insurgé, veut-il prendre sa petite-fille sous sa protection patriarcale ?
Lui, le rebelle de toujours, décide-t-il de partir en guerre, avec Hélène, contre l'injustice du sort ?
Notre fille, qui ne parle pas, ne nous le dira jamais. Pourrait-elle parler, le dirait-elle ?
Un beau jour de juin 1972, Henri le papy proclame :-"On l'aimera comme elle sera"-, décision ponctuée, selon son habitude, d'un coup de poing

asséné sur la table. Ce geste auguste, bien dans son style de chef de tribu, signifie qu'on n'y revient pas. Pour avis conforme !
A partir de ce moment, le comportement du papy, habituellement porté à pousser des dièses sur le plan vocal, connaît un répit qui l'amène et l'amènera en permanence dans le registre des bémols, en présence et dès qu'il s'agit de sa petite-fille à protéger. Plutôt du genre à donner de temps à autre des coups de gueule, dont certains restent célèbres, Henri le papy verse dans le ton mélodieux devant sa petite-fille. Et que fait alors cette futée d'Hélène ?

Souvent assise sur ses talons, jambes tournées en arrière, elle "détale", à sa manière, selon un rythme soutenu de natation hors de l'eau, vers son papy. Elle lui tend ses mains, ce qui, traduit , signifie : - "Papy, relève-moi et prends-moi dans tes bras"-. Suit un festival d'échanges de bisous. Le tout, en silence…

Une anecdote, à la lisière du tournage et de la mise en scène, demeure célèbre dans les annales de la famille.

Une dizaine de mètres séparent le secrétariat de la cuisine, via le magasin. Il faut tourner deux fois, à gauche ou à droite, selon qu'il s'agit de l'aller ou du retour, ce qui exclut tout champ de vision directe, au départ du déplacement. Henri le papy aime appeler sa petite-fille, qui, immanquablement, déambule vers son protecteur, en quête de baisers. Dans le but de corser la difficulté de la manœuvre, Henri le père, dont le bureau est situé à l'opposé de celui du papy, interpelle à son tour sa fille, en alternance avec le grand-père. Très sûre d'elle, Hélène se précipite vers son papy. Qu'à cela ne tienne, on décide de "placer la barre un peu plus haut", dans l'épreuve proposée à Hélène. Les deux Henri changent de bureau et appellent à tour de rôle, qui sa fille, qui sa petite-fille. Que croyez-vous qu'il arrive ? Hélène, très sûre d'elle, maîtrisant parfaitement la situation, déjoue le piège tendu et se dirige avec superbe vers son papy, malgré le "déménagement" opéré. Sacrée Hélène, quand tu nous possèdes !

Son papy repose, pour toujours, à quelques encablures du hameau de l'ARC- EN- CIEL, où Hélène, faible roseau plié, Hélène si riche et si pure, coule des jours heureux dans ce havre de paix et de joie, né de la volonté d'une poignée de parents rebelles et combatifs, insoumis devant la fatalité.

CHAPITRE 12

EN TOUTE FRATRIE

...la meilleure éducatrice de sa petite sœur

"Je garde un souvenir très vif de l'attention que lui porte Anne-Marie. Cette dernière me semble la meilleure éducatrice de sa petite sœur. Et je verrais bien votre fille aînée faire médecine..." (Marie-Odile Réthoré, courrier du 17-5-1977).

Accompagnés d'Anne-Marie et François, nous conduisons Hélène pour la deuxième fois aux Enfants Malades, pour une première consultation auprès du professeur Marie-Odile Réthoré. A la fin de l'examen, le médecin prend Anne-Marie à part. Nous ne saurons jamais et chercherons encore moins à percer le secret de l'entretien. Toujours est-il que notre future amie ne s'est point trompée sur ses aptitudes, qui nous l'écrit, dans la foulée, à travers une lettre aussi belle que simple.

Tant pis pour la médecine, tant mieux pour l'éducation spécialisée : la vocation d'Anne-Marie a probablement pris corps et forme un peu plus, ce jour-là, à l'âge de dix ans.
Tantôt grande sœur, tantôt petite maman, –les filles ont ce privilège de posséder l'instinct maternel dans leur valise génétique–, tantôt les deux réunies, Anne-Marie persiste et signe cinq ans plus tard. A la faveur de stages obligatoires en entreprise, dans le cadre de la scolarité, elle choisit de s'inscrire dans l'établissement hospitalier qui accueille...Hélène.

Observant, écoutant, prêtant la main au personnel sur place, Anne-Marie pratique l'osmose à la perfection, tant et si bien que la surveillante-chef la réclame pour un deuxième passage et l'incite fort à devenir éducatrice spécialisée. Appel bien reçu, à l'issue de cette heureuse initiative lancée par le lycée Sainte Ursule.

Et pourtant... Anne-Marie franchit encore un dernier obstacle, quand son père, un peu avocat du diable, lui recommande de ne pas embrasser cette carrière "seulement parce que tu côtoies une petite sœur handicapée". Opposition vite balayée à travers un sourire qui, pour silencieux et respectueux qu'il soit, semble dire : "parle toujours, papa, ma décision est prise et rien ni personne ne me fera changer d'avis". Est-il nécessaire d'évoquer l'émotion et la fierté mal contenues du père ?

"La petite sœur"

Par son rang dans la fratrie, par sa taille et son poids inférieurs à la moyenne, Hélène reste et demeurera la petite sœur d'Anne-Marie et François. Pour autant, le lourd handicap d'Hélène et sa différence ont, à coup sûr, déclenché des sentiments de protection, de respect, d'admiration et d'amour conjugués chez ses aînés, mais non pas de domination.
Ostensible, spontanée, voire bruyante chez Anne-Marie, l'affection portée à la petite sœur a souvent pris des allures d'extrême discrétion chez François. A tel point qu'il nous a souvent fallu, comportement à la limite de l'incorrection, jouer de l'effet de surprise pour entrevoir François prendre les mains d'Hélène ou lui délivrer un bisou furtif sur la joue, le tout en silence.
Pour notre part, nous n'avons jamais fait de mystère du handicap d'Hélène, et notre fille a toujours été prise en compte, et à part intégrale, au milieu de la petite troupe familiale. A l'interrogation classique de savoir combien nous avions d'enfants, nous avons invariablement répondu trois, et non pas, comme souvent entendu chez d'autres parents : "deux, plus un (e) handicapé (e). " Dans le malheur, la nuance peut aussi labourer et creuser un peu plus le sillon de la différence.

Après mûre réflexion, pour faire plus simple et ne pas dépouiller ni trahir la relation des faits, nous avons décidé de laisser nos deux aînés s'exprimer. Pour parler de leur petite sœur, Anne-Marie et François ont accepté de participer au jeu des questions-réponses, proposé par leurs parents. Très occupée au quotidien avec sa profession d'éducatrice spécialisée et les attentions et soins qu'il lui convient d'apporter à son charmant mari et à ses trois adorables "loupiots" en bas âge, Anne-Marie a choisi de répondre oralement à nos interrogations. Quant à François, il a retrouvé son inspiration de journaliste, aujourd'hui privé de plume, pour donner libre cours à la manifestation de ses sentiments, par écrit.

La fille et le garçon se sont exprimés, le jour même ou dans les jours qui ont précédé Noël 99.

Questions-réponses

Question :
- Te souviens-tu comment tu as vécu l'annonce de la naissance d'Hélène et ses premiers jours ?

Anne-Marie :
-"Je n'avais pas encore six ans, mais je me souviens très bien du retour de papa, le soir, en pleurs, et néanmoins conforté par ma présence à ses côtés. Contente d'avoir une petite sœur, j'étais à cent lieues de mesurer son handicap et l'insouciance de mon âge m'éloignait de tout pronostic"-

Q.
- Comment as-tu ressenti son handicap ?

A.M. :
- "Globalement, je l'ai assez bien vécu, parce que papa et maman ont su nous dire la vérité, avec mesure et progressivement, pour que le handicap d'Hélène ne soit pas à notre charge et ne pèse pas trop sur nos frêles épaules. J'ai cependant longtemps espéré voir Hélène marcher."-

Q.
- As-tu souffert des regards ? des non-regards ? du qu'en dira-t-on ?

A.M.
-"Cette attitude m'a d'abord un peu perturbée, puis je m'en suis accommodée et je n'y ai plus prêté attention"-

Q.
- Est-ce qu'Hélène t'a donné la volonté de te battre, ou, au contraire, a-t-elle provoqué chez toi un état d'écrasement ?

A.M.
- "Si j'ai sans cesse constaté qu'Hélène et son entourage luttaient contre son handicap, j'ai aussi compris que vaincre relevait de la mission impossible. Ma petite sœur ne m'a jamais fait baisser les bras et m'a apporté en cadeau l'humilité. Son important déficit m'a fait prendre conscience de la chance d'être nantie"-

Q.
Penses-tu avoir apporté quelque chose à Hélène ?

A.M. :
- "Oui, à coup sûr. Spontanément, je lui ai donné mon affection, ma tendresse, ma reconnaissance d'aînée. Plus lentement, je lui ai apporté ma complicité, l'habitude de mon timbre de voix en guise d'identification et de signe de ralliement. Plus tard, je lui ai appris la stimulation, ce qui lui plaisait moins..."-

Q.
Tes parents ont-ils consacré trop, suffisamment, ou pas assez de temps à Hélène ? Eventuellement, au détriment de François et de toi ?

A.M. :
- "Le comportement de mes parents s'est révélé exemplaire, partagés qu'ils étaient entre Hélène d'une part, François et moi d'autre part"-

Q.
Quand tu as connu Franck, ton futur mari, as-tu craint de lui apprendre le handicap de ta petite sœur ?

A.M. :
(la réponse fuse, limpide)
- "Jamais, à aucun moment. Je savais pouvoir compter sur l'intelligence de cœur de Franck."-

Q.
Avec le recul et ton regard d'adulte, d'épouse et de mère, qu'as-tu envie de nous dire aujourd'hui ?

Anne-Marie, la sœur aînée :
- "Je n'ai jamais osé vous parler, jusqu'alors, des nuits parfois difficiles, dans la chambre que nous partagions, Hélène et moi…"
Anne-Marie, maintenant épouse et mère de famille :
- "Le ciel m'a donné trois enfants sans handicap, et c'est quelquefois difficile de pagayer entre les tâches professionnelles et familiales. Je n'ai jamais entendu mes parents se plaindre…
- Que dois-je leur dire aujourd'hui, sinon ma totale et filiale admiration !"-

Q.
Quel regard posent tes enfants et quels sentiments éprouvent-ils pour Hélène ?
(quand nous terminons le manuscrit, Laure n'a pas encore sept ans, Louise vient d'atteindre ses quatre ans, et Aubin avance vers son huitième mois)

A.M. :
- "A des titres divers, ils sont d'abord intrigués par la différence, –Louise parle volontiers de Hélène "kicapée" (traduction de handicapée)–, et puis observateurs et complices. L'actuelle génération des adolescents gomme la dissemblance qu'elle côtoie au quotidien.
Elle vit très normalement… l'anormalité, ce qui me réjouit."-

Quant au témoignage écrit de François, nous le reproduisons in extenso.

Témoignage de François

- "Je ne crois pas avoir éprouvé une seule fois de la honte vis-à-vis d'Hélène, pas plus que de la jalousie, vu que papa et maman ont toujours veillé sur nous, Anne-Marie et moi.
Plus jeune, j'étais même assez fier d'attirer l'attention des gens sur ce pan de notre vie familiale, et de pouvoir en parler, sans toutefois verser dans l'exhibitionnisme!
Je me suis demandé, au sujet d'Hélène, qui elle serait si elle était "normale" (je me méfie de ce terme trop commode), et quel type de relation fraternelle j'entretiendrais avec elle.
C'est une question assez troublante, car il n'y a jamais eu qu' "une seule Hélène" : elle est unique, comme vous et moi.
Et pourtant, je ne peux m'empêcher de m'interroger : devait-on connaître "une autre Hélène", ou bien la destinée de ma petite sœur était-elle inscrite à ce point qu'elle était vouée fatalement au handicap ?
A l'origine, un accident génétique.
Peut-être. Sûrement même…
Mais pourquoi, ou plutôt pour quoi ?
Y a-t-il du Sens à donner à l'existence d'Hélène ? La Vie en elle-même a-t-elle du Sens si les souffrances en tous genres lui sont immanentes ?…

En toute franchise, j'ignore ce qu'Hélène et moi avons pu nous apporter mutuellement. Mais si je me pose autant de questions, ma petite sœur n'y est sûrement pas étrangère.

Le handicap d'Hélène ne m'a pas, en soi, déstabilisé. J'ai réalisé, bien évidemment, que son existence est singulière, peu banale.
Néanmoins, dans la mesure où ma petite sœur a été d'emblée très bien accueillie par toute la famille, ma propre acceptation de sa différence a été d'autant plus naturelle.

De façon générale, peut-être s'agit-il pour nous tous d'accepter la DIFFERENCE telle qu'elle est. "Tu es différent, alors tu as certainement quelque chose à me donner que je n'ai pas, ou quelque chose à m'apprendre, et réciproquement. Si tu es différent, c'est que je suis moi-même différent : nous sommes donc différents tous les deux, ensemble !
Une différence commune en quelque sorte…"

Hélène, justement, se sent-elle différente ?
A-t-elle véritablement conscience de son handicap ?
Est-elle heureuse ? Souffre t-elle moralement ?
Comme j'aimerais parfois être un explorateur de l'âme, pour savoir ce que ressent ma petite sœur…

La souffrance, il en est question, à l'évidence… Malgré tout, elle n'est pas l'exclusivité d'Hélène ou des personnes handicapées dans leur ensemble. Elle est partout : diffuse, insidieuse.

Surtout, elle n'est pas forcément là où l'on croit : il y a des souffrances visibles, et d'autres, beaucoup moins apparentes, mais tout aussi profondes : des gens comme vous, comme moi, valides, comptent également parmi les "estropiés de la vie".

Ils souffrent chaque jour en silence. Et pourtant, qui devinerait leur détresse ?

Toutes ces considérations m'incitent, du même coup, à relativiser (sans vouloir minimiser les épreuves très pénibles vécues par les parents d'enfants handicapés, loin de là !)
Hélène, après tout, aurait-elle été plus heureuse dans un autre état que le sien ?…

Comment savoir si mes parents, dans ce cas, auraient eu davantage de bonheur dans leur existence ?
Peu importe, à vrai dire.
L'essentiel, c'est qu'Hélène continue de vivre entourée d'affection, "ici et maintenant".
- Avec nous tous.

CHAPITRE 13

HELENE, SI TU N'ETAIS PAS NEE…

… il aurait fallu t'inventer. S'exprimer ainsi, n'est-ce pas déjà tomber dans une médiocre simplicité ? C'est employer un ton aussi fripé que facile, aussi facile que banal, pour révéler ce qui n'a rien d'un scoop, loin de là. Car Hélène adhère, depuis vingt-huit ans, à son corps défendant, au club très fourni des deux millions de personnes frappées à la fois de déficience mentale et de handicap physique. Si l'on inclut tous les types de handicaps, physiques ou mentaux, lourds ou légers, on dépasse aisément les cinq millions de personnes.

Progrès et vicissitudes n'entament en rien la stabilité du groupe, dont l'effectif connaît plutôt une tendance orientée à la hausse. Tous les membres, à l'instar des quarante immortels de l'Académie Française, sont élus perpétuels et tiennent séance jusqu'à leur dernier souffle. Arrêtons la comparaison, ça pourrait faire éternuer le long du quai Conti.

Notre rayon de soleil

Hélène, si tu n'étais pas née… nous n'aurions pas connu d'autres familles, comme nous concernées. Nous n'aurions pas connu d'autres enfants, comme toi différents, comme toi si pauvres et si riches.

Une anecdote illustre la vraie mesure des sentiments pleinement partagés par les parents d'Hélène, et la ferme conviction affichée par sa maman.

Alors qu'elle explique à un ami les trésors de volonté, d'enthousiasme et aussi d'humilité apportés, grâce à Hélène, à tous les membres de sa famille, Valentine s'entend répliquer, tout de go :
-"Dans ces conditions, il faut souhaiter la présence d'un enfant polyhandicapé dans chaque foyer."

Nullement décontenancée par cette argumentation assez primaire, s'inspirant plus du syllogisme spécieux que de la logique cartésienne, Valentine répond, calme et sereine :
-"Si Hélène n'est pas l'enfant espéré dont on a rêvé, elle représente pour nous un don et non un dû, et, en tout cas, illumine en permanence notre maisonnée."-

Au royaume des perles, familles, on vous aime !

Aucun parent n'a jamais choisi, sauf adoption, d'être père ou mère d'enfant retardé mental. Les parents d'Alban, de Christophe, de Guillaume, de Nelly, de Sylvie ou de Thierry, pas plus que ceux d'Hélène, n'ont opéré ce choix délibérément . Aucun parent n'est responsable du handicap de son enfant.

Plusieurs ont connu des annonces aux effets parfaitement imprévus, parfois à la limite du tolérable. Citons quelques perles.

-"Votre fils est assuré d'une vie végétative"-

Toutes oreilles bien décrassées, c'est ce qu'entend une maman, de la bouche d'un médecin, à l'approche d'un Noël des années 60.

La même jeune femme reçoit de sa belle-mère un conseil, avertissement à peine déguisé :-"surtout, ne faites pas d'autres enfants"- Pied de nez au destin, clin d'œil à la maman-belle-maman, le couple "remet ça" trois fois. Ne serait-ce que pour faire la nique à un proche, comparant à une fausse note la naissance de l'enfant raté. Comme si on pouvait mettre la différence en partition, puis en musique.

Autres perles...

" Votre enfant grandira, mais ne marchera et ne parlera jamais" -Même confirmé dans la suite du parcours, ce pronostic, s'il est dit avec tact et humanité, laisse ouverte la porte de la dignité chez les familles concernées. Balancé sans autre forme de procès dès la naissance, il amène la maman à se confier, réflexe des plus spontanés, à son mari.

Réponse aussi ahurissante qu'inattendue du géniteur : "Qu'est-ce qui M'arrive, cela ne peut pas M'arriver. Christophe n'est pas MON FILS"- Même discours chez les grands-parents paternels, comme pour mieux enfoncer le couteau dans la plaie.

La maman, martyrisée dans son cœur, ajoute :-"Ma belle-famille voulait bien tout, à condition d'abandonner le " monstre ""-

"No comment" (*). Par principe, nous nous interdisons tout jugement dans la vie privée des autres . N'empêche, on nous permettra d'avancer quelques pistes d'explication, à défaut de justification : la crainte du qu'en dira-t-on, le regard des autres, la peur de la honte, la honte de la peur ?...

(*) Sans commentaire

Autres temps, mêmes mœurs

L'annonce faite à la mère place celle-ci en première loge pour mieux entendre la déclaration, consécutive à la naissance. Là, certains hérauts font très fort dans l'art de la proclamation officielle :"Si un hôtelier cherche des clients, vous pouvez mettre votre fille à l'hôtel"- Rien de moins ! Oui, amis lecteurs, la phrase, prononcée dans le début des années 80, est rigoureusement authentique.

Mêmes temps, autres mœurs

D'autres conduites traduisent heureusement une grande richesse de cœur. Une maman, abandonnée par son mari, à la naissance de leur enfant "monstrueux", va trouver un grand seigneur sur son chemin :- "A cause de mon fils handicapé, j'ai perdu son père. Grâce à mon fils, j'ai rencontré et "trouvé" mon futur mari, sorte de saint-bernard qui m'a d'abord aidé à surmonter ma galère" - A défaut d'être le géniteur de l'enfant, il en devient le papa. Un papa qui adopte l'enfant avant d'épouser la maman.

Et alors ?

Un autre gentleman, alors célibataire, rencontre, entre ciel et terre et entre Rio et Buenos Aires, une jeune femme.
Conjoncture très banale pour cette conversation puisqu'elle est hôtesse de l'air et lui steward, qui plus est chez le même employeur. Si l'on ajoute qu'ils se plaisent spontanément, sans que le service n'en souffre à bord, on reste dans le scénario d'un coup de foudre à mille autres pareil. Pas tout à fait, car la suite mérite attention. Gênée pour continuer la présentation, la gracieuse hôtesse prend cependant son... envol, pour la poursuite de l'entretien :- "J'ai un fils lourdement handicapé..." -Pour elle, c'en est terminé, le rideau va tomber. Un vol mouvementé est moins redoutable que la réplique attendue.
Or, la réponse vient, immédiate, fulgurante, et tient en deux mots : - "Et alors ?"-
Celui qui va devenir le dynamique initiateur de notre association ARC-EN-CIEL, épouse" la mère avec le fils" pour ensuite se lancer dans une belle croisade !
Et que dire de cette autre famille où parents et frères aînés parlent avec passion et montrent avec fierté Nelly, leur fille et sœur adorée, si sociable il est vrai.

Devant pareille attitude, le club des amis "s'auto-sélectionne", pour reprendre la formule d'une famille touchée par la présence, dynamique et positive, chez eux, d'un fils différent.

Les parents d'Hélène sont formels, qui précisent :- "Il faut aimer Hélène, spontanément, hors de toute manifestation de misérabilisme, pour entrer dans le cercle rapproché de nos amis"- Car toute privée de parole qu'elle est , Hélène le sait bien qui pousse la malice jusqu'à ignorer quiconque ne lui prête pas attention et communique encore moins avec elle ! Peut-être l'éducation diffusée par ses parents manque-t-elle de la plus élémentaire notion d'urbanité ? Allez donc savoir !

Maîtres d'ouvrages, constructeurs, administrateurs

Hélène, si tu n'étais pas née…
… nous n'aurions jamais connu la joie, la force et aussi la faiblesse du monde associatif. Certes, ta mère et ton père avaient déjà pris des engagements, chez les parents d'élèves pour ta sœur et ton frère, dans le milieu du sport pour aider à la création d'un club de tennis, dans le monde socio professionnel avec d'importantes responsabilités. Aussi passionnantes que soient ces tâches, elles demeuraient sans commune mesure avec ce qui attendait tes parents, associés à un petit nombre de familles.

Car non seulement il s'agit de défendre les intérêts bafoués d'enfants incapables de revendiquer et encore moins de se battre, mais encore de se sublimer, de se dépasser et de promouvoir la construction d'établissements spécialisés. Là où une école, un collège, un lycée sont financés et construits par des collectivités locales (commune, conseil général et (ou) régional, voire l'Etat) une maison d'accueil spécialisée est voulue et enfantée par des parents d'enfants refoulés par l'Education Nationale.

Malheur à ces familles si elles vont à la bataille en ordre dispersé, la machine administrative se charge de les broyer, de les bouffer, si le dossier est incomplet, mal rédigé ou seulement orphelin d'une virgule. Il faut alors tout recommencer. Noble Dame Administration n'a pas son pareil pour provoquer essoufflement, lassitude, tension nerveuse et promouvoir les services de Madame Sécurité Sociale. Solidarité nationale oblige ! Combien de projets ont avorté au cours d'une gestation qui dure, en moyenne, de sept à dix ans, avec des pointes menant à la perpétuité.

Depuis la fin de la deuxième guerre mondiale, ce sont le plus souvent les parents et amis des sujets handicapés, unis en associations, qui ont comblé les carences de la collectivité. En France, la prise en charge des adultes les plus lourdement touchés est assurée à quatre-vingt dix pour cent par le secteur associatif. A charge ensuite, pour la cohorte des élus décideurs et des administrations, de tirer la couverture à eux, pour s'attribuer sans vergogne et sans partage la paternité des réalisations. On connaît le refrain par cœur !

Rassembler, pour comprendre et lutter

Hélène, si tu n'étais pas née…
… nous n'aurions jamais connu les gens dévoués et dignes d'éloges que sont les éducateurs et les personnels en général, et les tiens en particulier. Nous rejoignons totalement Charles Gardou, lorsqu'il écrit dans un ouvrage très élaboré (*) : "Il ne s'agit ni de professionnaliser les familles, ni de parentaliser les éducateurs, mais de conjuguer leurs compétences respectives"-

L'enfant handicapé mental, pas plus que l'enfant dit normal, n'appartient à ses parents, même si ces derniers l'ont conçu, fruit de leur amour. Et les éducateurs qui le façonnent à un certain stade de son itinéraire, ne sauraient non plus le considérer comme leur propriété intellectuelle, protégée par un brevet.
Foin de cette querelle stérile et désuète, les deux familles, parentale et éducative, sont plus que jamais nécessaires et complémentaires, pour le plus grand bien du personnage central qu'est l'enfant différent. Il appartient aux associations gestionnaires de décider de la politique et de l'orientation générales, sur proposition négociée avec le chef d'établissement, à charge pour celui-ci de l'appliquer, avec le concours de ses collaborateurs.
Administrer, déléguer, contrôler, on n'a rien inventé.

A part entière ou entièrement à part ?

Des parents vont se consacrer, corps, âme et temps, en exclusivité à leur enfant, d'autres vont se carapacer et ne faire qu'un avec leur être cher, d'autres encore vont délibérément le confier à un établissement spécialisé.

(*) (Parents d'enfant handicapé, chez Erès)

Nous respectons tous ces choix, mais à l'heure du départ, face à la peur de la séparation, temporelle ou éternelle, qu'advient-il si l'on ne prend aucune disposition ni précaution ?

Hypothèse la plus vérifiée, si les parents "s'envolent" les premiers, la prise en charge de l'orphelin handicapé incombe à la collectivité ou à la fratrie, s'il en existe une. Peut-on surcharger les frères et sœurs, souvent confrontés à la conduite d'une famille ? Peut-on prendre le risque d'ébranler la solidité d'un foyer, quand bien même l'amour voué au frère ou à la sœur différent serait sans limite ? Transférer un handicap ne met-il pas en danger le handicapé qui le véhicule et l'hôte qui l'accueille ?

Néanmoins, la personne retardée mentale demeure plus que jamais bannie parmi les bannis.
Si l'enfant, ou l'adulte, handicapé, fait ses adieux avant ses parents, la situation peut se compliquer pour ces derniers, en raison même de la disparition de l'être affectionné.

Bien que les caisses de l'Etat et de certains départements soient bien garnies, le pays n'a réglé ni la question des retraites, ni celle de la sécurité sociale, ni celle de la modernisation du pays. Il faut croire que celle du sort et du devenir des personnes handicapées est encore plus ardue, plus impopulaire, pour que les décideurs politiques n'osent l'attaquer de front. Question de priorité, bien sûr et toujours…

Que dire de la récupération par l'aide sociale ?
Malheur aux parents survivants si leur fils ou fille, devenu adulte, a été accueilli dans un foyer financé en totalité (soins et hébergement) ou en partie (hébergement) par l'aide sociale, organisme dans la mouvance du conseil général. Le montant, lié au fonctionnement, versé du temps de la prise en charge, devient alors récupérable sur la part de l'héritage, amputé, suprême élégance, d'une faible part insaisissable.

Face à des parents affligés et désemparés, des serviteurs aussi bien pensants que bien portants, à la botte du législateur, se chargent, hors de toute impunité, en toute légalité, de les détrousser, à seule fin de les ponctionner.

La honte, oui, toujours la honte, mais pour que ça change, il faut que nous changions, tous.

Délit de connerie

A la fois grands seigneurs et bonnes âmes, on a même vu et entendu des "personnes autorisées", peut-être handicapées du cœur, mêler cynisme et humour noir. Des valets de l'administration ont annoncé à des responsables d'associations, la prochaine nécessité de monter des opérations brioches, ou pommes, ou autres quêtes sur la voie publique, pour payer le fonctionnement futur des centres d'accueil. Oui, propos garantis avec certificat d'authenticité ! Qui dit mieux ? Record à battre dans l'univers de la connerie ! La couleuvre est tout de même difficile à avaler. Au comble de la perversité, les généreux donneurs de leçons orientent depuis peu le tir du fisc du côté des associations. L'actualité nous surveille et l'amalgame est si facile à pratiquer. L'ARC-EN-CIEL serait-il un bébé de l'A.R.C. ?

A quand le délit par nécessité, qui amènerait les proches et les familles à se livrer à la prostitution, au trafic des stupéfiants, au braquage des banques, pour seulement subvenir aux besoins des laissés pour compte que sont les infirmes mentaux ?

Mesdames et Messieurs les élus, cessez de jouer les faux jetons et les hypocrites. De deux choses l'une : ou vous ne disposez pas des moyens financiers, et vous le dites clairement, sans bégayer, et vous cessez de nous faire lanterner. Pareille explication, à défaut de nous satisfaire, vous fera remonter dans l'estime des familles. Ou bien vous disposez et votez les crédits nécessaires, et vous précisez la date de l'échéance.
Mais attention, pas aux calendes grecques.

Si vous souhaitez vraiment le retour des électeurs vers les urnes, chassez le nombrilisme congénital qui vous affecte, sortez de votre microcosme qui vous fait ignorer le vulgum pecus (*). Les citoyens ne deviennent-ils vos concitoyens qu'au moment des joutes électorales ?

La grandeur d'une société se mesure, notamment, à sa capacité d'accueillir les personnes handicapées. Pas plus que la langue de bois, la gesticulation irresponsable n'est constructive. Les personnes courbées mentalement et physiquement, incapables de se battre par elles-mêmes, n'ont à opposer que la beauté du cœur et de l'âme. Quand la France, c'est paraît-il un vœu populaire, s'apprête à festoyer somptueusement en l'an 2000, au prix de

(*) Vulgum pecus : le commun des mortels, le peuple des ignorants

quelques excentricités, nos enfants, dignes et silencieux, interpellent : - "Et pourquoi pas pour nous ? Sommes-nous des citoyens à part entière ou des sous-citoyens entièrement à part ?..."-

Hélène, hier, aujourd'hui, demain...

C'était hier. Nous nous posions des questions du genre : à quel âge marchera-t-elle ? à quel âge ira-t-elle à l'école ? D'autres parents ont pu s'interroger quant à savoir si leur fils ou fille pourrait se marier.

S'il est vrai que l'on ne se tire des difficultés que dans la vérité, l'annonce faite aux parents du handicap de leur enfant infirme doit s'accompagner d'une sensible amélioration dans la formulation. Si d'autres familles veulent prendre le départ d'une nouvelle croisade, les parents d'Hélène sont tout disposés à aider à la création d'un groupe, d'une association, aux côtés des professionnels du corps médical et para-médical. Accompagner demain les jeunes parents touchés par l'arrivée d'un bébé handicapé mental nous paraît un devoir, nous qui aurions tant aimé connaître... Nous n'avons pas le monopole de la certitude quant à la recette, mais à coup sûr nous les aiderons à affronter et surmonter l'annonce de la nouvelle. Nous les appellerons à positiver, nous leur révèlerons la richesse d'âme du bébé, futur homme ou future femme.

Nous disons aux jeunes parents d'aujourd'hui, aux plus jeunes de demain, de se battre de toutes leurs forces, de ne pas gémir, de crier leur volonté d'aboutir à la création de petites unités d'accueil à visage familial et à taille humaine.

Nous recommandons aux parents de se révolter, si d'aventure un magistrat des tutelles leur dit, comme au père de Nicolas, fatigué par ses vaines recherches de structure d'accueil pour son fils :- "Déposez votre garçon sur le trottoir, la société le prendra en charge"- Fermez le ban ! ! !

Faites le siège des élus et de l'administration, livrez la guerre à l'inertie, rassemblez-vous, sachez entretenir des contacts avec d'autres personnes pas forcément liées à votre problème. N'oubliez pas de rappeler qu'une personne handicapée mentale crée de l'emploi dans son sillage. Faites-vous constructeurs et gestionnaires. Priez le ciel de vous accorder vie et santé le plus longtemps possible.

Reste le problème, plus que majeur, de l'indifférence encore trop grande, manifestée par la population , devant précisément la différence de nos concitoyens qui en portent les stigmates. C'est principalement par l'opinion publique, son information aller et retour, sa mobilisation via les médias, que viendra la prochaine étape du progrès.
Malgré d'incontestables avancées, on est encore à des années-lumière du compte.

Il serait injuste et inexact d'affirmer le total désintérêt du public ; en revanche, la méconnaissance révélée du handicap et de ceux qui le véhiculent conduit, semble-t-il, à un facteur de détérioration de la condition handicapante.
On peut même évoquer, fruit d'un constat fréquent, le curieux renoncement, à la limite de l'égoïsme, de parents et de proches, fatigués peut-être, à l'issue de tant de démarches, cependant victorieuses. Hier, dynamiques et acteurs, aujourd'hui passifs et spectateurs, ils s'éloignent peu à peu du groupe associatif et perdent leur foi militante. Auparavant membres du club, les voilà revenus à la condition de simples consommateurs. De quoi oublier que tout ce qui a été acquis a d'abord été conquis.
La recette, si remède il y a, appartient à tous et à chacun, pour prendre une part citoyenne de responsabilité dans l'évolution des comportements, des cœurs et des esprits . A nous tous de s'inscrire dans la compétition, de relever le défi.

Ces lignes et ces pages veulent aussi dire et mettre en relief les progrès de la médecine, de l'hygiène, de l'alimentation, qui provoquent une sensible augmentation de la durée de vie de nos concitoyens. C'est aussi vrai pour les personnes handicapées, à ceci près qu'elles demeurent fragiles, plus encore celles qui souffrent de plusieurs handicaps et qui vivent moins longtemps que les personnes bien portantes.
Voici moult décennies, les personnes polyhandicapées entraient définitivement dans les cimetières à l'âge où les autres, non atteintes, fréquentaient la maternelle ou l'école primaire. Ce qui faisait dire récemment à un père dont le fils était parti beaucoup trop tôt :- "Quand on les a, on éprouve beaucoup de peine. Quand on ne les a plus, on éprouve toujours beaucoup de peine et pour longtemps." -
Puis, le progrès aidant, la limite haute de l'âge du grand départ a été repoussée. Néanmoins, nous répétons, preuves à l'appui, que les personnes polyhandicapées font leur dernière valise beaucoup plus tôt, encore beaucoup trop tôt.

Lettre à Hélène

Le combat contre le handicap n'est pas et ne sera jamais terminé.
Sur le plan somatique, des affections et maladies seront vaincues que d'autres apparaîtront, malignes et pernicieuses, provoquant une prolongation sans fin de la compétition, quasi permanente.
Sur le plan psychologique, psychique et relationnel, s'il éprouve ceux et celles qui l'entreprennent, le même combat les enrichit.
Hélène chérie, comme nous t'appelons dans notre intimité familiale, heureusement qu'il t'a plu de débarquer parmi nous.
Si tu causes parfois de l'agitation, tu sais aussi te conduire en régulateur.
Tantôt point de rupture, tantôt point d'équilibre, ta venue a constitué pour nous une souffrance, bien sûr, mais surtout nous a transmis le virus de la rage, la rage de nous battre, pour toi.
Hélène, merci à toi d'être venue, chère petite messagère, si pauvre et si riche.
Notre souhait, comme la plupart des parents, est de te voir partir avant nous, nous te l'avons déjà dit. Chacun a le droit de nous juger en son âme et conscience. Tu le sais et tu nous approuves
Tu connaîtras la terre pour cercueil et un pur et beau drap blanc pour linceul. Si tu nous précèdes dans la maison du Père, qui à coup sûr saura t'accueillir, alors, pour reprendre le propos du général de Gaulle s'adressant à sa femme, lors du décès de leur fille, Anne,- "tu deviendras comme tout le monde"-, et tu t'épanouiras, enfin.
Mais, Hélène, hâte-toi lentement, nous avons encore besoin de toi. Sans doute as-tu aussi besoin de nous, surtout si tes p'tits pieds sont encore et toujours mal chaussés.

Tes parents

Amis lecteurs, si vous entrez dans ce livre, vous n'en sortirez sans doute pas tout à fait les mêmes ! Ce témoignage est (pour moi) un livre-cri , cri de tendresse et d'indignation, teinté d'un humour tonique et jamais méchant : Valentine et Henri, en vrais " humoralistes ", selon l'expression de Georges Elgozy, s'impliquent ici à fond.

C'est le trop plein de leur vaste cœur et de leur aventure à la fois conjugale, familiale, professionnelle et sociale qu'ils partagent avec nous, si nous le voulons bien... Aucune amertume en eux, mais au contraire une foi en l'homme et en Dieu qui, avec d'autres, a soulevé et soulèvera des montagnes ... d'indifférence, de préjugés ou d'égoïsme ! Visant des objectifs précis, leurs coups font mouche, car ils partent toujours d'un sacré vécu et d'observations exactes.

Vous en serez convaincus, voire rudoyés, avec le cœur du livre constitué des intenses chapitres 4 à 7 , avec le chapitre 10 aussi, où un Molière contemporain pourrait encore puiser des exemples ! Comment ne pas être sensibles également à l'hymne à la joie et à la tendresse créatrice qui sourd des chapitres 8 et 9 et s'amplifie dans les trois derniers ? !

Evoquer " l'Arc-en-Ciel ", un arc-en-ciel de tendresse bien concrète, et foyer de vie dans un joli coin de Touraine, c'est aussi penser au symbole d'union et au message d'espoir qu'il a depuis la nuit des temps représenté pour l'humanité en marche. Autrefois, quand il s'en formait un, magnifique avec ses sept couleurs sur fond de pluie s'estompant, on conseillait de formuler un vœu. Alors , puisse ce livre bouleversant, au sens fort et positif du mot, ce ferme témoignage de tendresse infinie et féconde balayer nos mesquineries ou nos doutes et faire de nous, même à notre corps et à notre cœur défendant, des êtres éveillés et actifs parce qu'attentifs à la richesse incommensurable d'autrui, surtout de cet Autre qui nous interpelle de mille manières à travers le handicap, quel qu'il soit !

Ne sommes-nous pas tous d'ailleurs un peu des handicapés de l'Amour, cet " oxygène " chaleureux et indispensable à chacun, comme peuvent le suggérer ces paroles de François Mauriac à des jeunes en 1933 : " Le jour où vous ne brûlerez plus d'amour, beaucoup d'autres mourront de froid "

Michel COZIC
Agrégé de l'Université

ANNEXES

Prière à HELENE , pour ses 20 ans, le 2 mai 1992

Hélène, c'est grâce à toi si nous sommes réunis aujourd'hui.
C'est aussi grâce à toi si nous sommes aujourd'hui tournés vers la Vierge Marie.
Hélène, tu as 20 ans, ... 20 ans que tu nous as appris à voir le monde autrement
Par ta différence, tu nous as appris à aimer différemment. Tu nous as appris à regarder autrement, à voir avec le cœur.

Hélène chérie, nous te remercions pour la tendresse que tu nous donnes, pour toute cette richesse intérieure que tu rayonnes autour de toi.
Par ton intermédiaire, nous voudrions demander aujourd'hui à la Vierge Marie qu'elle continue à nous soutenir dans les épreuves, en particulier pour Papy. Nous te demandons Vierge Marie de le soulager dans sa souffrance, de donner des forces à Mamie et à nous tous pour que nous puissions l'accompagner dignement.

Hélène, tu seras toujours notre " toute petite ", mais dans l'amour de Dieu et de Marie, tu es la plus grande.

Hélène, il y a 20 ans que ta naissance nous a interpellés mais je sais que ce n'était pas le hasard : tu es tout simplement une petite messagère de DIEU.

Ta Maman

TABLE

Achevé d'imprimer en novembre 2000
à l'Imprimerie GRAPHEME à Tours

ISBN 2-9508519-6-7
Dépôt légal novembre 2000

Couverture R. PH. DANDRIEUX